MINZU CHUANTONG TIYU WENHUA ZIYUAN
JI QI XIANDAI CHUANCHENG

民族传统体育文化资源及其现代传承

樊晓佳 ◎著

图书在版编目（CIP）数据

民族传统体育文化资源及其现代传承 / 樊晓佳著.
北京：中国书籍出版社，2024. 10. -- ISBN 978-7
-5241-0027-0

Ⅰ．G852.9

中国国家版本馆CIP数据核字第20246ZJ722号

民族传统体育文化资源及其现代传承

樊晓佳　著

图书策划	尹　浩　李若冰
责任编辑	吴化强
责任印制	孙马飞　马　芝
出版发行	中国书籍出版社
地　　址	北京市丰台区三路居路97号（邮编：100073）
电　　话	（010）52257143（总编室）（010）52257140（发行部）
电子邮箱	eo@chinabp.com.cn
经　　销	全国新华书店
印　　刷	廊坊市博林印务有限公司
开　　本	710毫米×1000毫米 1/16
字　　数	231千字
印　　张	14.5
版　　次	2025年1月第1版
印　　次	2025年1月第1次印刷
书　　号	ISBN 978-7-5241-0027-0
定　　价	67.00元

版权所有　翻印必究

前　言

民族传统体育文化是中华民族数千年文明的重要组成部分，体现了各族人民的智慧与创造力，是中国文化多样性和凝聚力的独特表现。传统体育项目不仅是一种强身健体的手段，更蕴含着丰富的民族文化符号、历史记忆和精神内涵。它们通过身体动作、竞技方式、仪式和习俗等形式，反映出各民族对自然、生命、社群关系的独特理解，形成了独具特色的文化表达方式。在全球化背景下，保护和传承民族传统体育文化资源，不仅有助于增强文化自信，还能促进各民族间的相互理解与融合，为构建人类命运共同体贡献力量。因此，在现代社会中，如何更好地传承、创新和推广民族传统体育文化，已经成为当代文化建设的重要课题。

本书以"民族传统体育文化资源及其现代传承"为选题，着重审视民族传统体育及文化属性，深入探讨了民族传统体育文化及精神价值的体现，为民族传统体育文化的传承与发展提供了坚实的理论支撑。本书特别关注了民族传统体育文化资源在现代社会的应用与创新，从武术、龙舟、舞龙舞狮等多个项目出发，展示了这些传统体育项目在文化传承、健身娱乐、教育普及等方面的实际应用。

本书将深厚的理论基础与丰富的实践紧密结合，力求在理论阐述上做到精炼准确，在实践指导上强调可操作性和实用性，使读者既能深刻理解民族传统体育文化的内涵，又能掌握其在现代社会中的传承与应用方法。本书注重章节之间的逻辑性和连贯性，通过精心编排，确保各部分内容相互支撑、层层递进，构建了一个完整且系统的知识体系。这种结构不仅有助于读者全面把握民族传统体育文化的全貌，还能引导读者深入思考其背后的文化逻辑和发展脉络。

作者在本书的写作过程中，得到了许多专家、学者的帮助和指导，在此表示诚挚的谢意。由于作者水平有限，加之时间仓促，书中所涉及的内容难免有疏漏之处，希望各位读者多提宝贵意见，以便进一步修改，使之更加完善。

目 录

第一章 民族传统体育及文化属性 ··· 1
 第一节 民族传统体育的界定与形成 ··· 1
 第二节 民族传统体育的特点与分类 ··· 7
 第三节 民族传统体育的功能与发展模式 ··································· 15
 第四节 民族传统体育的文化内涵属性 ······································ 29

第二章 民族传统体育文化及精神价值的体现 ································· 43
 第一节 民族传统体育文化的多元化特性 ··································· 43
 第二节 民族传统体育文化的影响因素 ······································ 55
 第三节 民族传统体育文化的精神价值及体现 ····························· 67

第三章 民族传统体育文化资源与发展研究 ···································· 78
 第一节 传统武术文化及传承发展 ·· 78
 第二节 龙舟运动的传承与创新发展 ·· 105
 第三节 舞龙舞狮运动及其文化传承发展 ·································· 137

第四章 民族传统体育文化的保护与传承——以山西为例 ················ 147
 第一节 山西民族传统体育文化资源及保护 ······························· 147
 第二节 山西民族传统体育文化旅游资源的开发 ························· 165
 第三节 山西运城关公体育文化的传承路径 ······························· 171

第五章 民族传统体育文化的现代传承机制 …… 175
第一节 政府提供政策支持措施 …… 175
第二节 教育体系中的传承发展 …… 178
第三节 社会组织与民间传承活动 …… 183

第六章 民族传统体育文化的传承与现代化发展 …… 187
第一节 "互联网+"背景下民族传统体育文化的发展 …… 187
第二节 新媒体背景下的民族传统体育文化的传播 …… 192
第三节 新发展理念引领的民族传统体育现代化新道路 …… 207

结束语 …… 222

参考文献 …… 223

第一章　民族传统体育及文化属性

在全球化浪潮席卷的今天，民族传统文化面临着前所未有的挑战与机遇。作为民族文化的重要组成部分，民族传统体育不仅承载着丰富的历史文化信息，更是民族身份与文化认同的重要标志。本章旨在深入探讨民族传统体育的界定、形成、特点、分类、功能与发展模式，研究民族传统体育深层次的文化内涵属性。通过系统梳理与分析，为民族传统体育的保护与传承提供理论支撑，促进其在现代社会中的创新发展。

第一节　民族传统体育的界定与形成

一、民族传统体育的基本界定

民族传统体育是社会体育结构中不可或缺的一环，它是在各民族长期的历史进程中，经由社会实践的累积与创新而逐渐形成的，蕴含着鲜明的民族与民俗特征。此类体育活动以增进健康、自卫防护及娱乐休闲为主要宗旨，其背后承载的悠久历史、传说故事及独特韵味，深刻映射了各民族的生活风貌、文化特质及道德规范。作为各民族政治、文化及生活的一种独特展现方式，民族传统体育展现出传统性、集会性、节庆性、游艺性、风俗性及表演性等多重属性。相较于旨在娱乐健身的大众体育、追求人体极限突破的竞技体育和促进身心全面发展的学校体育，民族传统体育更多地起源于劳动生产实践、军事活动及风俗习惯，并一度服务于上层社会的娱乐需求。

民族传统体育在中国体育事业的版图中占据举足轻重的地位。作为中华民族历史文化遗产的重要组成部分，众多民族传统体育项目的发掘与研究，不仅彰显出显著的健身效益，还蕴含着极高的艺术审美价值。它们以独特的方式承载着民族传统习俗、思想观念、道德规范、文化精髓及艺术魅力，成为民族文化传承与发展的重要载体。

二、民族传统体育的形成基础

中华民族与中华文明根植于黄河流域，其地理环境特征显著：西倚黄土高原，东临浩瀚海洋，北接广袤沙漠，南濒酷热地带，形成了一个相对封闭的地理空间。这样的自然条件促使中华民族形成了以农耕经济为主导，辅以农牧渔业的经济结构。不同民族因居住地域、社会发展阶段及风俗习惯的差异，各自发展出了独特的社会生活方式。在中国传统文化的深厚影响下，传统体育尤为注重体育伦理与社会价值的体现，即便是以追求健康长寿为目标的养生实践，亦将精神情感置于首要位置，强调"万法归宗、以德为本"的至高理念，这既是体育形式的体现，也是深层文化理念的彰显。

（一）自然经济基础

中国作为一个历史悠久的农业国度，自春秋战国时代起，逐渐构筑起以小农经济为核心的单一农业经济体系。在这一经济框架下，农业不仅是生活必需品的主要来源，其较长的生产周期还为农民提供了充裕的时间从事家庭副业及手工业活动，从而孕育了众多自给自足的经济单元。这一经济结构为众多蕴含健身价值的民族传统体育项目的诞生提供了肥沃土壤。作为农业大国，我国绝大多数民族沿袭着农耕生产方式，这种生产生活方式与民族传统体育的形成之间存在着深厚的联系。农业生产活动中，诸如对特定自然资源的利用与适应，促进了特定技能与技巧的发展，这些技能与技巧经过时间的积淀与文化的润色，逐渐转化为具有娱乐性和竞技性的民族传统体育项目。

生活在草原地区的游牧民族，依托其独特的地理环境，发展出了一套具有鲜明草原游牧文化特色的生产生活方式。这些民族，如哈萨克族、蒙古族、塔吉克族等，在长期的狩猎与游牧生活中，培养了与马匹高度协同的能力，进而衍生出赛马、叼羊、骑射等一系列民族传统体育项目。这些项目不仅展现了牧民们高超的骑术与狩猎技能，更深刻反映了草原游牧民族文化的精髓与魅力。例如，蒙古族的"祭敖包"与"那达慕"大会，通过搏克（摔跤）、射箭、赛马等传统竞技活动，生动诠释了游牧文化的神韵与风采。又如，藏族的传统体育项目，如赛马、射箭、"俄多"、赶牛等，无不体现出浓郁的游牧民族特色，彰显了人与自然和谐共生的游牧生活方式。无论是农耕还是游牧，中国的民族传统体育均深深植根于各自独特的生产生活方式之中，成为展现民族文化多样性与生命力的重要载体。

游猎民族的生活方式，特别是骑马、射猎及迁徙活动，深刻塑造了他们的生产方式，要求这些民族精通骑马、射箭、投枪及追猎技能。在历史上，我国东北部聚居的满族因其悠久的游猎传统而以弓箭技艺闻名，这一生产方式在其传统体育活动中得到了清晰体现，如清朝八旗制度强调骑射技能，士大夫阶层亦将习射作为娱乐活动，家中设有专门的射箭场地，并定期组织射箭比赛，其间的舞蹈表演也充分展示了弓箭使用及狩猎场景；我国南方丛林中的猎人，依赖弓弩进行狩猎活动，并在劳动实践中发展出如推杆等体育活动。

在自然经济背景下，居住于山区村寨的民族因农事繁忙且交通闭塞，往往仅在节日期间聚集，这一时期，集信仰、经济、社交及娱乐功能于一体的传统节庆活动成为体育活动产生的重要土壤。例如，湘、黔、桂地区的壮、苗族所流行的"抢花炮"活动，被誉为"东方橄榄球"，每年阴历三月三举行，便是此类活动的典型代表。

然而，各民族的传统习俗并非一成不变。随着氏族与部落的迁徙导致的民族杂居,以及民族间交往的频繁,传统体育经历了变迁,形成了相互交叉融合的局面。民族传统体育的界限逐渐模糊,许多活动中开始融入异质文化元素。

自然因素作为体育活动的基石与精神源泉,既为其提供了物质基础,也构成了发展限制。随着民族聚居地区经济由自然经济向市场经济的快速转型,基于自然经济而发展起来的民族传统体育必须适应这一变革,寻求在变化中的生存与发展之道。

(二)血缘社会基础

中国古代社会政治结构的核心特征,在于构建了一套以血缘关系为基石的宗法制度,该制度源自原始社会的氏族制及伴随的祖先崇拜。姓氏的多样性,最初即是为了明确血缘归属,凸显出血缘作为宗法制度的核心要素。在此框架下,血缘伦理与皇权政治伦理高度融合,形成了封建伦常的深厚社会基础,深刻影响着民众的心理结构。

历经夏、商、周三代的漫长岁月,中国社会正经历由早期国家向成熟国家、血缘组织向地域组织的进一步转型。但原始社会机制的惯性使得氏族关系的解体并不彻底,血缘纽带得以持续存在而未遭根本性断裂。尽管原始文明逐渐式微,社会形态不断更迭,氏族血缘关系却以一种顽强的生命力,贯穿于中国历史的漫长进程之中。这一时期的显著标志是,氏族血缘关系不仅得以保留,还获得了制度化的肯定,如殷墟甲骨文中的"王族"等记载,以及周代宗法制度的实施,均体现了血缘组织在维系社会秩序中的关键作用,其维系机制主要依赖于传统习俗的力量。

与欧洲因海外贸易和殖民活动导致原始血缘组织迅速解体不同,中国封建社会因农耕经济的稳固,封建政权长期秉持"重农抑商"政策,人民被土地紧密束缚,形成了深厚的恋土情结。这种静态的社会结构促使人们依据血缘关系组建宗族组织,成为社会稳定的重要基石。

宗族作为一种以血缘为联结的社会复合体,在中国古代社会中占据举足轻重的地位。其血缘性质不仅体现在庞大复杂的亲属关系网络及精细的称谓系统上，还深刻反映在家世传承、家谱编纂、家风家教、家法家规、家产管理、家务安排、家长权威、家族庆典与困难应对等民俗活动中。树谱、修谱、续谱等活动，不仅承载着祖先崇拜的传统，更是凝聚血族力量、维护族权的重要手段，使家族风俗成为贯穿中国历史的风俗传统。即便在偏远地区，宗族制度也往往保存得更为完整。

在中国，宗法文化与宗法意识根深蒂固，家族不仅是生活共同体，也是生产共同体。在农业社会，无论是农业、手工业还是商业，多以家庭为单位进行生产经营，家庭成员间通过经济利益、伦理道德及法律关系紧密相连。家庭不仅是血缘与利益的纽带，更彰显了家族至上的价值观。这一特征在传统武术的传播中尤为显著，许多武术拳种直接以姓氏命名，便是家族影响深远的体现。

（三）精神生活与哲学基础

众多民族传统体育活动的源头都可回溯至古代社会仪式的一部分，这些仪式起初与对自然力量的崇敬及对先辈智慧的纪念紧密相连。在中国这一农业文明深厚的国家，与农耕相关的庆典历史悠久，神农氏作为农耕文化的象征，因其对农耕技术的推广而被后世铭记。在早期的生产模式下，强健的身体与敏捷的智慧是个人在农业劳作与社群竞争中取得优势的重要条件，这一现实需求促使社会开始重视体能训练与技能培养。在远古时代，受限于低下的生产力和有限的科学认知，人们倾向于采用"万物皆灵"的原始哲学观，视众多生物与非生物为拥有与人类相似活动、思维及意愿的存在。通过举办各种仪式，包括准备丰盛的食物、吟咏赞美之词以及表演舞蹈与竞技，来表达尊崇与亲近。各个社群均有其独特的节日与崇拜方式。其中，舞蹈与竞技，尤其是舞蹈，成为各类庆典活动的核心环节。

随着人类知识体系的扩展与科学技术的普及，神权影响逐渐衰退，体育活动中原有的仪式性元素逐渐淡化，转而成为参与者自我放松、休憩与娱乐的途径。部分活动甚至已完全摆脱了原有的信仰背景，以社交互动、庆典纪念和娱乐消遣的形式深入到民族的日常生活之中，且在岁月的流转中，其内容与形式愈发丰富多样。这一变迁在龙舟竞渡这一传统习俗的演变中得到了生动体现，它从最初的对自然力量的尊崇，演变为对人文精神的纪念，再进一步发展成为庆祝丰收的庆典。

就形成机制而言，中国传统健康观和方法论，特别是建立在"气一元论"生命哲学基础上的理念，与民族传统体育的形成紧密相连。在战国时期的儒家和道家思想中，"气"以"浩然之气"和"血气"为基础，通过包含治气养心等"术"的习俗形态得以体现。在探索生命和自然的思考过程中，"气"的内涵不断得到丰富和发展，被提升为自然哲学的核心概念，甚至被认为其集散生成了世间万物。

中国传统体育健康观念的核心特质在于其整体性视角，其方法论基石构筑于和谐与适度的原则之上。古代思想家们虽对元气的具体阐释存在分歧，如管子、庄子、老子及孟子等人，均从不同角度论述了气与人的关系，但他们均认同生命本源于元气这一基本观点。在此共识下，"气"的概念被普遍视为联结人与自然界生命活动及物质运动的能量基础。公元前一世纪的《黄帝内经》系统地发展了"气一元论"的生命哲学框架，指出元气是生命存续的根本，它在人体内循环不息，并与外界环境持续交换物质与能量。元气的阴阳分化及其交互作用，是生成万物及维持人体身心状态的决定性因素。这一理论赋予了人与自然结构上的同构性和相互感应的特性，强调了二者间的密切关联与和谐共生。

中国古代哲学体系不仅主张人与自然的和谐统一（"天人合一"），亦强调个体与社会，以及个体身心内外之间的协调平衡。这一哲学传统高度重视人格修养，推崇气节与情操，将理想人格作为道德修养的典范，深刻影响着传统体育精神的形成。在此哲学背景下，中国人发展出独特的健身理念，体现在诸如导引术等体育活动中，这些运动往往模拟自然动物形态，结合呼吸与肢体动作，既强调主观能动性的发挥，又注重顺应自然规律，体现了人与自然和谐共融的哲学思想。

中国传统体育在描述人体运动过程时，倾向于采用整体性的概念框架，涵盖形体动作、生理功能、意念导向及精神状态等多个层面，并关注这些内部状态与外部环境的相互作用。诸如气功、太极拳等传统体育项目，均是在意念的引领下，通过"心意合一，调气促形，形神兼备"的练习方式，达到身心交融、体悟自然之道的境界。这不仅体现了中华民族追求平衡和谐、顺应自然的思维方式，也反映了在身体锻炼中追求身心统一、机体与自然和谐共生的整体价值观，具有深远的文化意义和实践价值。

第二节 民族传统体育的特点与分类

一、民族传统体育的特点

在世界体育文化演进的长河中，各民族间的历史交融与中外文化间的碰撞交流，持续地为民族传统体育注入新的生机与活力。这一体育形态根植于以小农经济为主导的单一农业生产模式、宗法血缘社会结构以及独特的生命哲学理念，从而历史性地发展出与西方体育文化截然不同的展现形态、内在意蕴及特性。尽管如此，在传统观念中，民族传统体育往往被视为传统文化的一个附属组成部分，尚未能在更为广阔的文化体系中构建起显性或隐性的独立系统。其表现形式深受泛和谐价值观与德行实践追求的双重约束，倾向于强调游戏的娱乐性、养生的智慧以及身心的整体调和，而非单纯的肌肉锻炼或竞技比拼。该体育体系还展现出多样化的活动形式，但在量化评估与标准化评价体系的构建上显得相对不足，体现了其独特的文化偏好与价值取向。

（一）健康养生

中国的元气论深刻揭示了万物及其本原的整体性本质，在此基础上构建了"气一元论"的自然观与生命观，进而衍生出一种有机整体健康观念。这一健康观念强调，健康状态是阴阳二气在人体内部持续流转与动态平衡的结果。一方面，整体健康观念体现在人体内部元气、精神状态与生理构造间的和谐统一上。生命的萌生、存续及演进均依赖于一个与其发展相契合的生存环境，人体及其生理机能的活动被视为阴阳二气交互作用的产物。阴阳作为万物共有的属性，在人体生命病理层面，若阴阳失衡、分离，将导致机体功能紊乱，进而诱发疾病。因此，维护阴阳运动的和谐状态，是确保生理活动健康运行的必要条件。另一方面，整体健康观念关注个体与外部社会环境及自然环境间的和谐共生。受这种自然观与生命观的深刻影响，健康观念展现出鲜明的有机整体特质，提示人们需依据自然环境的变迁，适时调整生活习惯与行为模式，以维系人与环境、自然之间的平衡状态。

古代养生学理论的整体观，集中体现在两个核心主张上：形神统一与天人统一。前者认为，人体是一个由生理系统（形）与心理系统（神）两大子系统构成的完整有机体。由于形神的高度统一，养生实践必须兼顾形神两方面的滋养，即不仅关注身体的强健，亦需重视心灵的健康，以实现身心的全面和谐。后者主张，人体这一小系统嵌套于自然这一大系统之中，并在某种程度上映射出自然界的规律与特征。因此，维护身心健康的关键在于顺应自然法则，调整自身以适应自然环境的变化，从而达到调养身心、增强体质的目的。

古代养生学说着重阐述人的身体与天地自然、内在身心以及社会环境的和谐统一。该学说认为，个体并非仅仅面对外在的现实世界，而是需超越现实世界的矛盾与冲突，通过摒弃欲念、归于心灵的宁静，内在地观察"气"的流转，达到物我两忘的"天人合一"境界。在养生与气功文化的视角下，生理健康不仅关乎身体的调理，更主要的是心灵的修养，而心理问题的根源常在于人与社会的互动。因此，养生之道倡导在社会现实中采取妥协与退让的态度，以维护个人的本真与完整性。

中国传统体育以健康因素的和谐与运动适度性为核心理念，其思想渊源深厚且内涵丰富。首先，在对健康的理解方面，传统体育重视通过多种健身手段促进人体内外环境的平衡。其目标在于稳固肾精、安定精神情绪、培育元气与强健体魄，从而实现人体内环境的动态和谐，并进一步追求长寿的可能性。这种健康观念不仅着眼于个体的生理状态，还强调心理与精神层面的平衡，体现了"形神合一"的整体性思维。与此同时，传统体育对运动的适度性有着精准的要求，主张"过犹不及"。无论是运动量的过度还是不足，都会被认为破坏了人体内部以及人与自然、社会之间的平衡。由此可见，"度"的概念成为传统体育实践中的重要指导原则。

在传统体育的核心思想中，维护和增强个体禀赋的元气是关键所在。元气被视为生命的根本，其充沛与否直接关系到个体的健康水平。因此，传统体育追求通过科学合理的运动与养生手段，使元气得到保养和增强。为了实现这一目标，传统体育并非仅关注身体锻炼本身，而是强调饮食、情绪、气息以及行为起居等多方面的和谐统一。这种"和"并非静态的对称或简单的数量平均，而是动态的平衡状态，即在复杂环境中实现各要素间的协调发展。这一观念深刻影响了传统养生实践，形成了以"度"与"和"为核心的理论体系，为传统体育活动提供了理论支持。

中国传统体育涵盖多种养生方法，不同流派虽然在具体实践上有所差异，但都反对单一化、机械化的养生方式，而是提倡多种手段的综合运用。这些方法包括节欲、静心、调和情志、调整饮食、顺应季节变化、导引行气等，旨在实现固精、凝神、养气、塑形等目标。在这些养生实践中，身体健康与心理平衡同等重要，各流派主张通过调整社会伦理关系与自我人格的完善，减少个体与社会之间的矛盾与冲突，最终达到情志平和的状态。这种整合性的养生观念突出了多元要素间的相互联系，即便某一流派强调某个特定生命要素的核心地位，也不会否认其他要素的重要性。由此，传统体育通过其综合效应，对个体的身心健康和形神调和产生了积极影响。

（二）娱人娱己

相较于现代体育体系，民族传统体育展现出更为鲜明的娱乐性和随意性特征。娱乐作为人类超脱于基本生存与生产活动之外的、旨在获取非功利性快乐的活动，不仅涵盖生理层面的体验，更侧重于心理层面的愉悦感受。其起源并非着眼于对外展示，而是源自个体内心情感的抒发，往往在情感高潮时自然流露为表演形式。当表演引发观众的共鸣与赞赏时，表演者的愉悦情绪得以进一步升华，达成娱人娱己的双重效果。在民族传统中，择偶标准倾向于推崇男性的高大健壮与勇敢机智，男女间的交往活动，如射箭、骑马、摔跤等，在自我娱乐的同时，也蕴含了展示自我、取悦他人的意图。

民族传统体育的娱乐性在其早期活动中已悄然形成。作为健身锻炼及社交互动的组成部分，这些体育活动往往不具备强烈的竞技性质。由于民族传统体育作为娱乐形式，较少牵涉直接且重大的经济利益，故无须严苛的裁判制度，也未发展出精密的规则体系。

在儒家思想的影响下，中国传统社会形成了两大活动体系：一是以健康长寿为目标的养生实践，二是以娱乐为旨归的休闲活动。受"存天理、灭人欲"等传统观念的影响，养生学因契合主流文化价值观而得到充分发展，相比之下，休闲娱乐活动（包括宫廷与民间两大部分）尽管内容丰富，却因与主流文化取向相悖，未能成为主流文化的核心组成部分。

民族传统体育文化的娱乐属性，使其与休闲文化紧密相连，作用重心由强身健体、保家卫国、祈福禳灾、愉悦性情，转向满足"自娱"与"娱人"的需求，成为节庆、喜庆及休闲时光中的生活点缀，实现了功能上的重大转变。娱乐伴随着休闲与游戏，成为现代人余暇时间的重要消耗方式，其价值在于满足心理与精神需求，促进身心平衡。体育活动在提供娱乐与健身的同时，也是缓解孤独、拓展社交、加深情感交流的桥梁，激发人们的正面情绪与乐观态度。诸如龙舟竞渡、舞龙舞狮等已成为国际赛事的民族传统体育项目，凭借其高度的娱乐性、积极向上的文化气息及观赏价值，吸引了广泛参与，成为休闲生活的重要组成部分。

面对休闲时代的来临，民族传统体育的复兴之路在于重拾其娱乐精神，使之成为公众喜闻乐见的活动，从而在现代社会中焕发新的生机与活力。

（三）泛道德倾向

作为儒家文化的重要实践方式，"礼"不仅是一种行为规范，更是一种道德教化的手段。传统体育活动如"六艺"中的射艺与御术、射礼与投壶游戏、贵族阶层的狩猎，以及蹴鞠、马球等竞技项目，均被赋予了超越体育本身的文化意义。这些活动不仅是体能的锻炼和技巧的展示，更是道德教育、礼仪实践以及社会价值观传播的重要载体。通过体育活动，参与者在展示个人能力的同时，必须遵循礼仪规范、体现道德修养，从而实现体育与儒家伦理的深度融合。在这些传统体育项目中，儒家文化强调"形神合一"的生命哲学。射箭、投壶等活动不仅注重身体技巧的掌握，更追求精神与身体的和谐统一。这种追求不仅体现了对技能的要求，还渗透着对人格修养和道德风范的期待。尤其是在贵族参与的竞技活动中，礼让精神和优雅风范成为衡量个人修养的重要标准。这些体育活动不仅是竞技的舞台，更是展示个人德行与群体价值观的文化仪式。尽管形式上，中国传统体育与古希腊体育存在显著差异，但两者在促进个体身心协调与完善方面具有高度一致的目标，表明体育作为文化实践的普遍性价值。

儒家文化中的"忠"伦理对传统体育活动也产生了重要影响。"忠"的核心是顺从与服从，这种服从在家庭伦理和社会规范中被视为一种绝对性的价值。家庭中，"忠"体现为对家长的绝对尊重与服从，并通过家训和民俗传递到下一代。这种忠孝观念进一步扩展至社会层面，构成了以"三纲五常"为核心的人际关系伦理体系，成为维系血缘宗法制度的思想基础。在传统武术中，这种伦理文化以"武德"为载体得以传承。师父对弟子的训诫和教练对习武者的告诫，形成了武术训练中的重要礼仪规范和伦理约束，构建了一套完整的武德教育体系。通过武德教育，习武者不仅学习武术技巧，更在"尚德"的氛围中培养道德情操，确保武术精神的传承与发扬。

中国传统文化的核心是伦理至上的价值取向，这种价值观在社会、家庭和个人行为中占据主导地位。伦理道德作为一种规范，成为维系社会秩序和指导个体行为的重要原则。在这种伦理型文化中,"尚德"传统深入人心,并体现在文学、艺术、美学、史学和教育等领域。传统体育作为一种文化实践,同样承载着这一价值体系。相比于其他民族,中国传统体育的发展更强调道德理想与伦理价值的结合,使体育活动具有深刻的文化内涵和社会意义。

传统体育与民俗活动的紧密结合,是推动中国民族体育文化发展的重要动力。体育活动通过与民俗的结合,不仅保留了原始体育的竞技功能,还承载了丰富的社会伦理与文化内涵。这种结合使体育活动不仅是个人竞技与娱乐的形式,更是社会价值传播与文化认同的载体。传统体育通过融入地方习俗、节庆活动等形式,不断增强其文化影响力,同时促进了民众对传统伦理价值的认同与践行。

在体育科学的广阔范畴中,民族传统体育被普遍认为是民俗文化现象的一个构成元素。在人类文明的早期阶段,体育活动往往蕴含着某种原始而质朴的意蕴,并且与婚姻习俗、劳动生产等社会活动相互交织,共同构成了当时社会生活的一部分。特别是在我国多民族聚居的区域,音乐演奏、舞蹈表演、体育竞技以及各类游戏并非孤立存在,而是自然地融入了更为广泛的民俗活动之中。一些传统的节庆日和仪式成为这些活动展现自身魅力的理想舞台,为它们提供了稳定的时间框架与空间场所。在这些场合中,组织者的精心策划、场地的巧妙布置以及表演者的示范引领,都对早期舞蹈与体育活动的规范化发展起到了关键的推动作用。由于这些节庆日和仪式通常具有固定的时间安排、地点选择和程序流程,便促使原本自发、小型且不定期举行的舞蹈与体育活动,逐渐演变为有组织、规模宏大、时间与地点相对固定的集体性事件。这一转变不仅增强了活动的吸引力,还极大地促进了其在大众中的接受度与传播范围,最终使得这些活动牢固地确立为民俗文化活动中不可或缺的一环。

我国节日民俗构成了岁时民俗的一种独特展现,作为民族认同的重要标志,它不仅涵盖了全民共享的节日庆典,还孕育了众多地域性与民族性色彩鲜明的节日。这些节日民俗深深植根于社会的多维度发展之中，与生产劳作、纪念庆典、社交互动、文化娱乐及民族间的相互影响紧密相连，展现出浓郁的文化底蕴与多样化的表现形式。尽管各民族节日在时序安排、纪念寓意及活动内容等方面各具特色，但将传统体育纳入节日纪念的核心活动之中，却是共通之处。这些节日民俗活动不仅蕴含鲜明的民族特性和深厚的乡土风情，还折射出不同的民族文化风貌，以其宏大的场面赢得了民众的广泛喜爱。流传于民间的游艺民俗活动，以其地点的灵活性、形式的多样性及操作的简便性，凸显随意娱乐与竞技比拼的双重特性。

二、民族传统体育的分类

从总体结构而言，民族传统体育项目展现出显著的多元性特质。在地域覆盖面上，它们呈现出广泛的分布特性，而在社会发展的维度上，则表现出不均衡的态势。因此，对民族传统体育项目的分类工作显得颇为复杂，需依据性质、所属民族、项目独有的特征、功能效用以及地域归属等多重标准进行细致划分，从而将其系统归纳至不同的类别体系中。

（一）依据民族传统体育的性质和作用进行分类

1. 竞技类

竞技类民族传统体育项目严格遵循竞赛规则，在规定的场地、使用特定的器械及其他限定条件下进行体力、技术与战术乃至智力等多方面的比拼。诸如珍珠球、龙舟、蹴球等项目，已被纳入全国民族运动会的正式竞赛范畴，涵盖了单人及集体项目，并进一步细分为体能型、竞速型、命中型、制胜型、技艺型等多种具体类型。

2. 娱乐类

娱乐类民族传统体育项目以趣味性为核心，旨在提供休闲娱乐的体验，大致涵盖棋类技艺、踢打动作、投掷活动、托举表演及舞蹈等多种形式。棋类项目如象棋、围棋等，踢打类如踢毽子、打飞棒，投掷类如抛绣球、投火把，托举类如掷子、举皮袋，以及舞蹈类如接龙舞、跳芦笙等，均各具特色，丰富了民族传统体育的娱乐内涵。

3. 健身养生类

健身养生类民族传统体育项目的目的在于促进身体健康、养生康复及疾病预防。这类项目形式多样，如导引、太极拳、气功等，动作通常简约轻缓，强度适中，通过长期规律性的练习，能够有效改善个体的健康状况，提升疾病预防能力。

（二）依据运动项目的形式与特点进行分类

依据项目的具体形式与特性，民族传统体育项目可大致分为跑跳投掷类、水上运动、球类运动、骑术、武艺、射击、舞蹈及游戏等多个类别。跑跳投掷类项目包括跳板、跑火把等，球类项目涵盖木球、珍珠球等，骑术项目如赛马、姑娘追，水上项目以龙舟竞渡、赛皮筏为代表，武艺项目包含打棍、摔跤等，射击类项目有射弩、射箭，舞蹈项目如跳竹竿、跳绳，游戏项目涉及秋千、斗鸡等。各类项目均展现出独特的民族风情与运动魅力，共同构成了民族传统体育丰富多彩的画卷。

（三）依据不同民族所开展的项目进行分类

我国拥有56个民族，各民族的传统体育活动蕴含着丰富的民族文化内涵，各具鲜明的民族特色。在浩瀚的民族传统体育项目中，部分项目呈现出高度的民族专属性，仅在某一特定民族内部流传；另一些项目则展现出跨民族的普遍性，能够在多个民族间共享。这种民族间的差异性，使得基于民族特性对体育项目进行分类显得尤为重要。此种分类方式有助于深化人们对各民族传统体育项目的认知，精准辨析其独特之处，进而促进对民族传统体育文化多样性的理解与尊重。

（四）依据不同地域进行分类

我国地域辽阔，地域间的自然生态、社会历史背景、文化习俗、经济发展模式、生产方式及生活习惯等诸多方面均存在显著差异。这些地域性差异深刻地影响着民族传统体育的形成与发展，赋予各地民族传统体育以独特的地域特色。为全面把握民族传统体育的整体风貌及其地域特征，依据我国的地域分布特点，可将其划分为东北地区、西北地区、中原地区、长江中下游地区、东南沿海地区以及西南地区等若干区域。这种地域性分类框架，为系统梳理与分析各区域民族传统体育项目的特征提供了便利，有助于深化对民族传统体育地域性的科学认识，促进民族传统体育文化的交流与融合。

在运用上述分类方法时，应充分认识到每种方法的独特优势与适用局限。根据具体研究目标与需求，灵活选择或综合运用不同的分类策略，是深入探索民族传统体育内涵、准确把握其发展规律的有效途径。

第三节 民族传统体育的功能与发展模式

一、民族传统体育的功能

要深入理解民族传统体育的功能，首要任务在于明晰体育活动所蕴含的基本功能，这是剖析其本质属性的逻辑起点。体育活动作为一种历史悠久的文化现象，其起源可追溯至人类的原始时代，始终与人类的需求紧密相连，并通过其固有的价值属性，满足人类的多元需求。通常而言，体育的功能被界定为体育这一文化形态对个人与社会所能产生的积极影响及效用。在此框架下，民族地区孕育的民族传统体育，不仅体现了民族个体对体育活动的内在需求，也映射出民族群体对体育活动的集体诉求。历经数千年的民族生活实践，民族传统体育不仅占据了举足轻重的地位，而且展现出了多样化的价值属性及其相应的关键功能，这些功能对于促进民族健康、增强民族凝聚力以及传承民族文化等方面均发挥着不可替代的作用。

（一）教育功能

一般而言，民族传统体育是指在中国境内，以各个民族或特定地域为单位，历经长时间发展而形成并承载一定历史传统及民族、地域特色的各类体育活动，它构成了一种独特的民族文化景观。作为我国体育运动不可或缺的组成部分，民族传统体育在远古时期与广义的教育活动难以明确区分，共同构成了人类教化体系的整体，其根源可追溯至遥远的原始社会。在那个时代，任何旨在提升个体体质、培育后代生存技能的活动，无论通过身体实践还是口头传授，均被视为有意识地向下代传递知识与经验的行为。由于生存环境复杂多样，不同地域的人群依据各自的方式进化，使得教育与体育的萌芽状态自然地交织在一起，难以明确划分。加之当时语言与文字发展的局限，生产与生活技能的传承主要依赖于身体活动，进一步强化了体育与教育融合的特质。

在人类历史的长河中，体育与教育作为人类有意识开展的活动，对推动人类进化和社会发展起到了积极作用。尽管不同历史时期二者的侧重点可能有所不同，时而体育被强调为增强国民体质、优化生育质量、抵御外敌入侵、征服自然环境的重要途径。但从本质而言，体育与教育均是人类为发展和完善自我而进行的有目的、有计划的活动，它们是人类意识活动的具体体现。在特定民族与地域的生产实践中孕育的传统体育与教育活动，经过人类的不断探索与认识，凭借其独特的功能与价值，又反过来成为人类认识世界、改造世界的工具。一方面，社会实践中的身体活动需求，如抵御野兽的本能转化为狩猎技能，基本生存活动转化为竞技能力，推动了体育的形成与发展；另一方面，人类对精神文化、道德规范、伦理信仰的追求，则促进了教育的形成与不断完善。因此，民族传统体育与教育共同构成了人类社会有意识培养人的综合体系。

实际上，远古时期的人类抽象思维能力相对有限，难以将具有类似功能或属性的事物，诸如体育与教育，进行明确区分，这导致体育与教育自然而然地融为一体，成为当时社会发展中的一种普遍现象。鉴于人类文明综合水平的初级阶段，个体主要通过身体行为来传达情感与需求，促进相互间的沟通与协作，以共同应对生存挑战，民族传统体育因此自然而然地成为了教育内容的重要组成部分。

在我国众多的民族传统体育活动中，诸多运动技能直接源自生产与生活实践。这些活动不仅体现了民族的独特文化，同时也承担着传授社会生产和生活技能的职责。诸如特定民族的舞蹈，往往融入了模拟农业劳动的动作，成为传授生产知识的载体。一些表现狩猎、采摘等生活场景的舞蹈，同样承担着传授相应生活技能的教育功能。在利用民族传统体育活动传授实用技能的同时，还注重挖掘其中的思想教育价值，以此对年轻一代进行社会道德规范的教育，旨在塑造他们诚实、勇敢、坚毅等优秀品质及良好的思想品德。例如，一些武术和摔跤等传统体育活动，在传授技艺的过程中，也强调武德与武风的重要性，旨在培养出具有正义感的青年一代。

（二）健身功能

社会的不断进步，使得人们对于自身的生活质量水平要求日益提升。这一变化显著体现在从最初的仅仅追求吃饱穿暖，到如今更加注重营养摄入、追求高品质生活以及健康养生的层面上。在健康养生这一重要议题上，民族传统体育展现出了其在全民健身中的显著功能与独特价值[1]。体育活动能有效促进个体体能的发展及体质的增强，在应对自然界的种种挑战，包括猛兽威胁、自然灾害及未知疾病的侵扰时，健身不仅成为个体生存的必需，更是确保民族存续的关键支撑与前提条件。历经漫长的发展历程，体育的健身效能日益凸显，逐步获得广泛认知

---

[1] 李建辉.民族传统体育在全民健身中的作用[J].齐齐哈尔师范高等专科学校学报，2015（6）：92.

与接纳，为民族传统体育在各自社群中的持续传承与蓬勃发展奠定坚实基础。

我国辽阔的地域空间孕育了多样的生产生活模式与文化习俗，这些差异进而催生了丰富多彩、特色鲜明的传统健身方法与形式。这些传统体育健身活动作为各民族抵御自然逆境、战胜疾病、追求健康与民族兴盛的重要途径，展现了其不可替代的价值。在远古时期，面对艰苦的生存条件，强健的体魄直接关系到种族的延续，体育活动便以其特有的方式，塑造了人们如大山般坚实的体质，进一步强化了体育在民族社会生活中的健身角色。

各类传统体育活动，如白族的"霸王鞭"、拉祜族的"射弩"、苗族的"吹枪"等，虽形式各异，却共同体现了对体能与协调性的提升作用，不仅锻炼了参与者的肌肉、关节与韧带，还增强了他们的注意力、耐力及敏捷性。这些活动既是生产技能的演练，也是体育精神的展现，它们在生产劳作之余，为人们提供了体力恢复与精神调节的良机，使人们在享受体育带来的愉悦之时，也能实现体质的增强与健康的维护。因此，提升民众身体素质、保持健康状态以确保民族存续，无疑构成了传统体育最为根本的功能与使命。

民族聚居地的民族传统体育活动展现出丰富多样的形态，各类运动形式异彩纷呈，与地理环境的适应性极强。部分民族传统体育活动在山区或半山区环境中展现出独特魅力，另一些则更适合在坝区或河谷地带展开，还有的能在江河湖海中畅行无阻，更有项目不受地域局限，随时随地皆可进行。这些项目均蕴含深厚的民族特色，有的侧重于趣味性，有的强调对抗性，有的注重技巧展现，有的则突出力量训练，但无一不体现出强健体魄、磨砺意志的显著效果，为全民健身活动提供了灵活多变、易于采纳的体育资源。

从实用性和针对性角度来看，民族传统体育项目对提升人体健康及身体素质具有显著作用。诸如登山与游泳等活动，对于增强耐力、优化心肺功能具有显著效果；摔跤等竞技项目直接促进了力量与意志的提升；跳竹竿等舞蹈类活动能够锻炼腿部力量与身体协调性；爬杆等项目则有效增强上肢力量。射箭、打陀螺等活动不仅提升了臂力与准确性，还融合了民族武术与舞蹈的精髓，刚柔并济，动静相宜，促使全身协调运动，长期练习可达到祛病强身、延年益寿的目的。

参与各类体育活动，特别是集体性项目，能够显著增进人际交流，打破个体封闭状态。在集体活动中，成员间需相互协作以完成特定动作，这一过程促进了人际的接触与交流，有效缓解了孤独感、抑郁感等负面情绪。体育活动的成功体验赋予个体自信，进而可能改变其对他人或自我个性的认知。大多数民族传统体育活动内容丰富、形式多样，富有生活情趣，广受群众欢迎，提供了广泛的选择空间，且不受年龄、性别、体质条件的严格限制。民众可根据自身条件与喜好，选择适宜的活动项目进行锻炼，如赛龙舟、武术、木球等。部分活动因其简单易行、自娱性强、健身与审美并重的特点，已逐渐成为城镇居民日常生活的一部分，成为人们休闲娱乐、强健体魄的重要方式。

当前，在全国各大城市的群众性晨练活动中，诸如跳乐、摆手舞、民族健身操等具有民族特色的健身活动屡见不鲜。这充分表明，民族传统体育活动凭借其独特的文化特征与价值，已跨越民族地域与文化的界限，得到了各民族的广泛认同与接纳，成为民族地区及城镇居民体育活动的重要组成部分。

（三）娱乐功能

在体育活动的实践历程中，其娱乐性质占据了相当显著的时间维度，有效利用这一娱乐特性，能够显著提升个体参与体育活动的积极性与主动性。对于当代社会成员而言，娱乐活动作为繁重工作之余的调剂，扮演着促进劳逸结合、优化生活品质的关键角色。民族传统体育所蕴含的娱乐性，具体展现为自娱性与娱他性两大面向，这不仅能够让参与者通过传统民族体育活动享受身心的愉悦，同时也为观赏者提供了调节情绪、培养情操、获取运动乐趣及审美享受的途径。在当下社会环境中，随着物质条件的丰富与闲暇时间的增加，体育活动日益成为民众娱乐生活的重要组成部分。因此，民族传统体育活动在保持其竞技性的基础上，还需注重提升娱乐审美价值，以满足人们多元化精神需求。

与此相对照，娱乐性体育活动自诞生之初便蕴含了后现代体育运动的心理机制与行为模式特征。个体在经历或诱发某种兴奋情绪后，倾向于借助这种情绪的驱动力，并通过身体的运动形式来抒发内心的激情，或是消解过度的情绪状态，以此达成娱乐或放松的目的。

民族生活中的传统体育活动具有以下显著特点。

第一，整个活动流程显著体现了激发参与者激情与愉悦身心的目的，而非过分强调体育运动技巧的精确性或实际应用的效能。这种活动设计旨在提供一种身心的放松与享受，而非对运动技能的高标准追求。

第二，娱乐性体育活动通常不具备显著功利性目标。这类活动，特别是民族传统体育活动，往往源于人类社会对于身心愉悦和心理调节的内在需求，逐步发展为在相对封闭的自然与社会环境中人们主要的休闲方式。它们通过丰富的活动形式，有效地调节个体的心理情感状态，促进心理层面的丰富性、平衡性和多元化发展。参与者在欢快的体育活动中，不仅享受到了体育文化带来的益处，更深刻感受到了人类生活的美好价值。值得注意的是，此类活动的追求并非内心的某种祈愿、实际的比赛胜利或物质利益的获得，而是纯粹的娱乐体验，这标志着体育活动与劳动活动的关键区别，即体育活动往往超越了物质结果与功利目的的考量，成为一种超然于功利之外的存在。

第三，娱乐性体育动作在模仿与创新中蕴含着丰富的创造性。众多民族在节庆或闲暇时刻所开展的体育活动，其核心目的就在于娱乐。因此，在遵循基本动作规范的基础上，参与者能够自由发挥个人创造力，将模仿性的动作形态融入传统体育动作之中，使得这些动作变得更加生动、自由且充满生活气息。这种做法不仅增强了体育活动的趣味性和观赏性，也展现了人类在体育活动中的无限想象力和创造力。

（四）竞技功能

竞技性构成了体育文化的精髓与独特魅力，其核心在于追求卓越，实现自我超越，以及在对抗中胜出，"更快、更高、更强——更团结"

的理念深刻体现了体育精神的本质。体育活动中蕴含的游戏性和娱乐性，往往借助竞赛双方的激烈对抗得以彰显，这种形式是跨越文化和国界的共通语言，能够轻易地被不同社会体制、意识观念、文化传统及地域背景下的全球民众所理解、接纳并密切关注。因此，现代竞技体育已成为一个国际性的展示平台，各国在此竞相展现体力、智力及综合国力，其发展水平也成为评估国家繁荣昌盛与民族健康水平的关键指标之一。

在中国，部分民族传统体育活动本身蕴含丰富的竞技潜力，它们在运动形态、体能要求等方面与世界级的现代竞技项目存在诸多相似之处。例如，射箭、赛马、摔跤等传统项目，仅需适度的规则调整与专业训练强化，便能有效培育出众多杰出的民族传统体育人才，为国家体育事业的蓬勃发展贡献力量。

长期以来，我国各族人民在体育发展进程中发挥了不可替代的作用。若能更加积极地挖掘民族传统体育活动中的竞技元素，促进民族传统体育与现代竞技体育的深度融合，同时充分利用少数民族在人才遗传特质、自然环境以及社会文化背景方面的独特优势，无疑将为推动我国体育事业的持续进步带来更为显著的成效与深远的意义。

（五）审美功能

体育在创造美的过程中扮演着至关重要的角色，人类对美的追寻往往源自对美感的初步领悟。审美能力的提升，实质上是在不断欣赏美的历程中逐步实现的。体育所赋予的美，最初源自个体对自身躯体的欣赏，伴随人类活动内容与形式的持续拓展，对人体运动之美的认知也随之深化。当人们置身于更为丰富、更为优雅的人体动作观赏之中时，他们对身体运动之美的体验愈发丰富且深刻，进而促进了审美理解的升华。

体育运动为个体带来美感体验。在民族传统体育的广阔舞台上，对胜利的渴望与对健康的追求，作为强大的内在驱动力，激励着运动员不懈锻炼、勇敢拼搏，并在此过程中展现其创造力与对自由的向往。运动员超越了物质利益的束缚，不为外界的喜怒哀乐所动，实现了人格的自主与自由，从而获得精神上的愉悦与满足，这便是美感的核心所在，是对美的深度享受，标志着审美境界的达成。人类作为自然的一部分，自然美自古以来便存在，民族在大自然的启示下创造的体育文化，正是人与自然和谐共生的文化典范，证明了这种和谐统一的文化形态具备最为持久且丰富的审美价值。

中国古代美学秉持崇尚自然的传统，将自然视为美的典范。自然审美意识深深植根于中华民族的文化心理结构中，塑造了一种独特的自然审美观。这一观念的源头可追溯至庄子哲学，庄子思想的核心即为自然。他强调自然之美，赞美大自然中"天地之美""天乐""天籁"等自由无拘的美。在自然美中，自然事物未受外界干扰，自由展现其本质，这种自在性亦与人类内在的自由本性相契合，共同体现了不受外在限制的美。庄子认为自然美超越了艺术美，高度推崇"天地之美"等自然形态的美。

体育美是对体育活动中多样化审美对象的综合体现，与艺术美作为各类艺术作品之美的集合相类似，体育美并非指向某一具体的审美对象。体育与教育的萌芽均孕育于对美的追求之中。随着人类物质生活的丰富与闲暇时间的增加，部分身体活动逐渐具备了游戏的性质，成为娱乐的方式，美也在此过程中悄然诞生。竞技游戏展现出高度的审美倾向，强烈的审美意识跃然其上，古希腊奥林匹克竞技便是人类审美历史中的璀璨明珠。当体育形成独立的知识体系后，体育活动中原本零散的美逐渐汇聚，形成了一个独特的、区别于其他领域的审美领域。

二、民族传统体育的发展模式

（一）民族传统体育竞技化模式

现在世界上竞技体育的潮流是以规则性、趣味性和健身性作为普及的理念，如果要成为高手或者达到世界水平，就要遵循现代竞技体育运动发展的规律进行刻苦训练。① 在当今时代，民族传统体育的发展面临的核心挑战在于其传统文化内涵与现代体育理念的脱节现象。针对这一挑战，对民族传统体育实施竞技化模式的革新，意味着需秉持科学严谨的态度，立足于全球视野，主动融入世界文化交流的洪流之中。此过程要求主动舍弃那些违背科学逻辑、缺乏现代气息的传统元素，同时积极吸纳现代体育竞赛的规范化规则、先进的技战术体系、高效的教学训练方法以及竞赛组织与管理的科学理论，旨在重塑并整合部分民族传统体育项目，使之既彰显时代特征，又深植民族底蕴，从而推动其创新发展，并为国际体育文化的多元化贡献力量。

当前，中国正以更加开放的姿态拥抱全球化，深度融入世界文化体系，这为民族传统体育的国际化传播铺设了道路。诸如欧洲杯、NBA、美洲杯等国际体育赛事，以及柔道、跆拳道等体育项目，凭借其广泛吸引力跨越国界，成为全球体育文化的共同财富，这正是各民族传统体育项目相互交融、共同发展的生动体现。在此背景下，民族传统体育须立足于自身的文化价值，紧跟时代潮流，借鉴现代科技与管理手段，积极融入全球体育大家庭，以期在多元文化的共生中共荣。

自中华人民共和国成立以来，民运会作为展现民族传统体育风采的重要平台，其持续举办蕴含着深厚的文化底蕴。在20世纪80年代，中国的民运会以其独特的魅力，成为促进民族团结的鲜明旗帜，这背后涉及政治稳定、经济发展及民族政策等多方面因素的综合作用。现阶段，我国各省市自治区普遍建立了民族传统体育运动会制度，为民族传统体育项目的展示提供了广阔舞台。从近年来运动会奖牌分布来看，民族地区在特定民族传统体育项目上展现出显著优势，如内蒙古自治区依托深厚的"那达慕"大会传统，在摔跤、马术等领域表现突出。因此，强化地域性民族特色，以"那达慕"等模式为典范，推进民族传统体育的竞技化改造，不仅是对传统文化的一种传承与创新，也为全球体育文化的

---

① 时殿辉，刘敏，时丹. 民族传统体育竞技化起源与发展探析 [J]. 体育科技，2011，32（3）：144.

多样性增添了新的活力。

民族传统体育的丰富多样性构成了民族运动会存续的坚实基础。中国传统文化的核心部分固然在河谷平原的滋养下蓬勃发展，但其边缘区域则孕育了草原、森林、高原、海洋以及游牧、渔猎等多元文化形态，这些文化形态进一步催生了多样化的文化传统，共同铸就了中华民族传统体育文化的斑斓图景。在这一广阔的文化丛林中，汉族与少数民族的体育文化交相辉映，共同构成了一幅蔚为壮观的画面。各民族均致力于培育彰显自身民族特性的文化，以在全球文化舞台上独树一帜，而体育活动正是展现这一文化个性的关键要素之一。

东方运动会倡导的是一种文化多元性的哲学理念，它要求融合印度、日本、东南亚、西亚等地区的思想精华，以此赋予运动会持久的生命力。这一构想强调东方运动会应区别于奥林匹克运动会的哲学观念，更加注重人性关怀、亲和力展现，减少功利色彩，促进多民族文化的交融与相互理解。在具体实践层面，东方运动会提倡以联欢型体育节和娱乐参与的新形式，取代精英选拔和力量展示的传统模式，更加关注健康、健身、休闲的价值，同时兼顾老年人、妇女等群体的体育参与需求，以及新兴体育形式的时尚追求。这一构想展现了构建大体育文化视野的远见卓识，促使人们深入思考——全球化背景下文化多元性与民族传统体育发展空间的问题。

因此，无论是东方运动会还是东南亚运动会等新型体育文化形态，各民族所创造的丰富多彩、特色鲜明的传统体育项目，均从独特视角揭示了人与自然、社会之间的深刻联系，是对人类创造力和才智的高度认可。这些体育项目不仅丰富了全球体育文化的多样性，也为民族传统体育在全球范围内的传承与发展提供了广阔的空间和新的机遇。

（二）民族传统体育生活化模式

在当代社会的快速发展中，人们的价值观与生活方式发生了深刻变化，这种社会转型为民族传统体育文化的现代化发展提供了必要的土壤和驱动力。在这一背景下，民族传统体育文化的振兴及其在社会各层面的推广显得尤为重要。民族传统体育不仅承载着特定民族的文化基因与历史记忆，也在促进社会健康、凝聚民族精神以及推动文化交流中发挥着不可替代的作用。因此，实现民族传统体育的现代化与"生活化"转向，不仅是文化发展的内在需求，也是全球化背景下增强文化软实力的战略选择。

现代社会工业化、自动化的深入推进，虽然极大地提高了物质生产能力，但随之而来的身体活动减少和生活方式的单一化却引发了健康问题。由于工作和生活的节奏加快，人们普遍面临着"文明病"的威胁，如肥胖、慢性疾病和精神压力。此时，民族传统体育以其丰富的运动形式和深厚的文化内涵，逐渐成为人们缓解健康问题的重要途径。传统体育强调自然的身体运动和精神调节，不仅能够有效满足人们"健康在于锻炼"的需求，还以其独特的审美价值和情感表达，为快节奏的现代生活注入文化温度和生命活力。

在民族传统体育的发展中，其"生活化"策略是核心，这一转向旨在将传统体育活动融入人们的日常生活，使之成为生活方式的重要组成部分，而非单纯作为竞技或娱乐形式存在。这种转变在现代社会背景下尤为重要，因为只有当体育融入生活、被广泛接受和实践，才能真正实现其社会价值。民族传统体育的生活化不仅体现在人们通过节日、社区活动参与其中，还表现在其成为一种文化标识，帮助个体建立与传统文化的深层连接。这一转变不仅丰富了个体的健身形式，也有助于增强民族认同与文化自信。

民族传统体育的价值不局限于其健身功能，还在于它所承载的文化内涵和社会意义。它融合了民族艺术、审美观念与伦理价值，为参与者提供了超越身体活动的精神体验。例如，武术、太极拳等传统体育形式在传递身体技巧的同时，也以"形神合一""以静制动"等哲学思想为核心，强调身体与精神的协调发展。这些理念在现代社会具有重要意义，不仅可以帮助个体缓解生活压力，还能为解决全球性健康问题提供独特的东方智慧。

从全球化视角来看，民族传统体育的发展也为中华文化的国际传播提供了重要契机。自20世纪以来，武术和太极拳等传统体育形式成功进入国际舞台，不仅赢得了广泛的关注，也成为沟通中西文化的重要桥梁。现代工业文明和工具理性虽然提升了生产力，但也对个体健康与生存权构成了一定侵蚀。在此背景下，太极拳等传统体育形式凭借其健身防病的实际效果，受到许多国家的欢迎。这种跨文化传播不仅有助于增强中国文化在国际社会的软实力，也使民族传统体育成为解决全球健康问题的一种文化资源。

我国实施的《全民健身计划》，为民族传统体育的发展提供了有力支持。国家政策的推动和社会环境的改善，为传统体育的振兴创造了广阔空间。在这一背景下，有必要通过深入研究和系统规划，挖掘民族传统体育的内在潜力，并将其与现代社会需求紧密结合。通过优化传统体育的组织形式和传播渠道，可以进一步提升其在全社会的普及程度。此外，利用中国传统节日这一独特的文化载体，策划融入传统体育的节庆活动，不仅能够增强民众的文化归属感，还能为民族传统体育的推广开辟新的路径。另外，通过国际体育交流和文化传播活动，可以进一步扩大中国传统体育在国际社会的影响力。这不仅能够增进不同文化之间的理解与共鸣，也有助于推动人类文化的多样性发展。民族传统体育作为中华文化的重要组成部分，其发展对提升中华文化的全球影响力、实现文化输出具有重要意义。

民族传统体育项目作为民族文化发展的微观映射，深刻揭示了民族性格与精神特质。中国拥有的民族传统体育运动项目数量庞大，形式多样，构成了世界范围内独一无二的丰富资源库。这些项目凭借其活动方式的灵活性、独特的文化韵味以及高度的娱乐性，展现出了现代体育项目难以企及的魅力。反观当前，众多竞技体育项目因技术难度和成本投入的急剧攀升，已逐渐转变为观赏性极强的"技艺展示"，使得普通民众因场地限制、经济负担及技能门槛等因素而难以亲身参与。鉴于此，推动民族传统体育向生活化、大众化方向发展，不仅是对体育本质的一次深刻回归，也是响应新时代社会需求、促进全民健康生活的有效途径。通过这一路径，不仅能够丰富群众的体育生活，还能在精神层面实现体育价值的重塑与升华。

传统的体育生活方式，作为一种深植于民族文化心理之中的文化模式，展现出顽强的生命力与稳固且坚韧的结构特征，历经世代沿袭而不衰。我国众多民族，因居住地域的多样性，其风俗习惯等亦呈现出显著的差异性，进而孕育了丰富多样的节日庆典。其中，部分节日直接以单项传统体育项目命名，无论这些节日是承载纪念意义，还是彰显庆贺与社交娱乐功能，均与体育活动结下了深厚的渊源。此外，亦存在不以体育项目直接命名的节日，却同样融入了丰富的体育元素，形成了节日与体育活动相互交融、彼此映衬的独特景观。节日不仅为体育活动的开展提供了理想的平台，体育活动亦以其独有的魅力，为节日内容增添了斑斓多姿的色彩，二者相辅相成，共同绽放光彩。

在当代社会，国家节日主要源自政治和民族传统节日。岁时节令及其相关习俗作为民族文化传统的核心构成，对于强化社会成员的文化认同，以及文化传统的保存与传承具有举足轻重的作用。中国的传统节日习俗展现出了与现代生活相协调的潜力，全球范围内的华人群体，均能依据相近的情感与习俗，庆祝春节、清明、端午、中秋、重阳等传统节日。在部分华人聚居的地区与国家，众多民族节日已被正式确立为法定假日。因此，充分利用节假日、周末及交易会等时机，结合地方特色开展形式多样的群众性体育活动，已成为民族节日不可或缺的一环。丰富多彩的民族节日与传统体育活动，构成了我国全民健身运动的精髓所在，为推动我国传统体育向"生活化"模式转型奠定了坚实的基础。

（三）民族传统体育市场化模式

人类社会已迈入第三代生产力的崭新阶段，即电子时代下的智能生产力时代。此阶段的一个显著标志在于文化与经济之间构建了前所未有的新型关联，其核心特征体现为"文化的经济化"与"经济的文化化"，并由此催生了当代文化经济一体化的显著趋势。具体而言，"文化的经济化"是指文化元素深度融入市场体系，转化为产业形态，文化产品中融入了经济的、商品化的要素，使得文化本身具备经济驱动力，成为现代社会生产力结构中不可或缺的一环。这一过程不仅释放了文化的商品属性，还显著增强了其自我发展能力，为文化的持续繁荣奠定了良性循环的基础。

在市场经济蓬勃发展的背景下，民族传统体育迎来了前所未有的发展机遇。体育作为一种有效应对现代工业社会健康挑战的方式，其重要性日益凸显。尽管人们在选择体育手段和方法时可能因年龄、性别、职业及健康状况的差异而有所不同，但追求身心健康这一根本目标却是普遍一致的。因此，民族传统体育唯有积极适应市场经济的发展需求，方能确保自身的生存与持续发展。

面向未来，民族传统体育的发展必须紧密围绕市场与大众展开。大众体育消费的潜力是推动体育事业发展的核心动力，体育事业的繁荣离不开广泛的民众参与和消费支持。在面向大众的过程中，社区与农村成为两大关键领域。一方面，社区体育虽面临挑战，但其作为提升民众生活质量的重要途径，将成为我国体育事业发展的重点方向；另一方面，农村体育的忽视将阻碍真正现代化的实现，体育现代化不应将农村与农民边缘化。尽管当前农村体育基础薄弱，但其蕴含的市场潜力巨大。通过对民族传统体育项目的合理开发与利用，不仅能够有效促进大众的身心健康，还能为体育事业的全面发展注入新的活力。

随着经济的精神化趋向日益显著，物质生产已不再是推动发展的唯一或决定性力量，而是转变为如何有效利用物质载体，以更好地契合并满足人们日益增长的精神需求。在此背景下，各行业部门积极利用大众传媒的广泛影响力，不仅显著提升了自身的经济效益，还促进了传统物质生产向精神经济的转型与升级。例如，在民族运动会等大型体育赛事期间，体育用品及纪念品的生产与销售，展现出强劲的增长态势，涵盖了从运动鞋服到健身器械等多样化的产品范畴。

体育产业作为这一转型的缩影，其产业化路径并非单一模式可概括，而是根据项目的特性和经营方式的不同而有所区分。一般而言，体育产业可大致划分为两大板块：一是体育活动本身的直接经营，如广告赞助、门票销售、体育经纪服务等；二是与体育活动紧密相关的衍生产业，这包括运动服饰、体育器材的制造与销售，以及体育保险、体育旅游、体育彩票等服务的提供。体育产业内部存在着本体经营与服务支持等多种细分类型，且各类别的产业化程度与方式依据实际情况而异，这就要求国家在体育管理中需协调各类体育产业类型，以实现全面而均衡的发展。

民族传统体育因其深厚的文化底蕴和广泛的群众基础，在产业化进程中展现出独特优势。这类体育形式通常具有低成本、高价值的特点，与当前社会经济水平相适应，易于被大众接受和消费。因此，对于那些已具备市场潜力的民族传统体育项目或活动，应积极探索市场开发路径。事实上，已有部分项目如舞龙、舞狮等，通过有效的市场运作方式，成功踏上了产业化道路。

民族传统体育蕴含着丰富的文化内涵与独特的魅力，其经济开发潜力巨大。若能科学运用市场规律，借鉴已成功市场化的项目与团队经验，结合现代运营手段与品牌形象塑造，逐步将具备市场前景的传统体育项目推向市场，不仅能有效促进这些项目的自我发展，还能进一步丰富文化市场，满足人民群众多样化的精神文化需求。

第四节　民族传统体育的文化内涵属性

华夏文明作为一种具有深远影响的主导性文化形态，其发展根植于黄河流域的自然与人文环境之中。以个体农业经济为基础，宗法家庭为社会结构，儒家思想为精神核心，这一独特的文化构造塑造了中华民族的性格特征。其民族性格展现出自然质朴、乡土眷恋、重视人伦、崇尚情义以及尊重礼仪与教育等特质，而这些文化基因深刻影响了民族传统体育文化的形成与发展，使其呈现出鲜明的文化特质。

首先，华夏大地的地理环境与文化特性共同孕育了具有浓厚民族韵味的体育形式。无论是富有艺术性与趣味性的风筝放飞，还是气势恢宏的舞龙舞狮，以及充满挑战与趣味的竞渡与传统竞技项目，均展现出多元的功能与价值。民族传统体育不仅兼具健身、娱乐、怡情等实用功能，更以其娱乐性与趣味性为显著特点，为个体提供了身心愉悦与文化满足的综合体验。其中文体合一的特性，使参与者在身体锻炼的同时，也能感受到艺术的美感和精神的陶冶。可以说，传统体育活动的多功能性既满足了个体健康与娱乐需求，又使其成为人类文化生活的重要组成部分。

其次，中华民族独特的文化特质及生存模式为民族传统体育注入了深厚的内涵。在中华文化中，崇尚人伦、重视情义的价值观与礼仪规范贯穿始终，这些特质也深刻地体现在传统体育文化中。例如，舞龙、舞狮等活动不仅展示了民族起源的传说，还承载着伦理道德观念和哲学思想。而如武术、赛龙舟等体育形式，则源自生产实践与军事技能，具有强烈的民族历史记忆。这些活动通过其特有的形式，表达了中华民族的价值追求、艺术审美与集体情感，成为民族文化的重要象征。

一、民族传统体育的物质文化性

物质文化作为人类为满足生存与发展需求所创造的一系列物质产品及蕴含其中的文化表现，广泛涵盖了饮食文化、服饰艺术、建筑风格、交通方式、生产工具以及城乡风貌等诸多领域。这一文化形态与非物质文化形成了鲜明的对比，其核心差异在于物质文化受自然规律的制约，在使用过程中会逐渐损耗乃至消亡；相反，非物质文化则具备可重复利用且不易受损的特性。

在民族传统体育这一独特的文化领域内，其漫长的发展历程与人类对自我及周遭环境的认知深化紧密相连。随着认知的不断进步，民族传统体育不断将这些深刻的认识转化为具体的物质形态，体现在各类体育器材、场地设施乃至相关的仪式符号之中。这一过程不仅丰富了物质文化的内涵，也使得民族传统体育文化中的物质层面成为最活跃、最具表现力的组成部分。它犹如一扇窗，展示了民族传统体育文化的精髓与特色，成为连接过去与现在、物质与精神的重要桥梁，对于理解、传承与发展民族传统体育文化具有不可替代的价值。

（一）民族传统体育运动的开展依赖物质环境

民族传统体育运动的推行植根于特定的物质环境之中，这一环境不仅涵盖自然生态条件，还广泛涉及体育场馆及配套设施等人工构造物。伴随民众体育文化消费层次的提升，参与者对于民族传统体育运动物质环境的需求日益增强，呈现出明显的增长态势。当前，具备高度人文关怀与人性化的体育设施，已成为体育文化生活中的亮点。这些设施不仅充分满足了民众参与民族传统体育活动的需求，更在丰富精神世界、激发生活热情，以及促进形成符合时代要求的价值观方面，展现出重要的思政教育功能。

人文色彩浓厚的民族传统体育运动场馆，作为民族传统体育行为的基本物质载体，融合了民族传统体育精神、艺术表现形式与社会文化心理，共同塑造了一个复合且多元的文化生态，展现出多功能性、技术综合性、时空鲜明性、广泛参与性及深厚人文性等多维度特性，其丰富的人文性特质尤为显著。

民族传统体育运动所彰显的人文特质，包括坚韧不拔的进取精神、勇于竞争的态度、挑战极限的勇气及超越现实的理想追求，同时，体育活动也带来了心理释放与自我价值实现的愉悦感。此外，通过色彩、标志、雕塑、壁画等多样化的艺术手法，以及简洁而富有象征意义的建筑语言，共同诠释了体育精神，将体育思想物质化，使体育建筑成为艺术与体育精神融合的标志性景观。这些物质文化形态不仅反映了21世纪人类在建筑与居住环境领域的探索与成就，也见证了中国作为古老文明国家不断开放的历史步伐，彰显了中华民族的创新精神与对世界体育文化繁荣发展的贡献与自信。

环境本身蕴含着丰富的教育资源，其作用于人的思想品德与心理发展力量，可称为"环境影响力"。环境通过施加各种影响力，促使个体形成与环境相协调的特性，实现人格的同化。人文性体育场馆不仅为思政工作提供了优质的互动空间，更因其蕴含的人文深度、以人为本的设计理念，以及对民族文化特性和美学追求的展现，成为激励性环境。这种环境对参与者的思想品德发展产生激发作用，引导其积极向上，追求真善勇美。教育环境对人的影响是潜移默化的，通过复杂多变的环境刺激，激发情感，启迪心灵，使人在无形之中接受教育，实现渐进式的成长与蜕变。

民族传统体育运动设施的设计和建设，在人性化方面展现出了诸多显著特点，具体如下。

第一，多元功能性为体育建筑赋予丰富的文化内涵。竞技体育场馆以其规模宏大、专业性强、国际化程度高及观赏性强等特点著称；休闲娱乐型场馆则强调生活性、社会性，并鼓励使用者的多元选择与灵活参与；教学训练场馆则以其明确的使用目的、稳定的使用状态及专业的功能，有效促进了体育技能的传授与专门化运动技术的训练。

第二，可持续利用性在民族传统体育运动设施的设计中得到了充分体现。这主要体现在设施的可置换性、弹性空间设计、结构的可变性以及绿色技术的应用上，这些设计策略共同确保设施的长期有效利用。

第三，开放性也是民族传统体育运动设施设计和建设中的一大亮点。这既体现在设施空间形式的开放性上，也体现在其内容与功能的开放性上。随着现代社会对健康与身心愉悦的日益重视，体育活动逐渐普及化、社会化，设计者通过优化空间布局、辅助空间和流线序列，进一步强化了设施的开放性文化特征。

第四，休闲娱乐性在民族传统体育运动设施的设计中也得到了充分重视。设计者不仅注重凸显设施的休闲娱乐功能，还在场馆设计中兼顾休闲娱乐体育设施与竞技场地的兼容性，通过多功能辅助空间的设计和体育公园设施与场地的规划，满足了休闲娱乐体育活动的多样化需求。

第五，对生态环境的保护以及人工环境与自然的融合理念，在现代民族传统体育运动设施的设计中得到了深入贯彻。设计者综合建筑学与生态学的成果，积极构建绿色建筑理论体系，从生态学角度指导优化设计，赋予场馆建设以深厚的生态文化内涵，从而实现了人工与生态环境的和谐共生。

（二）民族传统体育运动的发展体现在民族区域经济中

民族传统体育运动的物质性体现亦显著地反映在民族地区的经济结构中，我国众多民族地区成功地将民族传统体育文化的资源禀赋与生产条件转化为实际的经济优势。从技术维度划分，民族传统体育文化涵盖了竞技比赛、养生健身、艺术表演及游戏娱乐等多种类型；而从商业化与产业化的视角审视，则可进一步细分为观赏性、游客参与性、日常健身型、休闲型及探险型等不同模式。作为中华民族传统体育文化不可或缺的组成部分，民族传统体育文化的产业价值已广泛获得社会各界的认同。近年来，我国民族传统体育迎来了蓬勃发展期，凭借其独特的魅力融入市场经济体系，不仅创造了显著的经济效益，还展现出巨大的发展潜力。

相较于现代体育项目，民族传统体育活动展现出更为鲜明的娱乐性、表演性和观赏性，且内容丰富、形式多样，对于非本民族群体而言，往往具有新颖、奇特及独特的吸引力，因此备受旅游业的关注。为迎合市场需求，民族地区的旅游服务供应商，如旅行社、主题公园等，纷纷推出蕴含浓郁民俗风情的特色旅游线路，其中，民族传统体育项目成为吸引游客的亮点。我国民族传统体育文化常将竞技、舞蹈、音乐等元素巧妙融合，动作简练、节奏明快、生动活泼且易于学习，这种高度的群众参与性使其易于在民众中广泛传播，为服务业、技术产业及制造业等带来了丰富的商业机遇。民族传统体育文化历史悠久、丰富多彩，每个项目都宛如一首绚丽的诗篇或一段引人入胜的故事，与各民族的历史及风俗习惯紧密相连。因此，这一文化形态也吸引了广播电视、服装设计、艺术等多个领域的广泛关注，并创造了巨大的经济价值。更重要的是，民族传统体育文化具备突出的健身娱乐及教育功能，有助于提升民众体质、丰富生活内容、培养坚韧不拔的精神品质，这些正面效应间接转化为社会劳动生产力的增强，其带来的经济效益更是难以精确估量。

近年来，众多地方政府，特别是民族聚居区域的行政机构，已逐渐意识到民族传统体育文化所蕴含的深远经济潜能，并积极投身于其发掘与利用的实践中。伴随着社会主义市场经济体系的不断完善，我国整体国力及民众生活质量均实现了显著提升。国际体育领域的商业化浪潮也对我国产生了显著影响，推动我国体育产业逐步兴起，并日益成为市场经济结构转型的关键一环。

民族传统体育文化不仅局限于具体的体育活动形式，其背后蕴含着丰富的文化意义与价值，构成了我国不可或缺的精神财富与文化传承的重要组成部分。这一文化形态同样拥有广阔的市场空间，通过系统的培育与合理开发，完全有能力成长为驱动经济发展的一个重要产业支柱。当前，我国各民族的传统体育项目在全民健身运动的推动下不断涌现。

党和政府高度重视少数民族传统体育文化的繁荣发展，视其为推动民族社会进步、增进各民族团结与共同繁荣的关键一环。在此背景下，少数民族地区得以基于本地社会的实际情况，充分展现未来产业结构调整的独特优势与潜力，通过细致研究与科学规划，借助民族传统体育文化资源的开发利用，有效促进旅游与体育产业的快速发展。这一过程首要在于深入发掘、系统整理与妥善保护区域内的民族传统体育文化，明晰自身资源禀赋，实施全面调查以掌握民族传统体育资源的总量与类型分布，同时开展民族传统体育商业化潜力的价值评估。这包括分析内部文化价值要素对商业化发展的支撑作用，考察外部社会支撑体系的完备程度，以及市场需求与供给的动态平衡，进而审视民族传统体育商品化与产业化的既有成就与面临的挑战。

依据市场需求精选适宜进行商品化与产业化的项目类别，对选定项目进行必要的创新改造与包装设计，明确民族传统体育产业化的发展路径、目标定位、市场拓展策略及营销手段，循序渐进地将民族传统体育推向更广阔的社会与市场舞台，引导其沿着商品化、产业化、科学化、社会化、国际化的方向稳步前行。民族传统体育文化根植于各民族的社会生产与生活实践，将其转化为具有经济效益的产业，必须精心开展市场调研、产品开发与市场拓展工作，运用现代文化与商业化思维进行革新，以现代体育娱乐理念为引领，借助现代科学技术进行升级，旨在提升民族传统体育的竞技性、观赏性、健身效果与娱乐价值，吸引更多人参与，实现其社会化普及。通过社会化进程，进一步推动其向商业化、产业化、国际化的深层次发展。

少数民族地区政府应扮演好引领者的角色，充分利用多样化的现代宣传媒介，凸显本地民族传统体育文化的独特魅力，结合自然风光等自然资源，以旅游业与娱乐业为引擎，驱动区域经济的全面发展。

二、民族传统体育的制度文化性

制度文化作为人类物质生产活动中所构建的社会关系体系的综合体现，涵盖了社会的法律制度、政治制度、经济制度以及人际交往的各类规范与准则。这一文化形态深刻映射出社会结构的内在逻辑与运行机制。在民族传统体育领域内，其制度文化展现出一种源自生活、发展自然且和谐的特质，带有一定的灵活性与自发性。伴随社会的持续进步与文化交流的日益频繁，众多民族传统体育项目在规则制定、管理体系及政策框架方面经历了显著的完善过程，逐步确立了更为严谨与权威的体系。这一过程不仅增强了民族传统体育的规范性与正式性，还深刻影响着各民族的思想观念、价值取向及行为模式，使之能够更好地融入并促进社会整体的发展步伐。

深入探究民族传统体育文化的内在精髓，并细致剖析各民族传统体育的制度安排，对于评估特定历史时期体育政策与法规的实效性与合理性具有重要意义，也有助于识别并构建更加契合民族传统体育长远发展需求的平台与路径。通过此类研究，能够更好地理解民族传统体育制度文化的演变规律，为促进其传承与创新提供坚实的理论基础与实践指导，进而推动民族传统体育在全球文化多样性中焕发新的活力与光彩。

（一）民族传统体育文化非正式制度

在探讨民族传统体育的深厚底蕴时，不可忽视的是那些广泛流传于民族村寨聚落中的民族传统体育形式，它们不仅是历史信息的宝贵载体，亦是民族文化基因的重要传承者，作为民族传统体育研究的基石，展现出高度的典型性和标本价值。非正式制度作为社会规范体系中的非正式组成部分,涵盖价值信念、风俗习惯、文化传统、道德伦理及意识形态等,是在长期社会互动中自然形成并得到普遍认可的行为准则,与正式制度相辅相成,共同维系着社会的制度框架。制度系统由目标价值、规则体系、实施保障及调整对象四大要素构成,而在民族传统体育文化非正式制度的规则体系中,体育活动的筹备与安排,如场地选择、时间安排、经费筹集及器材配置等,均遵循着既定的习俗惯例。

民族传统体育活动的举办时间往往与传统节日紧密相连,经费则由诸如寨老会、理事会等村落内部组织负责筹集,并通过公开账目接受村民监督,体现了社区自治与透明管理的原则。参与者资格的限制,如强调孝顺长辈、特定身份、性别或村籍要求,不仅是对传统文化的尊重,也是社会秩序的一种体现。民族传统体育还伴随着严格的礼仪规范,其动作规则简明扼要,易于普及,与现代体育竞赛的复杂性形成鲜明对比。体育器具的设计制作,从造型到装饰,均遵循既定规范,而节庆体育活动则成为展示民族服饰文化的绝佳舞台,服饰装束的考究体现了深厚的文化底蕴和民族认同。

体育禁忌作为民族传统体育中不可或缺的一部分,包含了诸多禁止的行为和思想,这些禁忌源于长期社会实践中积累的经验和社会礼俗,具有规范体育行为、维护体育社会秩序的原始法律功能,对参与者的行为构成了强有力的约束。民族村落中的正规体育活动往往设有奖励机制,部分活动还明确了处罚规则;另一些则强调无私奉献,这些制度设计共同促进了民族传统体育的健康发展,展现了其独特的文化魅力和社会价值。

1. 民族传统体育文化非正式制度的目标价值

民族传统体育文化中的非正式制度,其核心在于确立并导向社会行为的内在动机、既定目的及价值追求,构成了制度架构中的精髓部分。这一层次不仅塑造了制度的本质属性,还指引了制度变迁的轨迹,堪称制度体系的精神基石。其目标价值体现在以下三个维度。

（1）通过非正式的规范力量，有效约束体育参与者的行为，确保体育活动的公正性。鉴于民族传统体育活动多源自民间的自发性组织，正式制度如法律、政策等在此类活动中的规制作用相对有限，而民间形成的非正式规范却能展现出更为强大且高效的约束力。

（2）非正式制度规范并巩固了体育活动的动作程式与精神实质。民族传统体育的动作程式，经世代传承人的精心提炼而逐渐定型，这些程式不仅承载着特定的精神内涵与情感表达，还外在规范了体育的表现形式，内在深化了体育的精神追求，从而确保了体育文化传承的连贯性与稳定性。

（3）非正式制度承载着对祖先圣贤的缅怀功能。多数正规化的民族传统体育活动，均融入了不同程度的民间信仰元素，这些体育活动作为村民长期信仰生活的情感积淀，往往伴随着严格的礼仪规程，体现了对传统的尊重与延续。

2. 民族传统体育文化非正式制度的实施手段

在探讨民族传统体育文化非正式制度的保障实施机制时，可以发现其显著特征在于较少依赖于法律、法规及政令等硬性社会控制手段，而更多地借助民间组织权威与舆论等软性社会控制手段来实现。民族传统体育非正式制度的推行，往往倚重民间组织的权威性，这些组织凭借组织内部成员的信誉累积及个人独特魅力来构筑起自身的权威地位，从而有效保障非正式制度的贯彻落实。舆论作为另一重要力量，在民族传统体育非正式制度的实施中扮演着不可或缺的角色。尽管在传统村落社会中，舆论不具备直接的强制性，但其蕴含的社会控制效能却不容轻视。村落社会的行为模式深受非正式制度的影响，村民们的日常活动大多遵循着具有浓厚传统色彩的乡规民约、风俗习惯及家族制度等框架。

（二）民族传统体育文化正式制度

民族传统体育文化的正式制度保障为人们开发民族传统体育提供了依据。所以民族传统体育文化制度体系的建立具有重要意义。

1. 民族传统体育文化正式制度体系的构建原则

在构建民族传统体育文化的制度保障机制框架内，需着重关注以下三大核心原则以确保其有效性与适应性。

（1）强调文化传承与创新并重之原则。民族传统体育作为民族文化的重要组成部分，其核心使命在于将蕴含深厚历史底蕴的优秀文化元素代代相传。在此进程中，既要坚守传统精髓，维护其文化纯正性，又需勇于探索创新路径，为传统注入新的活力与时代特征。因此，在制度设计上应鼓励对民族传统体育的物质形态与制度规范进行革新，既要尊重并保留传统观念中的合理内核，又要积极融入现代精神，剔除其中的糟粕与非科学成分，从而推动民族传统体育向现代化转型，实现其在当代社会的可持续发展。

（2）秉持以人为本的基本原则。文化的演进始终围绕人的需求与发展而展开，民族传统体育文化亦不例外。因此，在构建相关制度体系时，应深刻认识到人是文化创造与传承的主体，制度设计需充分考虑人的多元化需求，旨在最大限度地挖掘并发挥民族传统体育在休闲、商业及教育等领域的价值潜力。这不仅有助于提升民众的生活品质，还能促进文化的广泛传播与深入影响，实现文化与人的和谐共生。

（3）注重区域性原则的贯彻落实。民族传统体育植根于特定的地域环境之中，其表现形式与文化内涵往往带有鲜明的地域特色与民族印记。许多民族传统体育在当地拥有广泛的群众基础与强烈的文化认同感，对本民族群体具有强大的凝聚力与影响力。因此，在构建民族传统体育文化的制度保障机制时，应充分考虑地域差异，确保制度设计能够贴近当地实际，有效服务于本区域本民族群众的文化生活需求，进一步巩固与扩大民族传统体育在当地的社会基础与文化影响力。

2. 民族传统体育文化正式制度体系的构建策略

民族传统体育文化正式制度体系的构建，需系统性地聚焦以下六个核心维度，以促进其健康、持续地发展。

（1）在民族传统体育文化地区群众生活保障层面，经济基础是决定民众参与体育活动程度的关键因素。历次调研数据均显示，经济收入水平与民众参与体育活动的积极性呈正相关，经济条件的限制往往影响民众的认知模式、行为选择及参与意愿。因此，加速民族传统体育的社会化进程，首要任务是构建和完善民族地区群众的基本生活保障体系。这包括强化农村合作医疗与城镇居民医疗保险的覆盖面，以及构建农村社会保险、社会救助、社会福利与慈善事业相互衔接的综合保障体系。唯有当农民的基本生活需求得到满足，他们才更有可能投身于民族传统体育活动中，推动文化的传承与发展。

（2）在组织管理体系的建立健全上，民族传统体育的繁荣离不开一个高效、全面的组织框架。这一框架既需政府部门的行政引领与规范，也离不开群众组织的自发参与与积极性激发。政府组织的角色在于制定规则、引导方向，群众组织则能激发民众的参与热情与自觉性，两者相辅相成，共同推动民族传统体育的有序发展。因此，健全组织管理体系需兼顾政府的主导作用与群众的能动作用，形成合力。

（3）在法治机制体系的完善上，健全的法治环境是民族传统体育文化保护、创新、运用与推广的重要基石。通过法律手段，可以明确各方主体在相关活动中的权利与义务，提供政治保障与思想引领，引导社会大众在参与体育活动、传承文化时遵循规范。法治机制还能促进体育、教育、文化、民政等多部门科研力量的整合，发挥各自优势，动员社会资源，拓宽资助渠道，增强民众参与度，营造浓厚的文化氛围，为民族传统体育文化的繁荣发展奠定坚实基础。

（4）在建立健全宣传发动机制方面，政府对于民族传统体育发展的推动作用，不仅体现在其完善的组织管理架构上，还深刻反映在由政府主导的宣传渠道构建中。媒体宣传作为一种高效的信息传播手段，对于政府相关政策、法规及民族传统体育发展的愿景展现，发挥着至关重要的作用。民族传统体育的繁荣发展，离不开媒体宣传的积极助力。因此，构建并持续优化宣传发动体系，充分利用媒体资源，以正面导向激发公众参与热情，是不可或缺的一环。将媒体宣传的职责与要求制度化，纳入相关法律法规之中，可进一步确保宣传工作的规范性和长效性。

（5）针对民族传统体育发展的资金需求，单纯依赖政府有限的财政拨款显然难以为继。为此，必须转变思维，拓宽融资渠道，构建多元化的融资体系，以支撑民族传统体育活动的广泛普及与深入发展。将融资体系的建设纳入法律框架内，以制度形式明确政府、社会及公益资金的投入规则、权益分配、使用目的及范围，不仅能够有效监督和规范资金的使用，还能激发各方参与的积极性，确保资金的高效利用，为民族传统体育的持续健康发展提供坚实的经济基础。

（6）构建民族传统体育价值评估体系，是深化对其社会功能与文化内涵认识的重要途径。民族传统体育作为历史文化的瑰宝，蕴含着丰富的社会价值与强大的社会适应能力。通过价值评估体系的建立，一方面可以帮助公众准确识别民族传统体育中符合社会发展需求的元素与亟待革新的部分，激励民众在物质层面与制度层面进行创新性改造，同时剔除精神层面的落后思想，弘扬先进文化理念；另一方面能够强化民众对民族文化的认同感，确保民族传统体育在传承与创新中保持正确的方向，为文化的持续繁荣与社会和谐贡献力量。

三、民族传统体育的精神文化性

精神文化作为文化的核心与精髓，具有深厚的稳定性和保守性，是不同文化类型的重要区分标志。在讨论民族传统体育的文化时，精神文化的探讨不仅需要关注体育活动本身，还要深入理解其背后的思想理念、价值观、审美取向和民族心理等深层次因素。通过对民族传统体育精神的系统性分析，能够推动其与现代社会的融合，并加速其现代化进程。

民族传统体育文化的精神内涵，可以从图腾崇拜与精神信仰等方面进行解读。图腾崇拜和精神信仰作为民族文化的重要部分，不仅在意识形态层面提供了文化认同的基础，也在物质文化和制度文化层面形成了具有鲜明特色的表现形式。民族传统体育文化的传承和发展，往往通过图腾和宗教信仰的形式得以延续。这些图腾和信仰不仅是文化的象征符号，也为民族传统体育活动的开展提供了深层次的精神支持。在具体的传承过程中，民族传统体育文化被理解为包含了器物文化、制度文化和意识形态三大维度的综合体，器物文化通过实物形态展现，而制度文化则通过行为规范和社会规则得以体现。意识形态则深刻影响着民族体育活动的理念、形式与价值取向。

在中国，社会结构中以"差序格局"为特征，这一结构深刻影响了民族传统体育文化的传承方式和发展方向。中国的社会结构根植于农业文明，强调血缘和地缘关系的亲疏远近。这一文化土壤为传统体育形式的传承提供了条件。许多民族传统体育项目在节庆和集体活动中得以体现，如舞龙、独木龙舟、苗族抢狮等。这些活动不仅展现了地域文化的多样性，还反映了不同民族在社会组织上的独特性。尽管存在地区性差异，但这些传统体育活动具有共同的文化价值，体现了民族间的共性与差异性和谐共存。

民族传统体育文化的精神文化性还受到农业与游牧文化差异的深刻影响。农业民族的体育活动多源自生产实践，许多体育项目模仿农业生产的动作和节奏，体现了农耕文明的劳动智慧。而游牧民族的体育活动则更注重竞争与对抗，如赛马、射箭、摔跤等项目，反映了游牧文化的自由、奔放与扩张性。这种文化差异不仅塑造了不同民族的体育活动形式，也形成了各自独特的民族性格和文化精神。

民族传统体育文化的传承方式既有本土化传承，也有跨区域传播。本土化传承保留了民族文化的鲜明特色，并深深植根于地方文化和民俗中，而跨区域传播则通过竞技化和跨文化交流的方式，将民族传统体育推向更广阔的舞台。无论是本土传承还是跨区域传播，民族传统体育文化的传递都伴随着权利与义务的代际传递，具有一定的社会强制力和文化凝聚力。

文化差异在民族传统体育文化的传承与传播中起到了重要作用。不同民族对传统文化的认同感强烈，这种认同感往往导致对外来文化的排斥或抗拒。然而，民族传统体育文化的价值和意义，不仅仅体现在体育竞技本身，更在于其所承载的民族精神和社会认同。通过传统体育活动，个体不仅能够体验到体育竞技的乐趣，还能通过这些活动感受到文化认同的力量，促进社会的稳定和民族团结。

民族传统体育文化的传承是一个多维度的过程，涉及心理、行为、语言、器物等多个层面。尤其是在仪式性体育活动中，文化的传承不仅仅是知识的传递，更是对民族精神的强化。在这些活动中，个体对文化的认同得到了深化，社会秩序得到了巩固，民族性格得到了塑造。民族传统体育活动不仅具有娱乐性和竞技性，更在其中融入了深刻的文化内涵和社会意义。

从民族传统体育文化的角度来看，其传承与发展不仅依赖于历史的积淀和社会的变迁，也受制于文化基因的自我选择和融合机制。在文化传承过程中，民族传统体育通过对图腾、历史记忆和祖先崇拜的继承，不断强化民族身份和文化自信。图腾作为文化传承的重要载体，不仅体现了民族传统体育文化的精神内核，也成为民族文化认同和社会凝聚力的核心。

因此，民族传统体育文化作为一种深刻的社会形态现象，具有广泛的文化价值与社会意义。其精神文化性不仅体现在体育活动的竞技和娱乐层面，更在于其深刻的民族文化内涵。民族传统体育活动通过仪式性、象征性和纪念性的特点，承载着民族的历史记忆、文化传承和社会认同，成为民族精神和文化认同的重要载体。这一过程不仅促进了文化的代际传递，也推动了不同民族文化之间的交流与融合，为全球文化多样性的理解和尊重提供了深刻的视角。

第二章　民族传统体育文化及精神价值的体现

随着全球化进程的加速，民族传统体育文化作为连接过去与未来的桥梁，其多元化特性愈发显著，既承载了丰富的历史记忆，又面临着现代性的挑战与融合。本章重点阐述民族传统体育文化的多元化特性、民族传统体育文化的影响因素、民族传统体育文化的精神价值及体现。

第一节　民族传统体育文化的多元化特性

民族传统体育是基于特定的自然环境，历史发展进程以及文化特征等因素而形成的具有鲜明民族特色和地域特色的一种体育项目。随着社会经济与科学技术的快速进步，民族传统体育也得到了不断的创新和改革，并逐渐向多元化方向发展，在一定程度上推动了我国体育事业的繁荣发展。在此时代背景下，应深入挖掘民族传统体育文化的特性与价值，积极构建现代化模式下的传承体系，以促进其更好地适应新时代社会发展的需要，为人们提供更加丰富多样的精神文化生活服务。[①]

---

① 李方.民族传统体育的文化内涵与价值［J］.文体用品与科技，2024（16）：75.

一、民族传统体育文化的自然性

文化是民族存续的精髓与核心。我国的大众体育深刻映射出华夏文明长达五千多年的深厚积淀，展现出独特的文化标识。中国体育文化秉持"天人合一"的哲学理念，其核心追求在于修身养性，倡导身心和谐统一的全面发展。此文化体系更倾向于业余化特质，展现出对性别、年龄层及职业背景的广泛包容性与适应性。我国大众体育的文化精髓可精炼为五个"自然"维度：自然养生，强调顺应自然规律以保养身心；自然环境，提倡利用自然环境资源开展体育活动；自然组织，鼓励基于社区与兴趣的自发性体育组织形成；自然消费，倡导理性适度的体育消费观念；自然传承，重视体育文化在民间与代际间的自然流传。对这些崇尚自然的文化特征进行深入剖析并积极弘扬，不仅能够有效地传承与发展我国的优秀传统文化，还能为我国大众体育事业的蓬勃健康发展注入强劲动力。

（一）自然养生

相较于药物养生法，自然养生法侧重于借助体育运动来实现延长寿命与增进健康的效用。中国的养生文化源远流长，其理论框架在战国时期的经典著作《黄帝内经》中已初见端倪。《黄帝内经》系统性地探讨了人与自然环境的和谐共生、人与社会关系的调适、人体内部的平衡机制、疾病的成因与预防等关乎生命存续与衰老的根本议题，主张"治未病"的预防理念，从生理机能与心理状态双重维度出发，确立了养生保健的基本原则，为古代养生学的理论大厦奠定了基石。中国传统思维模式倾向于整体性把握，如"天人合一""情景交融"等观念，强调对立面的统一与和谐，这一哲学思想在中医的"四诊合参""八纲辨证"理论中得到了充分体现，展现出深厚的辩证法智慧。

历经两千余载的传承与发展，运动保健养生的观念已深深融入民众意识之中。在中国传统文化的脉络里，运动与保健养生紧密相连，相辅相成。"生命在于运动"这一外来口号迅速在中国社会普及并产生深远影响，其根源在于它与中国悠久的保健养生文化相契合。适度的体育活动能够有效激活并强化免疫系统功能，而过度剧烈的运动则可能抑制免疫效能，凸显出体育活动在促进身体健康方面无可替代的价值。体育活动作为一种自然的身体康复与自我完善过程，其积极作用与中国传统文化中"天人合一，修身养性"的哲学理念不谋而合。

时至今日，中国民众在日常生活中所展现的锻炼习惯与运动观念，深刻体现了传统养生哲学的精髓。大众体育作为人们在闲暇时光参与的休闲活动，其对抗性较低，活动强度适中，对于促进身心健康具有显著效果。一股庞大的大众体育文化浪潮正在兴起，人们以高涨的热情投身于健身、消费、旅游、观赏、阅读等多种形式的体育活动中，展现出体育生活化的趋势。体育这一源自知识教育、社会规范、动作技能及劳动实践的产物，在中华文化的滋养下发展出保健养生的新功能，并逐渐成为现代中国社会的共识与实践。这一过程不仅反映了体育大众化、生活化的必然趋势，也标志着体育的历史性进步，彰显了体育文化对人类生命质量的深切关怀。

（二）自然环境

中国文化对自然界抱持一种独特的亲近情感，这种情感在艺术文化的诸多表现中尤为显著，展现了一种对自然的深深依恋与审美追求。早期文字如甲骨文中的"山""水"二字，便富含鲜明的自然审美意趣，其形成既直接源于我国地理环境中所展现的壮丽山河，亦间接地与大陆农业文明对自然环境的深刻依赖息息相关。

随着现代化进程的加速，人类在享受物质文明丰硕成果的同时，也不得不面对与自然关系日渐疏远的困境。相比之下，中国传统文化在处理人与自然的关系时，展现了一种更为和谐的智慧。它并未将天人关系简单地对立起来，而是致力于探寻二者之间的内在联系，倡导"道法自然，天人合一"的哲学理念，强调人与自然的同源性和谐共存。

当前，我国大众体育的发展呈现出多元化趋势，其中蕴含的"天人合一"思想尤为突出。无论是在城市还是乡村，人们随时随地投身于体育锻炼之中，人与环境之间展现出一种平静和谐的互动场景，这生动体现了中国传统文化中人与自然和谐共处的"圆融"理念。大众体育活动的形式简便多样，易于参与，从散步、跑步到秧歌舞、武术、健身操、登山等，涵盖了各个年龄段和社会阶层的人群。体育场馆、社区、公园乃至家庭，都成为体育锻炼的活跃场所。特别是城镇中的公园、绿化带和社区广场，不仅在现代城市建设中扮演着维护生态平衡的重要角色，也成为城镇居民进行体育活动的基本空间。这些自然与人工巧妙融合的场所，成为连接人与自然的桥梁，使参与者在亲近自然的过程中，感受到环境之美，体验到大自然的勃勃生机，从而实现身心的释放与升华。这种与自然界的亲密接触，不仅强化了生命活力，陶冶了心灵，也进一步彰显了人的生存本质，实现了自然人化与人自然化的统一，体现了"天地与我共生，万物与我为一"的哲学境界。大众体育的蓬勃发展，不仅是中国文化亲近自然特征的具体体现，也反映了中国传统文化对人与自然关系平衡有序的深刻理解，以及对自然的深厚情感与依赖，更契合了人类社会可持续发展的内在要求。

（三）自然组织

中国的精神文明，作为历经数千年积淀的文化体系，蕴含着深邃且多元的思想内涵，其核心价值体现在对人伦关系的重视、对仁爱之道的推崇以及对中和之美的倡导。以"仁爱"为基石的社会凝聚力体系，与"天人合一"顺应自然哲学，共同构建了这一文明形态的独特性。中国传统文化所追求的"中和"境界，既体现为人与自然的和谐统一，也彰显为大同社会的理想愿景。这一观念深刻影响了民族心理与行为模式，成为塑造中国社会整体价值观的重要根基。以和谐为核心的文化共识，使得中国社会高度重视营造稳定与安宁的局面，在维护国家统一和集体利益方面，形成了求大同存小异的普遍思维定式。

在伦理道德的层面，中国文化展现出鲜明的圆融性特质，这种特质强调个体融入群体，并通过人与人之间的紧密联系形成强大的社会联结。传统文化所推崇的忍让、和谐之道，尤其在日常人际交往中得以体现，成为塑造中国社会行为规范的重要精神内核。这种"圆融"精神，与中国长期以来的农耕文明背景密切相关。农耕经济的特点，使个体依赖于群体，强化了人与人之间的相互依存关系，这种关系尤其在老年群体中表现得更加突出。随着现代社会的发展，这一传统观念在当代的诸多社会实践中仍具有重要意义，其中，大众体育活动是其重要的表现形式。

在当代中国，大众体育活动不仅承载了传统文化的伦理精神，还成为个体构建集体记忆和自我认同的重要途径。以广场、公园为代表的体育空间中，广泛存在的"扎堆"现象，既反映了中国人追求社会归属感的心理特质，也折射出传统文化对集体观念的深刻影响。这种文化特质使得大众体育活动成为个体融入集体的纽带，促进了许多"草根"体育群体的形成与发展。在这些群体活动中，传统文化"中和、仁爱"的伦理观念以生动的形式得以延续，为社会的和谐发展注入了强大的文化力量。

此外，体育活动在中国人的日常生活中占据着重要地位，不仅具备健身与保健功能，还在精神层面为参与者带来愉悦体验。城市公园中的晨练等体育活动，是中国大众体育文化的具体体现，同时也反映了人与自然和谐共处的传统理念。从北京天坛公园、上海鲁迅公园到广州白云山公园，这些城市公共空间承载了丰富的文化内涵。参与者通过体育活动实现了身体健康与心灵愉悦的双重目标，而这一过程也加强了人际关系中的友善与和谐。这种注重伦理道德与群体情谊的体育文化，折射出中国社会重视伦常关系和遵礼守法的深厚传统。

在广场和公园中的体育活动中，群体管理方式独具特色，体现了以人为本的核心理念。管理过程中注重情谊与正义等朴素价值观，并在具体实践中倡导遵循礼仪和伦理规范。这种以和谐为导向的管理模式，不仅提高了群体活动的效率，还大幅度增强了社会的稳定性与凝聚力。通过这些活动，体育超越了其单纯的健身功能，成为促进社会和谐、稳定的重要工具，同时也为精神文明的传承与发展提供了重要路径。

（四）自然消费

中国文化自古以来秉承人与自然和谐共生的哲学理念，其核心思想源自儒家、道家等传统哲学流派。儒家思想尤为强调个体的社会责任感，主张将保护自然资源作为道德义务的重要组成部分。这一思想根植于中国社会悠久的农业文明传统之中，在传统生产生活方式中展现出对自然的尊重与依赖。身体锻炼作为传统农耕社会的一部分，通常与自然环境密不可分，其形式多样且与自然景观交融，为延续人与自然的和谐关系奠定了基础。

进入现代社会，市场经济的快速发展推动了多元化体育消费的兴起，各类经营性体育设施随之普及，为体育爱好者提供了便捷的消费选择。然而，尽管高档体育消费场所的出现吸引了部分消费者，绝大多数体育消费者依然偏好在公共空间或自然环境中进行锻炼。这一选择不仅反映了民众对于自然空间的依赖，也深刻体现了黜奢崇俭的传统价值观。在我国文化传统中，节俭不仅是一种生活态度，更是一种道德实践，与追求和谐、倡导适度消费的社会价值相契合。即便是在经济条件较为优越的人群中，自然性体育消费仍然占据主导地位，这种现象凸显了中国民众在消费行为中对传统美德的延续和坚持。

2008年北京奥运会提出"绿色奥运"作为核心理念之一，这一理念从中华民族人与自然和谐共生的传统哲学中汲取了深厚灵感。"绿色奥运"不仅是对传统哲学理念的现代化表达，更与当代社会倡导的科学发展观紧密契合。中国大众体育文化中崇尚自然消费的价值取向，顺应了建设资源节约型、环境友好型社会的时代需求，为实现可持续发展提供了文化支持。在此背景下，自然消费观不仅是民众体育消费心理特征的反映，更预示着未来体育生活化的发展趋势。这种趋势表明，现代社会中，人们更倾向于通过贴近自然的方式参与体育活动，以平衡物质消费与精神需求的关系。

因此，崇尚自然消费的体育文化理念，不仅是一种传统美德的延续，更是对当前社会挑战的积极回应。通过倡导贴近自然的体育消费模式，可以有效缓解资源紧张压力，促进人与自然的和谐共生。同时，自然性体育消费在一定程度上抵制了奢靡之风的侵袭，为构建健康、节约、可持续的消费文化提供了重要支持。这种文化价值的重申和推广，将为社会的长远发展提供深远助力，并进一步彰显中国传统哲学在现代社会中的独特意义。

（五）自然传承

中国传统文化中的行为文化构成了人际交往中根深蒂固的习惯定势，亦可称之为"行为模式"或"规范体系"。此类"习惯定势"根植于社会成员长期形成的社会心理结构、价值取向倾向及思维方式模式之中，是群体共有的自律性体现，蕴含着主动性的行为欲求。一种行为模式的成型，往往是特定社群历经时间累积，通过集体努力逐步塑造而成，它既服务于社群成员的共同需求，亦在社群内部持续传承。行为文化的传递在空间与时间两个维度上展开，即横向的社会扩散与纵向的历史延续，展现出内容与形式上的连贯性和稳固性。

大众体育作为一种社会现象，其构建基于个体及地域性个体的集合，经由点到线、线到面、面到体的逐步扩展，形成广泛的大众意识与行为模式，其本质在于意识、行为及文化的传播过程。中国传统文化特征中，可清晰观察到大众体育自然传承的轨迹。大众体育团体及其成员在行为模式、价值取向及思维特性上展现的"习惯定势"，不仅映射了中国传统文化中行为文化的精髓，也构成了我国大众体育生存、发展及传承的内在精神支柱。

大众体育尤其是社区体育团队的存续与发展，高度依赖于自我运作机制。例如，某些城市社区体育团队的成功案例，展示了三种主要的自我运作方式：①无偿运作，成员间不涉及经济交易；②平均分担制（AA制），经费由全体成员平均承担；③有偿运作，学员依据协议向指导者支付费用。这种自我驱动、不依赖外部（如政府）资助的运作模式，为社区体育团队的繁荣发展提供了坚实的基础。

在悠久的农耕文明背景下，我国大众体育的传统传承模式依托于师徒间的直接传授与家族世代的沿袭。步入现代社会以来，尽管体育体系已广泛建立，大众体育的形态亦经历了显著变革，众多民众通过正规教育体系习得了西方现代体育的理论与实践技能，然而，自然传承的路径仍然作为大众体育传播与普及的关键途径发挥着不可忽视的作用。这一现象归因于多重因素：一是大众体育所蕴含的休闲与娱乐特性，促使参与者倾向于通过频繁的互动练习与亲身体验，来增进技艺并享受运动带来的乐趣，而部分个体可能事先已通过学校或专业教练的指导获得了基础；二是我国大众体育领域内众多历史悠久的传统运动形式，诸如太极拳、踢毽子、抖空竹及划龙舟等，依然主要依赖于自然传承的方式得以延续；三是由流行文化催生的新兴体育项目，如呼啦圈、两轮滑板等，虽在一定程度上受到商业力量的推动而迅速流行，但其广泛传播的基础依然建立在自然传承之上。

鉴于体育作为人类基本权利的重要性，积极促进体育事业的发展理应被视为国家层面的基本战略。大众体育不仅关乎国民的体育权利与身心健康，还与国家的强盛、社会的和谐及经济的进步紧密相连。我国大众体育在健康观念、组织架构、思维模式、社会心态及行为习惯等多个维度上，均鲜明地展现了独特的民族文化特性，深刻烙印着传统文化的印记。因此，党和政府以及社会各界需深刻洞察并尊重我国大众体育中崇尚自然的民族传统文化价值观，通过加强软硬件设施的建设，优化组织管理体系，提供必要的引导、支持与合理监管，有效促进大众体育的自我驱动、传承与创新发展。这一系列举措将为推动我国大众体育的可持续发展与大繁荣奠定坚实基础，为深入实施"全民健身条例"及实现全面建成小康社会的宏伟目标提供强有力的支撑与保障。

二、民族传统体育文化的融合性

民族传统体育文化构成了一个多元且复杂的体系，在现代社会变迁中，个体的精神世界经历了由封闭向开放的转变，促进了人际物质与精神交流的广泛深化。在此背景下，由民众自发形成的自由领域，虽时常在形式上与国家权力形成某种张力，却也在实质上推动了社会民主化的进程。秉持平民主义视角审视，大众并不简单地等同于劳动阶层或社会下层，"大众体育文化"这一概念逐渐趋于中性，更精确地讲，它应当被理解为民间体育文化的一种体现。

中国以其广袤的地域和丰富的民族多样性，历经历史的深厚积淀，孕育了独具特色的历史文化，其中，民族传统体育文化扮演着不可或缺的角色。地域差异导致各民族间文化传统与风俗习惯的不同，进而催生了多样化的民族传统体育文化形态与活动。川、渝、黔等地区作为少数民族聚居的热点区域，其独特的体育文化伴随着社会的持续进步，获得了更为广阔的发展舞台。藏族文化不仅扎根于西藏，亦广泛分布于四川、云南、青海及甘肃等地，这些藏族聚居区在面临现代中国文化多元并存格局时，既受到官方文化、大众文化、精英文化及民间文化的共同影响，又保持着自身的独特性。官方文化作为主导文化形态，旨在反映社会各阶层的共同利益，通过政府主导下的知识分子群体，服务于政治意识形态，促进社会整合与秩序稳定，其体育文化活动的组织与文化产品的提供，均带有鲜明的官方价值导向与公益性特征。

民族民间文化作为传统文化的核心载体，与大众文化——这一现代社会的产物形成了鲜明对比。民族民间文化因长期独立于社会政治体系之外发展，得以更为纯粹地保留和传承了多元的文化传统特性。在全球化浪潮冲击下，中华文化正经历着复兴的努力，而民族民间文化，相较于精英文化，展现出更为广泛深入的时空影响力、内在的兼容性和蓬勃的发展潜力，成为传统文化传承与发展的重要力量。

以藏族民间传统舞蹈与现代大众体育文化的融合为考察对象，可以发现藏族舞蹈在其现代功能的展现上，尤为强调与现代元素、大众体育以及全球视野的融合。其传承性特质赋予了民族舞蹈深厚的传统底蕴，众多舞蹈类型历经悠久历史，延绵不绝。面对城市化进程的加速和社会现代化水平的提升，藏族舞蹈开始与新兴的潮流、时尚元素相互渗透、彼此影响，形成了传统与现代交融的新局面。在这一过程中，民族舞蹈的功能得到了扩展，娱乐性质显著增强，既贴合民众的精神需求，也符合时代发展的趋势。

这种融合趋势促使藏族舞蹈的地域界限和民族特色逐渐淡化，而现代化的传媒技术和通信手段则进一步推动了民族舞蹈的广泛传播与普及。如今，传统的舞蹈活动不再局限于本土的民俗环境，而是更多地走进各地的社区与学校，实现了与现代大众体育功能的深度结合。为了顺应社会发展与民众需求的变化，民族传统舞蹈需要跨越地域与民族的界限，融入当地的文化习俗中进行发展与传承。毕竟，民族舞蹈根植于民众之中，民众的喜爱是其持续发展的基石。历经数百乃至数千年的传承，这些民族舞蹈依然受到民众的热烈欢迎，这充分证明了民族舞蹈功能的融合性为民族传统体育注入了更强的生命力与更广泛的大众基础。

回溯至民族传统文化的早期阶段，社会结构相对混融，个体尚未形成清晰的自我意识，人与人、人与土地之间存在着紧密的依存关系。血缘、宗法及天然情感构成了人们联系的纽带；土地作为生存的根本，使人们遵循自然的节奏进行生产活动。在此背景下，民族传统体育的原生形态与日常生活紧密相连，审美意识尚未分化，审美创造与物质生产、记忆传承等实际需求交织在一起。因此，体育传统文化的创造方式往往模仿天然，风格质朴自然，充满了浓郁的生活气息，呈现出与日常生活紧密相连的民俗特征。

民族传统体育文化的融合性体现在以下方面。

（一）传统色彩的融合

民族传统体育文化作为一个综合性的范畴，不仅涵盖了丰富的知识体系，即关于民族传统体育的理论、历史与价值观，还深深植根于民族传统体育技能的学习与实践之中。在特定地区，民族传统体育文化展现出了多维度且深邃的内容架构，这包括日常的体育训练体系、形式多样的体育活动，以及对于本民族传统体育文化深刻而独到的理解。

普遍存在的误解认为，民族传统体育文化与民族的日常生产和生活是割裂的，然而事实并非如此。实际上，许多地区的民族传统体育文化正是源自这些群众的生活实践，体育活动与项目往往与他们的日常劳作、习俗及生活方式紧密相连，体现了文化与生活的深度融合。

民族传统体育文化洋溢着鲜明的传统韵味，群众不仅持续传承着这些文化中的核心精髓与深刻内涵，还对其中的关键元素进行了具体的拓展与深化。这一过程不仅赋予了民族传统体育文化更加浓郁的传统色彩，还促进了传统精髓的广泛传播与创新发展。通过不断地丰富与升华，一些地区的民族传统体育文化不仅保持了原有的独特魅力，还在新的时代背景下焕发出勃勃生机，成为连接过去与未来的桥梁，为学术研究与社会实践提供了宝贵的资源与启示。

（二）地域特色的融合

众多地区的体育文化彰显出鲜明的民族地域性特征，这一现象的根源在于其文化体育活动紧密地与地域特色相融合。某些地域以投掷、跑跳、射箭、球类竞技及舞蹈表演等作为体育文化活动的主体，这些活动形式不仅丰富多样，而且深刻地映射出当地独特的民族文化底蕴。部分区域地理形态以山区和盆地为主，这种自然条件的限制导致相对封闭的地理环境，进而影响了与外界的文化交流，形成了一种自我循环、独具特色的文化生态。在这样的背景下，体育文化的发展往往更加趋于内向性，呈现出一种别具一格的奇特性与独特性。这种地域特色在体育文化中的体现，不仅丰富了体育活动的内涵，还增强了其文化价值。各类体育活动不仅承载着健身娱乐的基本功能，更成为了民族身份认同与文化传承的重要载体。诸如在某些西南地区的民族节日中，体育文化活动不仅是庆祝活动的重要组成部分，更是展现民族风情、传承民族记忆的关键环节。这些活动以其独特的形式和内容，生动诠释了地域特色与体育文化深度融合的精髓，为体育文化的多元化发展提供了宝贵的资源，同时也为全球体育文化的多样性贡献了一份独特的力量。

（三）群众基础的融合

在民族传统体育文化的广阔领域内，众多体育活动以其独特的魅力，跨越年龄与性别的界限，深受各民族民众的青睐。这些体育活动不仅成为连接民族情感的纽带，更促进了社会成员的广泛参与，形成了一股不可小觑的文化力量。许多地域定期举办的民族传统体育文化节，正是这一文化现象生动而具体的展现。这些节日活动不仅吸引了大量民众的积极参与，还涵盖了从孩童到老人的各个年龄段，实现了全年龄段的覆盖与融合。

在此基础上，这些地区的体育文化运动得以蓬勃发展，其活力与影响力持续增强。除了日常普及的拔河、爬竿、踢毽子、放风筝等传统项目外，村寨中还会定期举办盛大的民族节日庆祝活动，将体育运动作为节日庆典的重要组成部分。这些活动不仅丰富了民众的精神文化生活，还进一步加深了民族文化的传承与创新。这些民族节日庆祝活动与体育运动的紧密结合，不仅强化了民族认同感和凝聚力，还为民族传统体育文化的保护与发展提供了肥沃的土壤。在这一进程中，群众基础的深度融合与拓展，无疑为民族传统体育文化的持续繁荣注入了强大的动力，展现了其积极正向的社会价值与广阔的发展前景。

（四）文化兼容的融合

在某些地区，体育活动展现出鲜明的文化交融特征。这些体育活动不仅承担着锻炼民众体魄的基本功能，还作为文化娱乐活动极大地丰富了人们的生活内容。它们通过融合多样化的身体运动与音乐节奏，如使用唢呐伴奏及锣鼓助兴，促使参与者在载歌载舞中享受运动的快乐，实现了身心双重愉悦的效果，进而提升了民众参与体育活动的积极性与热情。

文化产业发展的根本在于响应并满足民众日益增长的精神生活需求，强调文化的多元化发展路径。作为文化产业的重要组成部分，民族传统体育文化的演进同样需紧密贴合民众的生活需求与文化期待。在此过程中，应重视文化与生活的和谐共生，确保文化发展空间的拓展，并从多维度推进其发展，增强文化的兼容性与渗透力，以促进文化的全面繁荣。

文化的发展历程是历史选择的结果。当某种文化在外在表现形式或内在价值上失去与社会发展相契合的活力时，便可能面临被淘汰的风险。相反，若能在内外层面充分展现其社会意义与价值，则该文化将获得更为广阔的发展空间。民族传统体育文化作为非物质文化的重要构成部分，其发展意味着将无形的文化遗产转化为有形的文化实践。这一过程需紧密结合当前经济形势，与经济发展相协调，积极挖掘并拓展当地的民族传统体育项目。

我国丰富的民族传统文化，是各族人民智慧与劳动的结晶，其发展与传承对推动经济社会全面改革与进步具有积极作用。文化不仅蕴含着巨大的经济价值，是推动社会发展的强大动力，而且民族传统体育文化因其独特性，包含众多观赏性强、参与度高的体育项目，并与民族特色节日紧密相连，为当地民族传统体育文化的发展提供了丰富的资源与活力。因此，在发展传统体育文化运动时，应秉持多功能发展的原则，以期在促进文化传承的同时，实现经济效益与社会效益的双赢。

第二节 民族传统体育文化的影响因素

一、民族传统体育文化的地理自然因素

地理环境与体育文化之间的相互关系构成了体育地理学及体育史研究的核心议题，同时也是体育文化史研究不可或缺的一环。从广义上理解，地理环境涵盖自然地理环境与社会人文地理环境两大范畴，囊括了宇宙、地质、气象、水文、人文、生物等多重条件，它环绕着人类社会，是一个充满生命与非生命物质的空间。这一环境不仅是人类生存的基础，还直接或间接地影响着人类的生产与生活活动，构成了创造体育文化的自然基石。

体育文化的演变，其实质是自然地理环境中整体系统或其各个子系统动态变化的结果。体育文化之所以呈现出多样化的类别特征，根源在于不同地理环境驱动下的生产方式差异，这些差异进而催生了丰富多彩的文化形态。体育文化的萌芽与成长，深受自然地理环境要素及其组合，以及人文地理环境形成的双重影响。地理环境作为体育文化孕育与发展的客观依托，既是其成长的肥沃土壤，也是推动其不断前行的关键养分。

体育作为一种文化表现形式，广泛渗透于人们的生产生活之中。地理环境已成为不同民族、国家文化结构中不可或缺的组成部分，是铸就文化多样性与独特性的重要熔炉。体育作为一种挑战自然力的文化实践，其发展与表现自然受限于地理环境，这里的地理环境是包括所有直接或间接作用于体育运动的自然因素与人文因素的集合体。

自然界作为生命的摇篮，孕育并滋养了人类这一独特而关键的有机组成部分。人类的文化活动，诸如体育活动，深深植根于特定的地理环境之中，其开展离不开由场地、器材及参与者等多元因素共同构筑的基础环境框架。体育活动对于地理环境的依赖性，体现在每一次体育锻炼均需在地理环境所提供的场地内进行，地理环境与人类体育文化之间呈现出一种共生共荣的关系，缺乏地理环境的支撑，体育文化现象将无从谈起。因此可以断言，地理环境构成了体育文化现象生成的物质基础，是塑造体育文化特质的核心根源，同时也是推动体育文化交流的媒介，持续不断地对体育文化的发展轨迹施加深刻影响。

从体育概念的本质出发，或依据体育文化现象的多元划分，地理环境对体育文化的影响呈现出差异性特征。例如，现代竞技体育的兴起根源可追溯至欧洲的文艺复兴，而直接驱动力则源自现代工业革命。尽管各国各地区置身于迥异的地理空间，却能够共享并开展相同的体育文化活动。这反映出，人类生存的物质基础差异，不仅决定了生产生活方式的不同，也间接导致了人类在面对自然环境挑战时，采取的运动技能发展路径差异。诸如中原文化与齐鲁文化等地域性文化体系，各自孕育了独具特色的体育文化风貌。

第二章 民族传统体育文化及精神价值的体现

遵循马克思主义唯物辩证法的视角，文化形态的形成，核心在于事物内部主要矛盾的运动变化。地理环境与体育文化之间的关系，是一个相互制约、相互依赖、综合且复杂的系统构成。抽象文化概念的形成，往往根植于坚实的物质基础之上。在不同的文化范畴内，物质基础扮演着决定性角色。地理环境与体育文化，既相互制约，又相互依存，各自形成一个独立的子系统，而这些子系统内部又包含着众多复杂的要素。

地理环境以直接或间接的方式，对人类体育文化产生着深远影响。尽管人类的生活方式并非完全受制于自然环境，但地理环境通过多种渠道作用于人类生活方式的选择。相同的自然环境条件下，可以并存多种不同的生活方式，而地理环境正是通过作用于人类的生产生活方式，进而催生出多样化的体育文化现象，展现了地理环境与体育文化之间复杂而深刻的互动关系。

尽管自然地理环境与人类体育文化各自遵循着独特的发展轨迹，但它们之间存在着不可分割的内在联系，共同构成了一个统一的系统。自人类诞生以来，这两者之间便持续着深刻的相互作用与影响。一方面，人类为了生存与繁衍，不断对自然环境进行改造，留下了鲜明的文化烙印；另一方面，体育文化活动在其演进过程中，不可避免地受到自然地理环境的制约与塑造，这种影响反过来又深刻作用于体育文化的发展方向与节奏。

人类社会实践活动作为连接自然界与人类社会的桥梁，其角色至关重要。从马克思的理论视角出发，地理环境不仅是生产力的重要构成要素，也是人类社会活动作用于人类文明发展的关键环节。地理环境通过制约生产力的布局与发展水平，间接地对社会结构及体育文化的发展产生深远影响，或加速、或阻碍体育文化的演进步伐。人类体育文化亦通过社会实践活动的深化，不断适应并改造着地理环境，两者间的互动随着生产力的进步而日益显著。每当社会生产力取得新的突破，人类体育文化与地理环境之间的关系便展现出新的面貌，地域性体育文化特征也随之发生相应变化。

在这一动态交互过程中,地理环境对人类体育文化的影响呈现出高度的变异性。马克思主义理论在探讨人类社会与地理环境复杂关系时指出,自然地理环境对人类体育文化的作用并非固定不变,而是一个随生产力发展水平变化而变化的量。在不同生产力阶段,地理环境会催生出各具特色的体育项目,这些项目不仅反映了人类适应自然环境的智慧,也体现了社会文化对自然条件的创造性转化。

在探讨体育文化与地理环境相互作用的过程中,人类参与的体育文化活动扮演着积极主动的角色,这一积极性根植于人类生存与发展的根本需求之中,体现在人类持续不断地与自然界的互动交流中,既包括从自然界中获取资源,也涵盖了对自然环境的认知、利用与改造。在此基础上,人类体育文化活动的实践,不仅要求人们有效地认识和利用自然环境,还强调了对自然环境的保护与和谐共处,旨在平衡人类活动与地理环境之间的关系。

民族传统体育项目在其诞生与演进历程中,深受多重因素的交织影响,其中,地理环境作为支撑人类文明存续的物质基石,构成了所有生产生活实践的先决条件。各民族因其独特的文化背景、历史轨迹及生产生活模式的不同,其体育项目的形成与发展势必会受到地理环境复杂多变性的深刻塑造。这种影响深刻烙印于各民族的身体特征、文化价值体系之中,成为辨识不同民族特性的重要标志。因此,特定而客观的地理环境对于民族传统体育项目的起源、演变及传承起到了决定性的推动作用。

地理环境的多样性不仅塑造了人们的生活习惯、文化内涵及价值取向,还进一步影响了对体育文化及体育项目的偏好与选择。民族传统体育的兴起与地理环境息息相关,地域间的差异性直接导致了民族地区体育项目与体育文化展现出鲜明的地域特色。特定地理环境的独特性,激励着居住于此的民族创造出富有地域标签的体育文化活动,这些活动不仅丰富了中华民族传统体育文化的多样性,也彰显了人与自然和谐共生的智慧。

地形因素在解析地理环境对体育文化分布的决定性作用时显得尤为重要。地形地貌的差异直接限制了民族传统体育项目开展的规模与范围，而地理环境的显著差异性，又进一步影响了体育项目的地域分布格局。

纬度要素构成了地理分布的基础框架。它直接且显著地影响着某一地域的气候特征，后者则进一步决定了民族传统体育项目举办时机的选定与所用工具的挑选。气候要素对传统体育表现形式的作用尤为直观。在高纬度地带，寒冷的气候条件直接塑造了该地区民族传统体育项目的独特性，这种独特性相较于低纬度区域，尤为显著地体现在冬季运动项目上。高纬度区域冬季严寒的气候为开展冰雪类体育项目提供了得天独厚的环境，如我国东北地区，其相对较高的纬度使之落入寒温带气候范畴，部分地区如黑龙江北部甚至存在永久冻土，处于冰缘地带。在此环境下，滑雪不仅是东北地区民众的生活技能，也成为其体育文化的重要组成部分。反观低纬度地区，受温暖气候限制，难以自然开展冰雪项目，即便通过建设室内冰场等方式尝试，也面临高昂成本且难以充分实现项目推广的初衷。以我国低纬度区域为例，广东、广西与湖南交界处的瑶族聚居地，则巧妙利用当地环境，发展了如打泥仗等传统运动会项目，实现了体育活动的本土化与特色化。

同样，在水资源充沛的地域，民众倾向于利用这一丰富的自然资源，开展各类水上体育运动。在此情境下，水资源不仅成为体育活动的天然场所，还构成了水上运动不可或缺的要素之一，彰显了自然资源在体育事业发展中的关键作用。

生物资源涵盖植物与动物两大类，构成了体育运动不可或缺的重要元素与竞技对象。我国幅员辽阔，纯牧区面积广大，畜种繁多，这些自然条件为特色体育运动的孕育提供了肥沃土壤。在青藏高原，得益于牦牛与马的丰富资源，衍生出诸如赛牦牛、赛马等富含民族风情的体育项目，彰显地域特色。新疆哈萨克族聚居区，基于放牧生活方式，发展出与牧羊牧马紧密相关的特色运动，如巧羊比赛、骑马拔河、摔跤及姑娘追等，体现了地方文化的独特性。东北地区森林茂密，野生动物资源丰富，鄂伦春族等传统捕猎民族，将捕猎技能转化为射箭运动，展现了人与自然的和谐共生及技能传承。南方地区竹林茂盛，人们巧妙利用这一生物资源，创造了跳竹竿等体育运动，尤其在海南黎族中广泛流行，凸显了地域文化的创造力与活力。

即便是在不同地区开展的相同体育运动项目，其原材料的选择、展现的特色及蕴含的文化内涵也各具千秋。例如，蒙古族与怒族均存在射箭运动，但两者在器材材质与运动目的上存在显著差异。怒族的射箭器材多为竹木制成，侧重于精准度的提升，蒙古族的弓箭则采用皮革与金属材质，更强调力量训练与意志品质的锤炼。这一现象表明，各地人民依托不同的生物资源，创造出了丰富多样的民族传统体育项目，生动展现了民族文化的多样性和复杂性。因此，生物资源的地理分布不仅决定了自然生态的面貌，也深刻影响着体育地理文化的形成与分布，为理解和研究体育文化提供了宝贵的视角与素材。

二、民族传统体育文化的传统文化因素

体育作为一种文化形态，构成了人类文化整体中不可或缺的一环。中国的民族传统体育深深植根于中国传统文化的沃土之中，探究传统文化对民族传统体育的塑造与影响，对于在新时代背景下推动民族传统体育的繁荣发展，确保其在国内持续焕发活力并在国际体育领域展现独特魅力与风采，具有举足轻重的价值。民族传统体育在展现自身独特韵味的同时，也处处烙印着中华民族传统文化的印记。从马克思主义哲学视角审视这一现象，需辩证地分析其中的积极与消极面向，以期扬长避短。

中国传统文化根植于文明与善良的深厚土壤，这是其历经千年而不衰的根本原因。深入挖掘这些积极元素，有助于人们在传承与发展民族传统体育的过程中，更深刻地理解和把握传统文化的精髓。儒家文化作为中国传统文化的核心组成部分，在漫长的历史进程中扮演着至关重要的角色。受其影响，民族传统体育鲜明地体现了尊重规则、崇尚礼仪以及内外兼修的特质。

在民族传统体育活动中，礼仪被置于极其重要的位置。比赛不仅要

求技艺高超，更强调"以礼为先"，部分比赛规则亦直接融入了礼仪元素，这一过程深刻反映了体育活动中的道德准则与价值导向，这些观念与规范至今仍深刻影响着民族传统体育的发展路径。儒家思想中的"修身养性"理念，以追求理想人格为目标，通过"修身、齐家、治国、平天下"的实践路径，深刻影响了民族传统体育的修炼方式。因此，在民族传统体育中，内功修炼与心性培养占据了核心地位，这构成了其与西方体育的重要区别。武术与养生术等，均以内在修为作为最高追求，作为外向性活动，它们也重视形体的锻炼与美化。儒家内外兼修的思想，促使民族传统体育在追求形式与内容和谐统一方面展现出独特魅力。

"天人合一"构成了中国古代文化中关于人与自然关系的核心理念。在中国悠久的历史脉络中，儒家与道家均对"天人合一"理念有所阐发。儒家思想中，有强调"真诚乃天道之本，追求真诚乃人道之要"以及"明了本性即可通晓天道"的论述，这些观点深刻体现了人与天的内在联系。道家则在老子"道德顺应自然"的基础上，进一步提出"天地与我共同存在，万物与我合而为一"，从而得出了天人相合的哲理。作为中国传统哲学的一个基石，"天人合一"不仅生动展现了宇宙（包括人类在内）的辩证统一与和谐共生，还彰显了人文情怀及超越物质世界的理性探索。这一理念深刻影响了中国古代体育的发展轨迹，促使古代体育注重天与人、身与心的平衡调节，倡导身心并重、内外兼修，通过动静结合、阴阳互补的方式，促进人与外界在和谐互动中实现物质与能量的有效交换，进而达到人体机能的全面优化。诸如历史悠久的中国武术、气功以及富有特色的养生健身运动等传统体育项目，无不蕴含着"天人合一"的深刻意蕴。

美的事物凭借感性的外在形态触动人心，而审美意识的形成深受生活环境与文化传统的影响，呈现出多样化的地域特色。中华民族在漫长的历史进程中，逐渐形成了独具特色的审美观念，这一观念广泛渗透于社会文化的各个层面，民族传统体育亦深受其影响。

民族传统体育自诞生之初便与舞蹈等艺术形式紧密相连，其核心构成部分，诸如武术、养生术及杂技，均将形体美的塑造视为修炼的关键要素。这一体育形态显著的特征在于内外兼修,不仅注重身体技能的锤炼,更强调思想品德的升华与磨砺。审美活动作为主体对客体施加影响的一种实践,其本质深受审美主体主观意识的支配。中华民族历经五千年积淀的传统审美意识,为民族传统体育赋予了由内而外散发的美学特质。

民族传统体育的持续发展,需深深扎根于中国传统文化的沃土之中,并在日益频繁的文化交流中主动吸纳外来文化的积极元素,践行一种开放而审慎的文化融合策略,类似于一种智慧的"选择性接纳"理念,以此不断激发新的活力,于全球体育舞台上展现其恒久的吸引力。在传统文化深刻影响下,民族传统体育的演进历程既受到古代哲人智慧的启迪,又融入了外来文化的精髓。面对文化交流的广阔舞台,应摒弃故步自封与盲目自大,既不盲目排斥外来文化的优秀成分,也不盲目崇拜外来文化,忽视本土传统的价值。相反,应秉持实事求是的科学态度,对中国传统文化与外来文化均采取批判性继承与发展策略,既去芜存菁,又兼容并蓄,以此推动民族传统体育不断焕发新生,确保其中蕴含的传统文化精神得以历久弥新,持续绽放光彩。

三、民族传统体育文化的社会城市因素

"世界文化大同"的趋势为民族传统体育文化的现代化进程带来了历史性机遇。步入21世纪,人类社会正迈向一个全面对话与交流的全新时代,其中,交流与融合构成了人类文化的核心特质,这一特质渗透于语言及人类生活的所有意义载体之中。从西方哲学与美学的视角审视,对话与交流已成为当代社会聚焦的关键议题之一。社会科学与人文科学的诸多分支亦纷纷摒弃孤立状态,将自身融入人类相互作用与交流的宏大框架内,文化研究亦紧随其后,跃居这一新时代潮流的前沿。20世纪见证了中西文化间冲突与对话的交织,这一过程深刻反映了人类精神视野的持续交融。在当代社会生活和文化实践中,文化的冲突与对话体现为不同文化主体间的相互作用、协调与交流,这些精神层面的互动

促使了多元文化的交汇融合，形成了更为辽阔的人类精神景观。

奥林匹克运动文化作为西方文化的重要象征，历经百余年的发展后，逐渐顺应世界文化的发展潮流，跨越地理界限，开启了向东方深入的真正旅程。植根于深厚东方文明与中国文化的民族传统体育文化，得以借助这一全球性的体育文化平台，与西方体育文化展开前所未有的碰撞、对话与融合。这一历史性的交汇，不仅为民族传统体育文化提供了自我革新与发展的宝贵机会，也为全球带来了东方文化的独特韵味，进一步推动了文化的世界性与全球化目标。

20世纪末至21世纪初全球格局的变迁，让东方哲学与文化中的宁静、无为、和谐与统一理念，为西方世界带来了新的启示与魅力。中西文化交流的理想状态在于互补长短，相互借鉴，共同进步。民族传统体育文化正是抓住了这一难得的机遇，通过自我调整与优化，旨在实现被世界广泛认可、深受全球人民喜爱，并为人类健康作出贡献的文化发展目标。

价值观念与生活方式的转型，构成了民族传统体育文化在当代社会现代化发展的核心驱动力。随着国家综合实力的显著增强及社会经济条件的飞跃，社会整体物质基础的极大充裕，促使民众的关注焦点由基本生活资料的满足转向生活品质的提升。在需求结构上，物质与精神需求并行不悖，且展现出多元化与个性化的特征；在需求层次上，生存需求虽仍为基础，但已不再是主导生活的核心要素。这一现象体现为个体对生活品质的追求，包括更高质量物质享受与精神富足的获取，旨在实现生活的满足感、舒适感与愉悦感。个人成长、潜能发挥与全面发展成为日常生活需求的重要组成部分，促使价值观念与生活方式彻底超越了计划经济时代的单一框架，发生了根本性变革。当前，人们普遍追求幸福生活的实现与人生价值的最大化，健康、文明的生活方式因此成为契合当代价值观念的优选路径。

现代健康且文明的生活模式具体展现为：生活方式的全球化与本土化融合、物质与精神生活的均衡追求、"健康优先"的生活哲学、"生态友好型"生活方式的兴起，以及终身学习的实践等。这些生活方式的核心在于以人为本，强调人文精神的涵养与人文力量的调和，体现了对个体全面发展的深切关怀。

健康被普遍视为生活追求的首要目标。21世纪的健康行动将超越简单的体能增强，转而重视心脑血管系统的锻炼与心理健康的维护，不同年龄层的群体倾向于参与更为放松、娱乐性强且能促进身心和谐的轻度运动，以应对"现代文明病"的挑战。在此背景下，蕴含深厚文化底蕴、擅长调节身心状态的民族传统体育项目，逐渐成为人们生活的一部分。这些体育项目不仅具有增强体质的效用，更追求身心合一、形神兼备的和谐状态，通过"健、趣、乐"的娱乐方式，在体态的意趣中展现人格魅力，为现代人提供了缓解精神压力、回归自然本真的有效途径。

人类本质可归结为一切社会关系的总和，这一观点构成了人类聚合现象的基石。社会成员间存在着一种固有的、难以抗拒的聚合倾向，在环境适宜的条件下，人们会自然而然地汇聚一处。城市作为人口聚集的中心，为个体间建立多元而丰富的社会关系提供了广阔的空间和必要的载体，从而促进了社会结构从初级群体向次级群体的演变。相较于乡村社会结构中初级群体占据的主导地位，其对个体意识和行为的深刻影响，城市居民则逐渐超越了基于血缘关系的狭窄亲缘圈，步入了一个以地缘和职业关系为主导的更为宽泛的社会联系网络，这一过程促使人们的意识体系发生了显著变化。

大城市历来是多元文化、多民族交融互鉴的大熔炉，正是在这种不断地交流与碰撞中，新的种族特征、文化形态乃至社会结构得以孕育并发展起来。城市化进程作为全球文明演进的一种普遍模式，不仅促使世界各地城市在形态上趋于一致，展现出相似的城市框架、社会结构和人口分层特征，进而决定了城市功能与作用的高度相似性。作为文化熔炉的城市，其在塑造文化现象方面发挥着关键作用，导致了包括民族传统体育文化在内的各类文化表现形式的趋同性增强。这一现象不仅反映了全球化背景下文化交流的深度与广度，也体现了城市化对文化多样性与融合性的积极促进作用。

第一，城市化使民族传统体育文化趋向于更加规范化。这主要得益于城市社会结构以契约为基础的严谨性,这种严谨性渗透至城市生活的各个方面,包括民族传统体育活动的融入。具体而言,多数进入城市文化范畴的民族传统体育项目,其活动内容经历了规则的细化过程,显著减少了原有的随意性,从而提升了活动的规范性和组织性。

第二,城市化进程为民族传统体育文化的发展注入了强劲动力。随着民族传统体育文化步入城市文化空间,它们不仅获得了更为广阔的发展平台,也促使保护工作得以在更广泛的范围内展开。城市作为文化融合的中心,其综合文化能力为民族传统体育文化的品位提升提供了可能,并通过文化辐射效应,将这些文化元素传播至更远地区。民族传统体育文化为适应城市发展,需在内容和形式上做出与时代相符的调整,这不仅促进了其自身的进步,也拓宽了其生存空间。城市化带来的城市形象提升及知名度增加,进一步促进了民族传统体育文化的形象传播。城市化进程中城市和城镇网络体系的不断完善,也为民族传统体育产业的网络化发展提供了现实基础。现代城市管理机制作为现代体育发展的有力支撑,为体育经济的繁荣提供了系统的管理保障。

第三,城市化进程促进了民族传统体育文化现代意识和风格的形成。城市文明对进入其中的民族传统体育文化产生了深远影响,使其在意识层面、内容构成以及表现形式上均发生了现代化转变。这种转变在一定程度上打破了传统保守模式的束缚,为民族传统体育文化的创新与发展带来了前所未有的机遇和突破。

人文精神的倡导与中国传统文化的深刻意蕴,共同构成了推动民族传统体育文化迈向现代化发展的内在驱动力。在我国现代化的征途中,市场经济作为不可或缺的一环,不仅预示着经济结构的重塑,还伴随着精神观念层面的整合与统一。市场经济的构建不仅拓宽了个体的生存空间,提供了多元化的选择机遇,也使得社会运行的逻辑倾向于资本增值的逻辑,促使社会结构深刻变迁及个体心态的自我调适。这一转变要求人们从传统的直接依附关系向以物质为基础的自由交往模式转变。在此背景下,人们在享受经济进步带来的物质成果时,愈发意识到精神需求的重要性,追求更高层次的精神满足,珍视生命的神圣性,以及对生活美学和自然之美的深刻体悟。因此，强化道德理性的人文关怀，提升自我意识修养，实现精神与身体的和谐共生，成为时代的需求。

民族传统体育文化作为中华传统文化宝库中的瑰宝，其核心思想聚焦人的内在价值，强调群体认同与社会人格的完善。传统武术文化中的"德"字当头，不仅倡导修身养性、身心并进，更弘扬了"自强不息"的精神风貌。诸如舞狮、舞龙、赛龙舟等传统活动，不仅展现了强烈的集体意识，还流露出质朴而真挚的人性情感。而民族式摔跤、射弩、毽球、秋千、抢花炮、攀爬、角力、竞渡以及丰富多彩的民族传统体育舞蹈等，无一不蕴含着大自然赋予的深刻哲理，焕发着蓬勃的生命力与创造力。

植根于中国传统哲学与伦理学土壤中的传统体育文化，其所蕴含的精神情感与对生命的人文关怀，在核心要义上虽无法全然取代现代社会所弘扬的人文精神，但在我国当前社会改革的深刻进程中，既有的精神观念体系已然解构，而与市场经济相匹配的新观念体系尚未完全构建之时，发掘传统体育文化思想中蕴含的人文价值之积极因素显得尤为重要。这些价值在多元文化精神的交流互鉴与融合共生中，促进人类精神在求真、向善、尚美的旅途中不断实现自我超越与境界提升。

我国正处于全面社会转型与文化转型的并行阶段，这一前所未有的深刻变革不仅涉及政治、经济领域，也对包括传统体育文化在内的广泛社会文化领域提出了新的时代使命。这一使命即在于满足民众日益增长的精神文化需求。民族传统体育文化，历经数百年风雨洗礼，积淀了丰富的健身、养生智慧，以及怡情悦性、滋养心灵的功能，其深厚的文化内涵不仅为其在当代社会的发展提供了坚实基础，也催生了新的发展需求。面对社会全方位转型的挑战，深入挖掘民族传统体育文化中宝贵的非物质文化遗产，构建一个稳固的价值体系与目标模式，成为研究民族传统体育文化的核心旨归。

在此过程中，既要勇于面对外来先进文化的冲击与挑战，保持开放包容的心态；又要深入、细致地发掘与利用传统文化的积极元素，推动民族传统体育文化的普及化与科学化发展。这一努力旨在促进民族传统体育文化的国际传播与交流，助力实现世界文化与中华民族传统文化的共同复兴与繁荣。唯有如此，中国对全球文化与体育文化的贡献方能彰显其真正的价值与深远意义，为世界文化的多元共生与人类文明的进步贡献力量。

第三节　民族传统体育文化的精神价值及体现

一、民族传统体育文化的精神价值

（一）精神导向价值

民族传统体育之所以能够得到很好的继承和发展，就是因为它深深植根于传统文化肥沃的人文精神土壤之中。在传统体育所能体现的优秀传统文化指向中，丰富的人文精神具有独特的、积极的表现。[①]民族传统体育文化的精神导向价值，体现在其能够借助多样化的民族传统体育活动，对参与者的思维模式和行动准则产生积极影响。此类活动不仅促使参与者深入理解民族精神，还让他们深刻体会到活动所蕴含的向善、团结及友爱的力量。在这一过程中，不仅人与人之间的关系得到重视，人与自然之间的和谐共生理念同样被强调，进而激励人们树立远大志向，并矢志不渝地为之奋斗。

通过亲身参与民族传统体育活动，个体能够沉浸于丰富的民族文化氛围之中，与民族精神实现深度融合。这种体验式的学习方式，成为培育民族精神的一种高效途径。无论是需要团队协作的龙舟、拔河、舞龙等项目，还是强调个人意志力的抱石头、钱塘江竞渡等赛事，均要求参

[①] 赵广涛. 民族传统体育文化的价值与传承[J]. 河南教育学院学报（哲学社会科学版），2019，38（2）：35.

与者展现出高度的集体荣誉感和不屈不挠的精神风貌。这些活动不仅强化了集体的凝聚力，更在无形中塑造了民族自强不息、勇于挑战的优秀品质，为社会的正向发展提供了强大的精神支撑。

（二）个人交往价值

民族传统体育的践行，本质上是一场人际互动的盛宴，它深刻体现了人与人之间交往的深远意义。此类体育活动不仅聚焦个体身心的和谐调整，还着重强调人与自然的共生共荣，以及对参与者的全面教化。在这一活动框架内，对于概念性知识的把握并非首要任务，观念的转变亦非核心追求。对于民族传统体育而言，其更为关键的价值在于促进人际的深度互动与交流。

在交往过程中，参与者得以广泛涉猎多元文化，而民族传统体育活动则成为一个培养竞争意识的平台。通过亲身参与，个体能够在实践中感受情感的涌动，砥砺坚强的意志，逐步建立起个人的信仰与追求，从而实现对民族传统文化的有效传承与弘扬。此类活动为人们提供了一个交流互动的契机，极大地提升了参与者的社会适应能力。在互动中，他们的人际交往能力得到增强，竞争意识被进一步激发，对社会的情感也更为深厚。因此，民族传统体育不仅是身体的锻炼，更是心灵的洗礼与人际交往能力的提升。

（三）个体发展价值

我国民族传统体育文化在传承与弘扬的过程中，展现出了独特的寓教于乐功能，对参与者的世界观、人生观和价值观塑造起到了至关重要的作用，这种影响深远且独特，难以被其他文化形态所替代。文化对于个体发展的价值并非无源之水，它根植于民族传统体育活动的实践之中。通过亲身参与这些活动，个体不仅能在竞技中取得卓越成就，实现个人价值的彰显，更能以此为契机，推动全社会及个体自身发展价值的全面提升。社会结构以个体为基石，个体的成长与进步无疑为社会的发展注入了源源不断的活力。

持续的精神磨砺与自我修养是驱动个体发展的关键所在。民族传统体育活动，超越了单纯体育竞技的范畴，蕴含着深厚的哲学思想与道德教育价值。以武术为例，它不仅仅是一项身体锻炼的技艺，更是一个道德教育的载体。武术训练中强调的武德，为练习者提供了自我约束与提升的路径，既促进了身体的强健，又实现了道德的升华，为个体的全面发展奠定了坚实基础。这一过程不仅体现了民族传统体育文化的独特魅力，更为促进个体在身心各方面的和谐成长提供了宝贵资源。

（四）追求理想价值

人类对于理想价值的不懈追求是推动社会持续进步的重要动力，这一历程跨越了数千年的文明史。个体的精神追求构成了其内在核心，塑造着独特的存在意义。创造并矢志追求理想化的人格特质，不仅促进了个体的全面发展，还为社会整体的进步铺设了基石。在民族精神的构建中，榜样力量尤为凸显，民族英雄人物以其深远的社会效益与历史作用，成为激励民众树立坚定信念的关键。

民族传统体育的起源与演进不仅植根于地域特色与历史脉络，亦与民族英雄的光辉事迹紧密相连。它们通过特定的体育形式，如藏族的赛马活动，不仅锤炼了青年一代的体魄与意志，更以格萨尔王等英雄为典范，激发了保家卫国的豪情壮志。同样，畲族的"赛海马"传统，不仅是对民族英雄的深切缅怀，也是畲族民众爱国情怀的生动展现。

确立崇高的理想目标，对于引导个体在追求过程中不断提升自我素养具有积极作用。这样的理想追求不仅丰富了个人的精神世界，更赋予生活以希望与光明，促使人们在面对挑战时保持坚韧不拔的精神，共同推动社会向着更加繁荣和谐的方向发展。

二、民族传统体育文化精神价值的体现

在各种文化形态中，精神价值均构成了其核心要义，民族传统体育领域亦不例外。精神价值不仅是支撑当前民族传统体育存续与演进的基

础架构，也是确保其未来能够持续繁荣与适应变革的关键前提。作为文化深层次结构的体现，精神价值在民族传统体育中发挥着举足轻重的作用，其影响力远远超出了体育活动本身，对其他文化领域的发展同样产生着深远影响。这种影响不仅体现在人们的日常生活与社会实践之中，更深刻地塑造了人们的思维逻辑与行为模式，呈现出一种潜移默化的塑造力量。

民族传统体育的精神价值，一方面彰显了个体坚韧不拔、积极进取的精神风貌；另一方面促进了人际关系的和谐与生态平衡，推动了不同民族间的团结共进与文化交流。友谊与互助作为核心精神价值之一，不仅提升了社会的整体文化素养与和谐氛围，更为民族传统体育的延续与创新提供了不竭动力。

鉴于运动与人、人与社会文化的紧密联系，每种体育运动在实践过程中均不可避免地受到主流文化或强势文化的影响。以儒家思想为例，自孔子奠基、孟子发展，至汉武帝"罢黜百家，独尊儒术"的政策实施，儒家文化逐渐成为中国文化的核心，深刻塑造了国民性格。尽管随后受到商业文化兴起及佛、道思想冲击而有所式微，但通过与程朱理学的融合，儒家思想得以巩固其正统地位，至今已深深融入中华民族的精神血脉之中。

在历史上，中国各朝代在面对外来文化冲击时，总能凭借其人口优势与文化底蕴，通过吸收或排斥外来元素，调整自身文化结构以适应发展需求。儒家思想在这一过程中，同样对民族传统体育产生了深远的影响。民族传统体育的起源、成型、演进及传承，均与儒家文化的核心理念相契合，体现了两者在精神层面的高度一致性。这一过程不仅强化了民族传统体育的文化根基，也丰富了儒家文化的表现形式，共同促进了中华文化的多元与包容性发展。

（一）思维方式

中国所倡导的整体性、流动性及现在性体悟途径，构成了实现觉悟的核心方法论，这一方法与单纯处理现象的策略形成了鲜明对比。深受儒家文化长期浸润的中国人民，其思维方式自然而然地融入了儒家文化的精髓，具体表现为辩证思维与直觉思维的显著特征。

辩证思维的核心在于强调整体观、过程论及动态平衡原则。中国哲学家在审视宇宙与生命现象时，采用的是"统观"与"会通"的视野，即将天、地、人、心视为相互关联、置身于不同系统或"场域"之中的有机组成部分，肯定并重视各要素间的相互依存关系。在这一视角下，人体与宇宙均被视为不可分割的整体存在。

中国哲学主张语言和概念在把握宇宙本质方面存在局限性，而直觉与洞察力才是通达宇宙真理的关键。在中国哲学研究的语境中，直觉常被表述为体悟，这一直觉能力不仅被视为中国哲学的标志性特征，也被看作中国人独有的思维范式。中国古代哲学是实践智慧的结晶，它源自人们的日常生活实践，是对社会实践活动的深刻提炼与总结，展现了一种面向现实、注重实效的哲学形态。

武术文化源远流长，与中华文化紧密相连，深度汲取并内化了中华优秀传统文化的精髓，进而形成了其独特的文化特质，这些特质显著区别于其他战斗技艺。武术深深植根于中国文化的内倾性之中，体现在其对身体运动的追求上，即强调"内外合一"的境界。传统武术的修炼是一个由技艺精进至力量累积，最终达至神明贯通的过程，这一过程以身心哲学为基石，体现了从初学者到精通者的逐步蜕变。对武术技法的理解并非静止不变，而是随着时间的推移和实践的深化，练习者能对其达到更为深刻的认识层次，这正是武术被尊称为"功夫"的缘由。时间的累积促使技艺向更高境界的逐步转化，要求武术家不仅需精通技术，更要深刻领悟其背后的原理。缺乏这一理解过程，武术技术的本质将难以被揭示，而所谓的精通也仅停留于表面。

在武术训练中，外在的身体锻炼固然重要，但更为关键的是对内心与本性的磨砺与塑造。武术成为习练者实现自我认知、人性体悟及"道"的参悟媒介。若将武术从其身心哲学的根基中剥离，武术将失去灵魂，沦为空洞的形式。武术的体悟是主体与客体融合的产物。它源自古代先民的生活劳作与实践，在发展过程中深受传统文化熏陶，最终融入并成为其一部分,尽管后来与生产实践相分离,但武术在实践中仍是一种身体实践与文化的再生产。在武术的社会实践活动中,实践者既是主体也是对象,体现了主客体的高度统一。通过持续的"学而时习之",武术实践者能够感知自身的成长与变化。武术的修炼过程,实质上是一个整体认知的过程,缺乏体悟的实践是不完整的,它意味着身心的分离、形式与内涵的不一致,甚至是对立。武术实践者的所有经验、感悟与成就,均建立在身心统一、主客体统一的基础之上。

"体悟"这一概念,蕴含深厚的民族文化底蕴,它基于中国"身心一元"的哲学思想,通过直觉式的思维与认知方式,深入探索武术所承载的优秀民族文化,是实现民族文化自觉、增强文化自信、传播中华文化的有效途径。

(二)价值取向

价值取向隶属于价值哲学的广阔领域,它聚焦主体在面对多样矛盾关系时所持的立场、态度及所倾向的价值选择。步入新时代,社会矛盾结构发生了深刻变化,民众的精神生活需求日益丰富,追求更高层次的精神世界成为普遍趋势。在此背景下,民族传统体育文化,根植于中华民族悠久而灿烂的传统文化土壤之中,展现出独特的魅力与价值,成为缓解精神空虚、满足民众精神追求的有效途径。

在个人价值取向上,爱国主义作为中华民族鲜明的精神旗帜,构成了中国社会素质与美德的基石。回顾历史,中华民族近代以来的发展历程,深刻体现了由无数坚韧不拔的国民所践行的爱国主义精神的演进。学校教育在此过程中扮演了至关重要的角色,其特殊性在于能够高效地培育学生的爱国情怀。教育体系应以"捐躯赴国难,视死忽如归"的崇高精神为引领,将爱国主义精神内化为学生成长道路上的指南针。

社会主义事业的蓬勃发展不仅需要理论上的倡导,更需通过引导各行各业从业者秉持敬业奉献的价值导向,将其转化为实际行动。学校教育在此方面承担着培养具有勤奋职业品质人才的重任,通过"习者当立志"与"恒为贵"等传统格言,激励学生树立远大志向,坚持不懈地追求卓越。诚实作为社会道德的基本准则，其重要性不言而喻。古人强调"格物、致知、诚意、正心"的修身之道，当前社会公民道德建设亦将"诚实守信"置于突出位置，视之为真实无欺的品德体现。民族传统体育文化中蕴含的诚信教育，为学校教育提供了宝贵的理念资源。

友善作为公民道德的另一重要维度，体现了中华民族深厚的道德底蕴。学校教育通过引导学生以友善之心待人接物，不仅传承了中华民族助人为乐的传统美德，还促进了这一优秀品质在全社会范围内的普及与实践。"爱国、敬业、诚信、友善"作为社会主义核心价值观在个人层面的具体体现，为新时代公民道德建设指明了方向，也为学校教育提供了明确的价值导向，旨在培养出具备高尚情操与社会责任感的新时代人才。

（三）伦理观念

儒家伦理之所以能够在中国社会中占据主导地位，归因于其深刻反映并契合了中国社会的独特特点与国情，且其理论体系尤为完整。秦汉时期，《礼记》的编纂标志着儒家伦理体系的正式形成，该体系通过亲民路径，逐步达到理想的治理状态。《中庸》一书阐述了"天人合一"的中庸之道，确立了"极高明而道中庸"的至高境界，与《大学》共同标志着儒家伦理思想的成熟。值得注意的是，尽管这些经典对后世影响深远，但它们并不等同于封建伦理的全部，封建伦理的具体体现更多地体现在"三纲五常"学说之中。

在中国历史上，封建统治者始终高度重视体育运动、风俗习惯与政治利益之间的内在联系。孔子提倡的道德观念，以"德、仁"为根本，为解决体育活动中的潜在冲突提供了指导原则。面对竞争与文雅之间的张力，孔子提出了"君子之争"的概念，即将运动与礼仪相结合，如射箭活动中的"揖让而升，下而饮"，强调内在正直与外在规矩的统一。无论是投壶的"中正之道"，还是蹴鞠中的"仁义"精神，都体现了等级观念与伦理道德的深度融合，如"君臣之礼，长幼之序"所示。西周时期的射礼，包括大射、宾射、燕射等多种形式，不仅涉及具体仪式细节，还通过弓箭、箭靶、乐曲及司职人员的等级差异，彰显了封建社会的秩序与规范。在"秋狝"围猎中，皇帝作为最高权威，其射出第一箭标志着歼兽活动的开始，这一习俗进一步强化了封建等级制度。

中国伦理思想的发展既受到社会关系演变的深刻影响，也遵循着其内在逻辑与发展原理。中国传统道德体系不仅蕴含着特定时代与阶级的特征，还具备普遍性和民族性的双重属性——区分封建主义与民族特性是理解中国伦理思想的关键所在。儒家伦理之所以能够在中国占据核心地位，离不开统治阶级的推崇与实践，而这种推崇在很大程度上是因为儒家伦理能够体现中华民族的独特性，适应中国传统社会的结构，具有鲜明的民族性。因此，儒家伦理构成了具有中国特色、普遍合理性的伦理思想体系。

（四）审美情趣

在各种体育竞技领域中，限制性规则的引入，促使原本自发的运动形态逐渐演变为蕴含规范性的活动形式，这一过程不仅彰显了人体美学的多样性，还深刻升华了参与者的精神价值追求。此转变所蕴含的审美心理特征，可从以下维度进行探讨。

第一，勇猛精神的彰显。在多数文化背景下，对于勇敢无畏品质的崇尚构成了对个体行为的一种普遍期许。于众多民族传统体育项目之中，勇敢不仅是参赛者的基本素质要求，更是其在展现个人技艺时不可或缺的一环，强调了在勇敢中融入创新技巧的重要性。

第二，机智策略的体现。面对资源有限且竞争激烈的体育环境，仅凭单纯的勇气与胆识已不足以确保胜利，还需辅以敏锐的智慧与灵活的策略。在民族传统体育竞技中，运用智慧迅速而巧妙地战胜对手，通过精细的运动策略展现智慧之美，这不仅是竞技成功的关键，也映射出各民族独特的审美偏好与价值取向。

第三，悦情享受的追求。传统体育活动不仅仅是对力量与智慧的较量，更承载着为参与者及观众带来愉悦体验的使命。体育文化内在的美学心理，通过运动员身体动作的流畅变换与赛事形式的不断创新，激发了人们身心层面的审美共鸣，使体育运动成为一种促进情感愉悦与心灵释放的重要途径。

民族传统体育活动并不追求那种充斥着不和谐因素的激烈竞争，而是将运动的至高境界定义为能够随心所欲地让身体以一种正式且自由的方式展现其潜能。在这一过程中，参与者需掌握、理解并应用自然规律，于愉悦的氛围中熟练地运用这些规律，进而产生观赏价值与娱乐效果，为美感的自由创造提供肥沃土壤。民族传统体育的审美取向对人的道德品质提出了严格要求，将善良视为首要条件，强调美与善的和谐统一，这一理念始终与人的精神品质紧密相连。正如古典美学所秉持的，善良始终占据首位。在面临冲突时，古典美学推崇"不战而屈人之兵"的境界，认为能以教化而非伤害取胜者，方为真正的大师。在中国武术中，美与善、德与艺的和谐统一，展现了极高的审美价值，这恰恰是中华文明所倡导的精髓。

中国古典美学运用诸如"道""意""韵""神""气""趣""律"等独特术语，这些术语大多源自直观体验，与西方美学的表达方式形成鲜明对比，它们被广泛应用于解析民族传统体育的广泛内涵。即便是在看似简单的打陀螺、踢毽子等活动中，也能体会到同样的韵味与深意。这些术语旨在捕捉并揭示运动之外的深层魅力，体现了中国古典美学"写一时之义，止一时之意"的追求，旨在达到"立象以尽意"的艺术境界。例如，舞狮舞龙等民族传统体育活动，其动作更多的是表达主观情感，而非客观对象的真实再现，这种表达方式促进了动作的虚拟化与程式化。

在民族传统体育中，"形"与"神"既对立又统一。体育美学将"形"视为形体美的体现，"神"则代表人文美，两者共同展现出独特魅力。从"熊经鸟申"到"五禽戏"，都是通过对"形"的模仿，以满足对"神"的审美需求。在民族传统体育中，几乎所有的演练套路都需要通过运动者的身体动作与技术展现，来体现其风度与气质，从而在运动中传达出内在的神韵之美。

（五）理想人格

民族传统体育深刻体现了自我与社会团结的精髓，其核心在于强调个体的"修身养性"与"自我完善"，同时高度重视群体与社会的整体利益。这一理念与《中庸》中的哲学思想相契合，即"成自己之道，仁也"，意指成就自我之道即是实践仁德，而这一过程与成就外物的方式内在一致，体现了内外兼修、和谐统一的哲学观念。在此哲学背景下，"成己"与"成物"相辅相成，虽各有侧重，实则一体两面，共同影响着民族传统体育的发展路径。在这一文化背景下，个体的命运紧密地与民族和国家的命运交织在一起，形成了独特的集体意识与归属感。民族传统体育不仅塑造了个体的世界观，还成为凝聚民族力量、展现民族精神的重要载体。在中国体育的崛起历程中，无数运动员在艰苦条件下坚守信念，毅然放弃个人利益，他们的坚持与努力背后，是全社会广泛的支持与鼓励。每当五星红旗因体育健儿的卓越表现而高高飘扬，亿万中国人无不为之自豪，这不仅是对个人成就的肯定，更是对民族精神的高度颂扬。民族文化所孕育的独特精神气质，促使个体与群体紧密相连，共同促进了社会的和谐与进步。从中国体育的发展历程中不难发现，实现自我价值固然重要，但只有当个人价值与社会价值实现高度统一时，这种实现才更具深远意义。将个人追求融入社会发展大局，将个人价值转化为推动社会进步的力量，才是实现真正意义上的人生价值与社会价值的双重飞跃。

北京奥运会深刻彰显了"和而不同，天下一家"的崇高理念，有力地向国际社会展示了中国"海纳百川"的广阔胸襟。借助"体育"这一全球性语言，中国向世界传递了其开放包容、个性鲜明及创新驱动的文化特质。单纯地复制与累积既有元素无法催生新生事物，中国在传承与弘扬本土体育文化的同时，并未局限于自我封闭，而是积极将民族文化精髓推向全球舞台，太极拳的国际影响力便是明证。然而，在吸纳外来文化精髓的过程中，亦需警惕本土传统精髓的暂时性遗忘，即学习不应是无条件、无批判地全盘接受，以免动摇根基，失去公众认同，陷入风险。尽管儒家"天下大同"的传统理念与现代全球化的认知框架存在差异，但两者在追求和谐共生的意识形态层面不谋而合。中国体育事业的发展，旨在通过体育强健民众体魄、培育健康身心，进而为构建和谐的全球社会贡献力量。因此，北京奥运会切实担当起了推动世界绿色发展的重任，践行了和平与发展的时代使命，生动诠释了"和而不同，天下一家"的精神内核。

在太极拳的练习过程中，技术精进固然重要，但领悟其蕴含的生活哲学更为关键。武德教育强调伦理道德的培育，倡导在社会交往中展现谦逊有礼、相互关怀与团结协作的精神风貌。武术人格的塑造过程，是个人修养的完善之旅，追求德才兼备的至高境界。

儒家文化侧重于群体本位的价值取向，武术则更多聚焦提升身体素质与个体效能，不仅彰显了人文主义的价值导向，还强调个人道德修养与和谐共处的追求。儒家"内圣外王"的思想体系历经近两千年沉淀，与同样历史悠久的中华体育精神在历史长河中既有碰撞亦有融合。通过现代视角的重新解读，不仅能够挖掘中国传统文化的经典智慧，也为儒家"内圣外王"理论注入新的时代内涵，赋予其当代价值，有助于深化其理论体系的丰富性与适用性。

第三章 民族传统体育文化资源与发展研究

在全球化背景下,民族传统体育文化资源作为文化遗产的重要组成部分,面临着保护与传承的挑战,同时其创新发展也成为时代新课题。本章深入探讨民族传统体育文化资源,包括传统武术文化、龙舟运动及舞龙舞狮的传承与发展。

第一节 传统武术文化及传承发展

一、传统武术的内涵阐释

传统武术作为中国历史文化的重要组成部分,代表了中国人民在体育、哲学、道德和精神领域的深刻追求。它不仅仅是一种体育运动,更是蕴含深厚文化内涵的生活实践。武术自古以来便被认为是提升个体身体素质和心智修养的途径,在中国历史的不同阶段,发挥了独特的社会和文化作用。

从定义上来看,传统武术包含"武"和"术"两个核心要素。"武"是指通过身体的表现来实现力量、敏捷性和技击技巧的展示,强调攻防的具体动作与身体素质的训练;"术"则涵盖了武术在实践中运用的技巧和方法,以及其背后深刻的精神修养和哲学思想。中国武术不仅是肢体动作的练习，更强调技法的灵活运用与精神层面的高度结合。通过这些技法与精神的磨炼，习武者可以在技击过程中找到身体与心灵的和谐，使得武术成为一种身心合一的修炼方式。

传统武术融合了中国古代哲学思想，特别是道家和儒家理念。道家的自然法则观念和儒家的仁义礼智信等伦理思想，深深影响了武术的文化核心。武术不仅追求技艺上的高超，还强调心性的修炼和道德境界的提升。在武术的实践中，习武者需要掌握控制自身的能力，并通过反复地练习，在攻防之间领悟生命的节奏和自然的和谐。因此，武术不仅仅是力量与技巧的较量，更是一种深层次的精神修炼。

随着历史的推进，传统武术不仅在技术上不断演进，也在形式和内容上产生了丰富变化。尽管外在的表现形式多样化，内在的哲学精神却始终如一。传统武术的传承不仅体现在对技艺的传授上，还反映在对其精神内涵的延续和发扬上。在武术的传承过程中，民族文化精神得以世代传承，武术的哲学思想也继续影响着当代社会的价值观念。

在现代社会中，传统武术在全球范围内得到了广泛的传播和认可。其作为一种独特的文化符号，超越了国界，成为东西方文化交流的桥梁。在全球化背景下，武术不仅是中国文化的象征，更成为世界文化的组成部分。通过武术的传播，不同文化之间的理解和交流得到了加强。传统武术在国际舞台上的不断推广，使其成为文化多样性和全球化背景下跨文化沟通理解的重要力量。

二、传统武术的多种类型

历经五千余年历史积淀与文化累积，传统武术超越了单纯健身娱乐的民族体育范畴，成为华夏民族多元文化要素融合的典范，其"文化"属性内蕴其中。传统武术作为一种传统知识体系，亦被认定为非物质文化遗产，彰显了其深厚的文化底蕴与历史价值。[①] 我国传统武术的文化

[①] 刘爱军. 中华传统武术的法律保护机制研究 [D]. 长沙：湖南师范大学，2011：32.

底蕴深厚，源远流长，确实蕴藏着巨大的学术价值。在历史的长河中，传统武术逐渐发展出多种类型，如套路、技击和功法等。

（一）套路

传统武术套路运动以踢、打、拿、击、刺等基础动作为核心，融合攻守、动静、刚柔、虚实等变化规律，通过徒手与器械的演练展现技艺之美，同时深藏文化底蕴。其形式可分为单练、对练及集体演练三类，各具特色，彰显了武术套路的多元风貌。

1. 单练

单练作为武术套路运动的一种基本形式，涵盖拳术与器械等多种武术类型，系个人独自练习之方式。它有助于习武者深入领悟武术之基本动作、技巧及节奏，进而提升个人武术修为。单练不仅是武术学习之基石，亦为对练、集体演练等进阶形式奠定坚实基础。

（1）拳术。拳术作为中国古代武术体系中的重要组成部分，承载着悠久的历史与文化传统。在中国武术的发展过程中，拳术逐渐形成了多样化的流派与套路，并在实战中起到了至关重要的作用。从汉代起，拳术不仅仅是一种徒手技击术，更是一种文化精神的体现，它蕴含了中华民族独特的武术理念和身体修炼方式。随着历史的演进和武术的广泛传播，中国拳术逐渐演变成了一个复杂多样的体系。拳术按照其风格与特点，通常可以分为以下类别。

第一，形意拳。形意拳作为中国传统拳术的重要流派之一，其核心在于内在力量的训练和简洁有力的技击方式。形意拳不仅仅是一种技击术，更是一种身体与心灵修炼的方式。在医疗体育领域，形意拳因其动作简洁稳健、刚柔并济的特点被广泛应用，尤其是其对身体力量的锻炼，使得即便体质较弱者也能从中受益。近年来，随着健康意识的提升，形意拳逐渐成为一种广受欢迎的健身方式，具有广泛的推广价值。

第二，八卦拳。八卦拳以其独特的步法和哲学思想在武术界独树一帜。八卦拳不仅是一种技击术，更是一种将身体锻炼与道家养生理念相结合的综合体。其拳法的步法灵活多变，拳手通过身体的旋转与步伐的移动来实现攻击和防守的转换，这种独特的技法使得八卦拳在实战中具有极高的灵活性。八卦拳追求身心的和谐统一，强调内外兼修，不仅增强了练习者的身体素质，还提高了其内在修养。

第三，通背拳。通背拳因其独特的背部发力而著称。通背拳的拳法要求拳手在攻击时利用背部力量来增强打击的威力，这种独特的技法，使得通背拳在实战中具有很强的攻击性和压迫感。通背拳的发力方式独特，通过手臂的伸展和背部的协调发力，拳手能够快速、准确地进行攻击，展现出强大的技击效果。

第四，八极拳。八极拳以其贴身近攻的风格在拳术界占据重要地位。八极拳的技法刚猛有力，拳手在短距离内施加巨大的力量，通过连续不断的攻击给对手造成强大的压迫感。八极拳的特点在于其节奏快速，攻势凌厉，这使得八极拳在实战中极具威胁性。

第五，翻子拳。翻子拳是一种动作迅速、步法灵活的拳术流派。翻子拳以其动作连贯迅速、步伐疾速著称，拳手在实战中能够快速移动和出拳，使得对手难以应对。这种拳术要求练习者具备高度的身体协调能力和反应速度。

第六，劈挂拳。劈挂拳作为一种典型的长击拳法，以其猛劈硬挂为主要特点。劈挂拳的技法注重远距离的攻击，同时也能灵活运用近身短打技巧，攻防兼备，展现出高度的战斗力。

第七，地躺拳。地躺拳以其独特的跌扑滚翻技法而闻名。地躺拳强调身体的灵活性和技巧性，拳手通过跌扑和滚翻动作在实战中巧妙躲避和反击对手。这种拳术不仅需要高度的身体控制能力，还运用了复杂的杠杆原理来实现对对手的制服。

第八，象形拳。象形拳是一种模仿自然界动物或特定人物动作形态的拳术。象形拳通过模拟动物的姿态和动作，结合武术技法，展现出丰富的攻击与防御技巧。象形拳强调内外兼修，注重意念的传达，使得其在武术领域中独具特色。

第九，少林拳。少林拳技法简洁实用，注重实战效果。少林拳的特点在于其刚劲有力的动作，拳手通过简洁明快的技法迅速战斗。这种注重实用的特点使得少林拳在历史上一直备受推崇。

第十，太极拳。太极拳强调内外兼修，以柔克刚，通过缓慢连贯的动作来培养内在的力量。太极拳不仅是一种技击术，更是一种修身养性的方式，注重心意与身体的协调统一。

第十一，南拳。南拳以刚烈强硬的风格著称，其技法注重实用性和小巧精妙的技巧。南拳的特点在于步法稳健，攻击迅猛，是南方武术的重要组成部分。

第十二，戳脚。戳脚是一种古老的拳术，注重灵活多变的步法和攻击方式。戳脚的技法结合了手脚并用的特点，使其在实战中具有很高的实用性。

（2）器械运动。器械运动作为武术的一种重要表现形式，展现了武术体系中丰富的文化内涵和实用价值。器械运动的练习不仅是一种身体技能的培养，同时也是对传统文化的传承与弘扬。器械在武术中的重要性体现在其多样性与灵活运用上，从古至今，各类器械的演变与发展都紧密结合了社会环境与历史背景。器械运动涵盖了短器械、长器械、双器械和软器械四大类，每种器械都有其独特的特点和技法，在训练中帮助习练者提升身体素质、磨练意志力，并增强专注力。

第一，剑术。作为一种历史悠久的武术形式，剑术以其精妙的剑法和灵动的步法著称。剑术的运动特点体现为轻盈、潇洒，动作流畅富有韵律，被誉为"剑如风飞"。这一特质不仅表现在剑术的技巧层面，更展现了剑术在中国传统文化中的独特价值。剑术强调身与剑的高度融合，要求使用者在练习中表现出高超的身体控制力和敏捷的反应能力。剑术套路中的动作设计丰富多样，既有攻击性的剑法，也有防守与躲避的身法，使其成为武术中一个典型的综合性技艺体系。

第二，刀术。刀术作为剑术的姊妹篇，同样具有悠久的历史背景。刀术的技法简练直接，劈、砍、斩、撩等基本动作体现了刀术运动的快速、勇猛特点。不同种类的刀，如官刀、牛尾刀等，丰富了刀术的表现形式，并为其发展提供了多样化的训练路径。刀术强调速度与力量的结合，尤其是在实战中展现出其强大的攻击力和气势。相比于剑术的轻灵优雅，刀术更注重力量的爆发与气势的逼人，使得其在武术中以独特的强悍形象著称。

第三，枪术。枪术源自古代的矛，其发展史同样源远流长。枪术的技法多样，拦、扎、穿等枪法变化多端，步型和步法的灵活配合使得枪术的运动特点具有虚实相生、变幻莫测的特点。枪术的练习不仅要求使用者具备强大的力量，更需要灵活的反应和精准的技巧。由于枪的种类多样，如大枪、花枪等，枪术的技法在历史发展中不断演变，形成了具有广泛适用性的武术形式。在武术训练中，枪术强调协调性和节奏感，尤其在长器械的运用中，身体的平衡和力量的合理分配成为枪术练习的核心要素。

第四，棍术。棍术是以棍为主要器械进行的武术形式，其技法包括抢、劈、扫、挂等动作。棍术的特点在于其快速而密集的攻击方式，结合步法和身法，使得棍术在武术训练中具有极高的实战价值。棍术动作密集如雨，其勇猛的运动风格为武术体系增添了独特的表现力。在武术的发展中，棍术因其简单而易于掌握的特点，成为广泛传播的武术形式之一，尤其在民间武术爱好者中，棍术的流传广泛。棍术在武术体系中的地位不可小觑，其独特的技巧与简便的武器形式相结合，展现了武术技法中灵活多变的一面。

第五，大刀术。大刀术是以大刀为主要武器的武术形式。大刀术的特点在于双手握持，腰力发劲，动作气势雄厚。大刀术的基本技法多种多样，诸如持、劈、砍等结合不同的步法、身法，构成了大刀术的多样套路，如天罡刀、混元刀等。大刀术的运动特点强调力量与速度的结合，动作简洁而直接，其勇猛果断的特点使其在武术实战中具有极高的威慑力。与其他器械相比，大刀术在武术中展现了强大的破坏力和进攻性，是一种高度实用的武术技法。

第六，双刀。双刀的优势在于其刀法更为密集，适合贴身使用，使得使用者能够灵活应对各种复杂的攻击。双刀的运动方式强调左右手的协调性，尤其是在双手交替运用刀法时，要求习练者具备高度的身体控制能力。双刀的使用需要熟练掌握劈、斩、撩等基本刀法，并通过身体的配合实现动作的流畅性和连贯性。双刀运动中的协调性和快速性，使得其在武术中占据了重要的地位。

第七，双剑。双剑作为双刀的另一种表现形式，强调剑与身体的紧密结合。双剑的运动特点在于动作轻灵、步法灵活，其主要套路包括穿、挂、云、刺等动作。双剑的练习不仅考验使用者的身体协调性，更需要高度的技巧和节奏感。双剑运动中的双手替换动作要求习练者能够快速反应，且在实战中保持高度的灵活性。与单剑相比，双剑的双手配合使得其在防御和进攻中都能灵活自如，展现了剑术运动中更加复杂和多变的技巧。

第八，双钩。双钩作为一种源自古代兵器"戈"的武器，其技法主要包括勾、锁、挂、搂等动作。双钩的特点在于能够紧密贴合身体，动作灵活优美。双钩的使用不仅要求使用者具备高度的技巧，还需要具备良好的身体协调能力，尤其是在双钩的运用过程中，动作的流畅性和连贯性成为关键。双钩在武术中的运用多变，其技法结合了攻击与防守的双重功能，展现了武术中器械运用的多样性。

第九，九节鞭。九节鞭因其特殊的构造而得名，由八节鞭体和鞭把、鞭头组成。九节鞭的主要技法包括抡、扫、缠、挂、舞花等动作，其运动特点为收放自如，变化多端。九节鞭的练习不仅考验使用者的身体灵活性，还要求习练者能够掌握鞭的运动规律，尤其在操作中体现出翻转自如、走势连贯的特点。九节鞭的复杂性和多样性，使其成为武术中一种独特的软器械，其练习要求具备高超的技巧和灵活的身手。

第十，三节棍。三节棍作为一种三节首尾相连的武器，其特点在于轻巧灵活，能够根据需要调整长度和状态。三节棍的主要技法包括抡、扫、劈、戳、舞花等动作，由于其多变的方向和复杂的操作方式，三节棍的练习难度较大。使用者需要在练习中掌握其变化的节奏和动作的连贯性，使其在实战中展现出灵活多变的特点。三节棍的使用强调速度和准确度，尤其是在攻击与防守之间的快速切换中，展现了武术技法的多样化。

第十一，绳标。绳标作为一种技巧性极强的武器，其主要特点在于通过长索在身体附近进行缠绕和翻飞。绳标的运动形式独特，动作变化多端，既可用于攻击，也可用于防守。绳标的使用要求操作者具备极高的巧劲，特别是在出击和收放过程中，动作的连贯性和速度成为成功的关键。由于其使用难度较大，绳标在武术训练中对习练者的要求较高，尤其是在身体协调性和技巧掌握上，绳标的练习有着独特的挑战性。

2. 对练

对练作为武术训练中的重要组成部分，是通过两人或多人的对抗性练习，达到提升技艺、锻炼身心的目的。这一训练形式不仅承载了武术的实战技巧，更蕴含着丰富的文化内涵和传统价值。在对练的过程中，练习者通过真实的模拟对抗，增强了对动作的理解和运用，逐步提升实战中的应变能力和技击水平。对练还在心理素质、团队协作、意志力等方面起到了重要作用，是武术练习者全面发展的关键手段。

（1）拳术对练。在对练的多种形式中，拳术对练是一种重要的基础性练习。通过拳法、腿法、摔法等技法的相互对抗，练习者能够在不断攻防交替中提升动作的精准性与反应能力。拳术对练注重实战应用，在模拟对抗的过程中，练习者不仅要灵活运用基本动作，还需对对手的攻势进行准确判断与应对。通过这种不断的攻防互动，练习者的身体敏捷性与技法熟练度得以提升，为实战中的快速应变奠定了坚实基础。拳术对练还通过强化身体的协调性、灵敏度以及力量控制，培养了练习者的自我防护和对敌攻击的能力，最终形成了熟练的技击体系。

（2）器械对练。器械对练着重于练习者对各类武器的运用与实战技能的提升。通过刀、枪、剑、棍等器械的攻防对抗，练习者可以在对练中不断提升对武器的掌控能力与战术意识。器械对练不仅需要练习者具备熟练的技法和战术，还要求其在高强度的对抗中保持敏锐的反应能力与战术决策能力。无论是长器械的远距离攻击，还是短器械的贴身防守，对练者都必须具备灵活应对的能力。在这种高度实战化的训练中，器械对练不仅可以提升武器的运用技巧，还能培养练习者的专注力与冷静应对的能力，使其在激烈对抗中能够游刃有余。

（3）徒手与器械对练。徒手与器械对练是一种更加综合的训练形式，要求练习者同时具备扎实的徒手技法和应对器械攻击的能力。在这一训练中，一方徒手，一方持器械，双方通过真实的模拟对抗，来提升徒手方对武器攻击的应对能力。这种训练不仅要求练习者熟悉各类武器的攻防特点，还需要其在应对武器攻击时能够迅速做出反应，并灵活运用徒手技法进行防御与反击。因此，徒手与器械对练极大地考验了练习者的基本功和应变能力，要求其在高压情境下保持冷静、从容应对。通过这一训练，练习者不仅能够提升技法的多样性与灵活性，还能在面对突发攻击时具备更强的应对能力。

3. 集体演练

集体演练作为一种武术训练形式，早在宋代便已初具雏形。其最初形式以武舞为基础，随着时间的推移逐渐演化为如今广泛流行的集体演练。集体演练的参与人数不定，少则几人，多则数十人，形式多样，涵盖了徒手、器械以及二者的结合。其核心目的是通过集体合作来提升个体的武术技能，同时展现团队的协作能力和整体力量。集体演练不仅是武术技艺的展示，更是文化传承的重要载体，它在历史演进中扮演了不可替代的角色。通过参与集体演练，个体不仅能提升技艺，还能深刻体会到团队凝聚力的重要性，感受到自身在集体中的独特价值。这种形式在培养团队精神、增强个人能力方面有着重要意义，充分体现了人类对于集体力量和合作精神的不断探索与追求。因此，集体演练不仅是技法的磨练，更是一种文化的象征，蕴含着深厚的社会与历史意义。

（二）技击

技击作为武术中的核心组成部分，主要包括徒手或持械的对抗运动，它既是武术技法的实践，也是武术文化的具体体现。技击运动融合了踢、打、摔、拿等多种技巧，不同历史时期对技击运动的理解和发展有所不同。在现代技击运动中，散打和太极推手代表了两种典型的形式，分别体现了外家拳和内家拳的技击理念与实践方式。

1. 散打

散打作为外家拳体系中的一种技击形式，历史源远流长。在中国武术发展历程中，散打曾有多种名称，如相搏、手搏、白打等，这些称谓反映了不同时期对散打的理解和认知。在散打的实践中，技法的实用性和对抗性是其核心特征。传统的散打多在擂台上进行，因此民间又将其称为"打擂台"，这种形式强调技击的实战价值，侧重于通过直接对抗来检验武术技艺。

散打不仅局限于拳脚的攻击，还包含摔跤、擒拿等多种技巧的融合，因此形成了其全面而实用的技击特点。通过对武术套路中技击动作的拆解和训练，散打逐渐演化为一种独立的格斗形式，并在现代社会中焕发新的活力。在技法上，散打强调速度、力量和爆发力，要求练习者具备良好的身体素质和反应能力。其技术多样、实战性强的特点使得散打不仅成为武术中的重要技击形式，也在现代格斗和健身领域占据了重要地位。

在现代社会中，随着人们对健身和自卫需求的增加，散打作为一种高效的身体训练方式越来越受到青睐。通过系统的训练，散打不仅能够提高身体素质，还能增强自卫能力。在竞技体育领域，散打也形成了规范的比赛规则和训练体系，推动了散打在体育竞技中的发展。因此，散打不仅是传统武术精髓的体现，还是一种适应现代社会需求的技击形式，它在传承武术文化的同时，融入了现代体育竞技和大众健身的潮流，展现出了独特的实用性与现代性。

2. 太极推手

与散打的外家拳风格不同，太极推手代表了内家拳的技击理念，注重通过柔化与技巧达到技击的目的。太极推手是太极拳体系中的重要组成部分，其核心在于通过双人对练，运用太极拳的理论与技法，化解对方的攻击力量，并利用对方的力道使其失去平衡，从而达到控制对手的目的。

太极推手不同于其他拳术对抗形式，它不依赖于力量或速度的优势，而是通过技巧的运用取胜。推手中的"粘连黏随""不丢不顶"等原则，要求练习者在与对手接触后，通过身体的感知和弧线运动，巧妙地化解对方的攻击。与直线力量的碰撞相比，太极推手更强调"以柔制刚"，通过四两拨千斤的原理，以最小的力量化解最大威胁，从而体现出太极拳的精髓。

太极推手的训练方式相对安全，因为它不依赖于对抗性力量的冲撞，而是通过细腻的技术控制来进行对练。这种方式减少了受伤的风险，使得练习者可以在保持安全的前提下提高技击水平。太极推手的练习也不受场地条件的限制，只需两人便可进行，因此推手训练具有较强的普适性。正因为如此，太极推手不仅在武术界广泛流传，还成为了一种受到大众欢迎的健身和养生方式。

太极推手的训练不仅仅是身体上的技法磨练，它还体现了太极拳"形、意、气"的综合修炼。在推手的过程中，练习者需要时刻保持精神集中，通过内外兼修达到技击的最高境界。太极推手不仅是一种技击运动，更是一种精神修炼，通过推手的训练，练习者能够在对抗中保持平和的心态和内在的平衡，从而实现身体与心灵的和谐统一。

（三）功法

功法作为武术训练中的重要组成部分，其内涵丰富多样，涵盖了短兵运动和长兵运动两大主要形式。短兵运动与长兵运动的区别在于选手所使用的器械长度不同，这不仅直接影响到运动的技法要求，也决定了双方在对抗中的战术运用。对于功法爱好者而言，理解这两种形式的差异并加以掌握，是提升技法水平和战术意识的关键。

第一，短兵运动。短兵运动强调技巧的精细性与速度的灵活性。由于短器械的长度限制，选手在对抗中必须更加注重灵活的移动与快速的进攻和防御。短兵运动对身体的灵活性、速度的爆发力以及对战术的应变能力提出了更高要求。选手需要在较短的时间内做出反应，迅速采取行动，从而在较小的范围内取得优势。因此，短兵运动不仅考验选手的技术水平，还对其反应速度与敏捷性提出了更高的挑战。

第二，长兵运动。长兵运动更注重力量的运用和距离的掌控。长器械使得对抗双方的距离拉大，这要求选手善于利用长武器的优势，通过对距离的精确掌握与力量的合理运用，来控制战局。长兵运动不仅需要选手拥有较强的力量储备，还需具备深厚的战术意识，能够灵活运用不同的战术手段来应对对手。力量与距离在长兵运动中占据重要地位，选手在施展技法时，必须综合考虑这两者的平衡。

无论是短兵运动还是长兵运动，都各有其独特的技法要求与魅力所在。短兵运动重在速度与灵活，长兵运动则在力量与距离上更具特色。对功法爱好者来说，掌握这两种运动形式的精髓，不仅有助于提升个人的技法能力，还能深入理解不同器械和战术在实战中的运用。通过对短兵与长兵运动的综合训练，选手能够在技击中展现出更加全面的能力与对战术的理解，进一步推动功法的全面发展。

三、传统武术的基本特征

传统武术与其他国家相比，既有相同或相似的地方，也有独树一帜之处。分析武术的特殊性，有利于人们对传统武术有更加深入的认识，一方面能够更好地通过武术向青少年传播更多更好的民族文化、弘扬民族精神，另一方面能够通过武术向世界人民传播中国文化。从武术的整体技术方面来讲，武术的主要特征如下。

（一）强调内外和谐的高度统一

内外和谐不仅体现在身体动作的协调上，更体现在内在心神与外在形体的有机结合。传统文化中的书法、戏曲、美术等艺术形式均蕴含着和谐的理念，而武术作为其中重要的一环，同样承载了这一哲学思想。在中国传统哲学"一天人，合内外"的思想指导下，武术追求的是内外合一、形神兼备的状态，即在技术上实现内心与外在形体动作的协调统一。

武术的核心在于"内外六合",即强调内在与外在的全面和谐。具体而言,这包括手与足、肘与膝、肩与胯的协调,形成身体外部动作的统一。此外,武术的内在和谐则体现在心、意、气、力之间的相互配合,做到心与意合、意与气合、气与力合。这不仅是对身体动作的要求,更是对心神、意念和气力的综合协调,使练习者能够在技法中达到高度的身心融合。

在武术的动作连接方面,势与势之间的衔接必须气势贯通,一气呵成。这意味着动作不应是分离的,而应在气的带动下连贯一致,展现出自然的流畅性。武术讲究形与势的结合,以形喻势,使动作不仅在形体上准确呈现,更要在神态和气势上达到高度的和谐。当动作与神态协调一致时,武术的表现便能达到"行如游龙,视若猿守,坐如虎踞,转似鹰盘"的境界,呈现出既形似又神似的完美状态。

因此,内外合一、形神兼备的高度和谐,是传统武术技术体系的核心追求。这种和谐不仅是技术上的目标,更是武术精神层面的体现,要求习练者通过长期磨练,最终达到内外兼修的境界。这种对内外和谐的追求,使武术不仅是一项体能训练,更是一种哲学思想的实践与体现,展示出中国传统文化中的深厚智慧。

(二)技巧与功力相辅相成

传统武术强调技巧与功力的相辅相成,二者共同构成了武术的核心要素,缺一不可。技巧作为武术中的精妙部分,体现了技法运用的巧妙与灵活性,功力则是支撑技巧实现的基础。在中国传统文化的影响下,武术注重通过巧妙的技法达成胜利,这种追求不仅使得技击更具观赏性,也更符合文化中的智慧理念。这种技巧的运用往往体现出"四两拨千斤""耄耋御众"的理论,即在看似弱小的力量下能够实现对强大对手的控制。然而,武术并不单纯追求技巧的极致而忽视基本功的修炼。技巧的运用离不开功力的支持,功力为技巧的发挥提供了必要的物质基础。通过刻苦的功力训练,武术习练者能够打下扎实的基础,从而避免技法成为华而不实的花架子。因此,功力和技巧的结合,是武术技术的完整体现，也是武术实践的核心要求。

（三）注重刚柔并济

武术强调刚柔并济，体现了武术中劲力变化的丰富内涵。这种劲力的表现并非简单地对应于西方体育中所称的力量，而是更为复杂，涵盖了力量运用的技巧、蓄力与发力的顺序，以及刚与柔的灵活转化。武术技艺中，劲力的变化是其核心特征之一，反映了对力量运用深刻的理解与掌握。

在武术的实践中，劲力不仅要体现出刚与柔的对立统一，更要在不同的技术要求下进行灵活应用。例如，在练拳时，刚与柔的运用需要讲究平衡：刚而不僵硬，柔而不软弱。过于刚强会导致技艺的呆板，而过于柔弱则缺乏阳刚之气，二者皆无法取得理想效果。因此，武术实践者需要在"先刚而后柔"或"先柔而后刚"的过程中，寻找最佳的力量运用策略。这种灵活的发力顺序在不同的技法中都具有重要的指导意义，尤其在腿法、拳法与掌法的训练中，发力点与用力点的选择均需细致考虑，以便在刚柔变化中达到最佳效果。

劲力的表现形式多样，武术中有多种劲力的分类，如"寸劲""化劲""翻扯劲"和"崩撼劲"等。这些劲力的不同特性，展示了刚与柔的多样化运用。例如，"寸劲"强调短促而爆发的力量；"化劲"是在对抗中以柔克刚，通过将对方的力量顺势转化为自身的优势；"翻扯劲"表现为各关节的灵活性与自然放松，在发力时体现出柔中带刚的特点；"崩撼劲"注重蓄力与发力的协调，在刚猛与敏捷之间寻求平衡。这些劲力的多样性，使得武术的技术表达更为丰富而深刻。

不同拳种在劲力运用上也呈现出各自独特的风格。例如，少林拳以刚健有力、勇猛快速为主，强调刚的表现；太极拳以舒展大方、意念放松为特点，更加注重柔的体现。形意拳在刚中含柔，展现出独特的刚柔结合；八卦掌在刚柔相间的变化中展现其灵活性；长拳讲究"三节六合"，要求在发力过程中将力量由腿传递至手，体现出全身协调一致的力量运用。

武术技术的多样性与丰富性，正是传统文化中辩证思想的具体体现。刚柔变化不仅是武术技艺的重要特征，也是其深厚文化内涵的反映。通过这种刚柔并济的技术特征，武术不仅在技击中展示了力量的运用，更通过内在的哲学思想与技法相结合，传达了对生命、自然与人际关系的深刻理解与尊重。因此，刚柔变化在武术中的重要性，不仅体现在技术层面，更在于其所承载的文化和哲学价值，展现了武术作为一门艺术与技艺的独特魅力。

（四）多方位地表现和再现技击

提到武术，人们首先最容易认识到的就是其技击性，这往往也是多数武技的共通之处。格斗、散打、短兵、长兵等，尽管在现代体育项目中已融入保护措施，对部分高危险性动作进行了限制，但其技术核心与实用技击仍保持高度一致。而现代竞技武术套路，虽不直接模拟实战中的攻击与伤害，但其核心动作，如踢、打、拌、拿、击、刺等，均蕴含着技击的精髓。武术中的功力练习，通过不同功法内容的训练，旨在提升某一方面的技击能力，进一步凸显了技击在武术中的重要地位。

技击特性并非武术所独有，但武术中的技击却展现出更为丰富和多元的表现形式。无论是格斗、套路还是功法，都充分体现了武术对技击特性的深度挖掘和全面展现。在套路运动中，武术的技击方法尤为丰富且系统，其中长拳类拳术最具代表性，其动作全面规整，风格多样。既有步伐稳健、攻势猛烈的南拳，也有流畅自如的八卦掌；既有刚劲有力的形意拳，也有柔中带刚的太极拳。此外，还有翻子拳的疾风暴雨、劈挂拳的大劈大砍、通臂拳的放长击远、八极拳的挨膀挤靠、螳螂拳的刁搂采崩、醉拳的闪展游击等，不胜枚举。

在技击的表达风格上，武术同样呈现出多样化的特点。既有徒手技击，包括拳法、掌法、腿法等；又有持器械技击，涵盖刀术、剑术、棍术、枪术等。这些丰富多样的技术方法，共同构成了武术庞大而复杂的技术体系。相较于世界上其他格斗运动项目，如摔跤、击剑、拳击等，虽然它们同样具有技击特性，但却无一能像武术那样，将攻防技击的特征展现得如此丰富、如此多维度。武术以其独特的技击魅力和深厚的文化底蕴，成为人类文化遗产中一颗璀璨明珠。

四、传统武术的主要作用

传统武术作为中华民族的重要文化遗产，不仅承载着深厚的文化底蕴和历史传承，更在当代社会中发挥着多重作用。其功能已不仅限于强身健体和防身自卫，还包括修身养性和观赏娱乐等多个方面的价值。武术通过其独特的训练方式与哲学思想，能够全面提升个体的身体素质、心理健康、道德修养及审美能力。

（一）强身健体

在现代社会，身体健康已成为人们生活中不可或缺的核心要素。健康不仅是指无病无痛的状态，更是身体和心理的全面良好状态。传统武术强调"精、气、神"的高度结合，通过习练武术，个体能够达到强身健体的效果。传统武术注重内外兼修，要求修炼者在锻炼身体的同时，也要修炼内在的精神与气息。

通过系统科学的训练，武术能够有效增强人的各项素质，包括速度、力量、灵敏、耐力、柔韧与协调等。在习练武术时，身体的筋骨和关节得以强化，体魄得以壮健；内在的修炼则能够通畅经脉、调节精神、理顺脏腑功能。这种"以意引动"的修炼方式，对调节人体内环境、改善机能、增强身体素质具有显著作用。武术强调以乐观向上的心态待人接物，倡导人与人之间和谐交往，进而提升个体的身心健康和精神情感的调节能力。

（二）修身养性

传统武术不仅是身体的锻炼，更是一种精神与品格的修炼。武术秉承"天人合一"的哲学思想，追求自然与人、社会与个体、人体内外的和谐统一。这种理念对当代社会复合型人才的培养具有深远的影响。武术中蕴含着丰富的传统文化，强调个人内在世界的培养及礼仪道德的重要性，主张个体全面人格的内在修养。

通过武术的修炼，个体不仅掌握了强身健体的技能，还在道德修养、意志力和情操培养方面得到了提升。传统武术倡导谦虚、礼让和坚韧不拔的精神，培养人们积极向上的生活态度和宽广的胸怀。在追求武术技艺的过程中，习武者体悟到做人处世的道理，从而提升个人的道德品质与综合素养。武术训练中的自我挑战与超越，使个体在面对生活中的困难时，更加从容不迫、坚定自信。

（三）防身自卫

传统武术的实用性体现在其防身自卫功能上。这一功能在现代社会依然不可忽视。通过系统的武术训练，习武者不仅能够掌握有效的防身技巧，增强自身的安全感，还能提升应对突发状况的能力与自信心。防身自卫的能力，使习武者在面对危险时能够冷静应对，从而有效保护自己和他人的安全。

习武者通过对防身技巧的学习，能够在遇到突发情况时采取合理有效的自我保护措施。这种能力不仅源于技术的掌握，更来自心理素质的提升。习武者在训练中经历的各种挑战，帮助他们炼就更强的心理承受能力和应变能力，使其在面对真实的威胁时，能够冷静判断并做出相应的反应。

（四）观赏娱乐

传统武术不仅具有实用性，还具有其独特的观赏娱乐价值。武术套路和表演作为一种艺术形式，成为文化传播的重要方式。武术表演中的动作优美、气势磅礴，展示了力量与美的结合，吸引了大量观众。通过观赏武术表演，观众不仅能够感受到中华文化的博大精深，还能从中获得美的享受与精神的愉悦。

武术表演融合了技巧与艺术，通过形态各异的动作展现出武术的文化内涵与哲学思想。观众在欣赏武术表演的同时，能够领略到中华文化中独特的审美观和价值观，感受到武术背后的精神力量。这样的艺术形式不仅丰富了人们的文化生活，也促进了中华传统文化的传播与认同。

五、中华传统武术的文化价值

传统武术作为中华文化的瑰宝，历经数千年发展而长盛不衰，这不仅归功于其独特的搏击技术，更因其深厚的文化价值使然。传统武术不仅是保护自身安全和提升身体素质的有效手段，更是一种蕴含丰富文化内涵的"技击文化"。传统武术在发展过程中，融合了儒家、道家、佛家思想，吸收了古代兵学、中医、养生、舞蹈、戏剧等多种传统文化艺术，逐渐形成了一套德技兼备的完整体系。正是这些丰富的文化内涵，使得传统武术在几千年的历史长河中经久不衰，成为中国传统文化的重要组成部分。

首先，传统武术作为一种独特的民族文化形态，展现了其与众不同的本质和特征。它以中国传统文化理论为基础，紧密联系着哲学、美学、伦理学、兵法学和中医学等多门学科，形成了一个系统且连续的文化内核。传统武术不仅仅是身体的锻炼和技击艺术，更是思想、道德和精神修养的综合体现。在长期的发展过程中，武术逐渐超越了单纯的技击范畴，成为一种追求自我完善和精神升华的途径。

其次，传统武术作为我国运动文化的重要组成部分，具有独特的运动风格和深厚的文化底蕴。不同于其他体育项目，传统武术自成一派，内容体系广泛且功能结构井然有序。其运动形式多样，包括拳法、剑术、枪法等，既有个人的修炼，也有对抗性的比试，充分展现了中国传统文化中的和谐之美与对立统一的哲学思想。传统武术还注重内外兼修，不仅强调身体的力量和技巧，更注重精神的修养和道德的培养，使习武者在强身健体的同时，达到身心的全面发展。

纵观传统武术发展史，传统武术的文化价值主要体现在以下方面。

（一）淡化竞争意识

在观察人类社会的发展历程时，竞争作为一种推动力，其重要性不容忽视。在现代社会，竞争依然扮演着重要角色。然而，中国传统文化推崇的"中庸""礼让""不为人先"等价值观，在某种程度上抑制了竞争意识的表现。作为中国文化的重要组成部分，传统武术同样深受这种文化氛围的影响，在其发展过程中逐渐形成了淡化竞争意识的特征。

传统武术的修习者往往不以名利为目标，而是注重德行与力量的统一。这种修炼理念根植于武术思想中，强调"尚武崇德""武以养德"。这一观念认为，只有德行与力量并重，才能体现武术的真正价值。这种价值取向使得习练者在追求技艺精进的过程中，更加关注自身的品德修养与内在素质提升。

因此，淡化竞争意识的传统武术为习武者提供了一个独特的发展平台，使其在全面提升个人素质的同时，也能够形成坚韧的意志品质和高尚的道德情操。通过不断地自我提升与内在修养，习武者得以在追求个人发展的过程中，实现个人与社会的和谐统一。这种修炼方式强调内在修养与外在力量的平衡，既关注个人的道德建设，也重视身体的健康，最终达到身心合一的境界。在这一修炼过程中，习武者不仅锻炼了身体，也提升了心理素质，使其更能够在复杂的社会环境中保持内心的平和与坚定。通过对传统武术的习练，个体在面对外界压力时，能够保持一种不急不躁、从容不迫的态度，从而有效应对各种挑战与困难。

此外，传统武术所淡化的竞争意识，并非对竞争的彻底排斥，而是一种更为深刻的内在追求。在这种追求中，习武者不仅关注自身的技艺水平，更注重自我内在的道德修养与品德建设。通过对武术精神的领悟与实践，个体能够在竞争中保持清醒的自我认知，努力超越自我，而非单纯追求外部的名利。这种内在的追求与反思，促进了个体的全面发展，同时也推动了社会整体向更加和谐与有序的方向发展。

（二）强化对人格的塑造

习练武术不仅是一种身体的锻炼，更是对人格的全面修养过程。在传统武术中蕴含的丰富文化思想，对于个体人格的完善具有不可忽视的作用。习武者在学习武术的过程中，除了提升身体素质外，还需在道德修养上不断精进，逐步提高武术技艺。这一过程不仅要求个体在技能上有所掌握，更需在道德理念上不断提升。

在武术修行中，"重义守信"成为习武者的重要行为准则。"守信"强调了言出必行的原则，意味着习武者必须信守承诺、做到言行一致。这样的行为准则不仅是习武者实现自我价值的关键，也是体现武术社会价值的重要途径。这一原则的践行，使得习武者在日常生活中形成了良好的道德品质和积极的社会影响。

在历史上，习武之人常以正直、刚毅的形象示人，这不仅是武学中"神"的外在表现，更是"道"与"艺"结合的必然结果。习武者在追求武技的同时，也在追求内心的和谐与道德的完善。"谦和仁爱"也作为习武者的重要修养，强调了在面对矛盾时应具备的宽容与忍让。习武者通过理性而非冲动的方式解决问题，展现了其高尚的品德。这种内外兼修的习练要求，使得习武者在道德修养上得以不断精进，从而更好地应对生活中的各种挑战。

内在人格修养并非传统文化中强调的中庸、平和或文弱顺从的消极态度，而是顺应时代潮流、适应现代社会需求的积极人格。这种人格不仅包含身体与心理的健康，也包括工作能力的提升、乐观向上的生活态度，以及高度的责任感和使命感。传统武术所追求的人与自然、人与社会以及人自身内外的和谐统一，潜移默化地塑造着当代人的人格。

通过习武，个体的身体素质得以增强，但更为重要的是精神修炼。在武术的修习中，习武者在磨练身体的同时，也在锤炼自己的意志和品格。每一个动作和呼吸，都是对心性和耐性的考验。习武者通过不断地习练，学会了克服困难、坚持不懈，并能够从容面对挫折与挑战。这种精神上的锤炼不仅提升了习武者的身体素质，也增强了其精神境界，形成了一种积极向上的人生态度。

（三）强调个人技艺的纯熟

传统武术的核心在于个人技艺的精湛与内在修为的培养，这与西方文化更多地强调外在知识有着显著不同。习练武术不仅仅是对一系列标准化动作的掌握，更重要的是通过这些动作展现出深厚的神韵。该神韵的获得，往往需要经历长时间的磨炼与技艺的精湛提升。

传统武术与气功共同构成了中国传统体育文化的代表，这不仅源于其技法的复杂多样，更因其蕴含的阴阳二气的生命律动，展现出独特的姿态意境。在传统武术的修炼过程中，尽管动作的精准与规范无疑是重要的，但内在精神修养的提升更是不可忽视的关键。这样的精神修养不仅体现在对身体的控制能力上，更重要的是对心灵的锤炼。

每一个武术动作都承载着内在的意义，而每一个姿态则应展现出其独特的韵味。这种对神韵的追求，使得武术不仅仅被视作一种简单的身体运动，实际上，它已演化为一种综合的艺术形式，体现出练武者的人格魅力与精神境界。在传统武术中，个人技艺的纯熟不仅仅是战斗力的提升，更是实现自我修养和人格完善的重要途径。

在不断追求技艺进步的过程中，习武者也在潜移默化中修炼自己的心性，追求内外兼修的和谐境界。通过对武术的深入理解与长时间的实践，习武者能够达到一种身心合一的境界，使得每一个动作都充满生命的律动与内在的韵律。这种身心合一的状态不仅体现在武术的表演之中，也反映在习武者的日常生活中，提升其对生活的感悟与理解。

（四）重视武德与武艺的统一

在传统武术的理论体系中，"武德"与"武艺"始终被视为一个不可分割的整体。这一观点不仅扎根于中国悠久的文化传统之中，也在武术的实际修习与发展中得到深刻体现。武德与武艺的统一构成了传统武术的核心精神，反映了中国文化对道德与技艺协调发展的高度重视。

中国传统文化历来强调个人与社会道德理想的共同实现，儒家和道家思想均将个人的完善视为生命价值的核心。在这种文化背景下，传统武术形成了独特的道德要求和评价体系，使得武术不仅在技术上追求卓越，同时在精神层面也展现出耀眼的光辉。武术作为一种身体与心灵的艺术，其发展历程展示了中华民族深厚的道德情怀和对自我修养的执着追求。

在武术的练习过程中，武德的培养常常被置于武技之上，强调武德的核心不仅是一种礼仪，更是一种内在的修养与行为准则。武德包含了自律、尊重、谦逊和仁爱的原则，贯穿于武术的每一项练习和每一场较量之中。通过对武德的重视，武术修习者不仅在技艺上不断精进，更在精神境界上得以提升，从而实现自我完善与社会和谐的双重目标。

回顾传统武术的发展历程，无论是拳法、器械还是各类套路表演，均蕴含着深厚的东方文化内涵。中国武术注重争斗中的礼让，强调力量与美的和谐，并在技艺上追求精湛的纯熟，而非浮夸的炫技。这种内敛而优美的特质，形成了武术在观赏性与精神追求上的独特魅力，与西方武术所追求的壮烈、惊险和刺激形成鲜明对比。中国武术更多地体现出一种内在的力量和气韵，彰显了中国传统文化的深邃与包容。

在传统武术的每一个项目中，技艺的展示不仅仅是身体的表现，更是道德修养的具体体现。武术中的每一个动作、每一套拳法，都融合了对德行的要求和对技艺的追求。这种融合使传统武术实现了感性活动向理性思考的升华。在习武的过程中，习武者通过不断自我反省与修炼，达成内外兼修、身心合一的境界，从而实现了武德与武艺的高度统一。

武德的内涵强调修习者在面对挑战和困难时，所应展现的道德风范和行为规范。它不仅指向个人的道德自律，还延伸至对他人的尊重与关怀。在这一过程中，习武者通过遵循武德，培养出积极向上的人生态度，以及强烈的责任感与使命感。这种内在的道德动力，推动着武术修习者在技艺提高的同时，也为社会的和谐与进步作出贡献。因此，传统武术在强调技艺精湛的同时，更重视武德的培养。二者的统一不仅构成了武术文化的基本内涵，也为修习者提供了一条实现自我价值的道路。通过这条道路，个体得以在技艺与道德的双重追求中，形成更加完整的人格与积极的社会角色，从而在不断提高自身素质的同时，也推动社会的进步与发展。

（五）重视务实精神和恒久意识

中国文化由农业生产方式和生活方式所铸就，这种文化孕育了中华民族特有的"务实精神和恒久意识"。在这种精神和意识的引导下，中国文化展现出"重实际，黜玄想"的鲜明特征，形成了探索"变易中的不变""有限中的无限"的独特视角，并且在人生、社会和宇宙观上，追求永恒与长久的目标。传统武术作为这一文化的重要组成部分，同样体现了务实精神和恒久意识，这种精神深深植根于武术的每一个层面。

传统武术的习练强调终身性，习武者追求的最高境界是无止境的。这种务实精神和恒久意识不仅表现在日常训练中，还反映在习武者对待生活的态度上。诸如"拳不离手""拳练千遍，身法自然"等武术理念，充分体现了习武者对实际操作的重视和不懈努力的恒久追求。对大部分传统武术习练者而言，习练武术不仅仅是身体上的锻炼，更是精神境界的提升。由于武术的最高境界无可预期，故习武者必须具备恒久意识，不断追求更高的自我超越。

传统武术的务实精神具体体现在武术练习中的每一个细节。习武者每日坚持不懈地训练，是对实际操作能力的锻炼与巩固，同时也是对自身意志力的磨炼。这种务实精神不仅促使习武者在技术上不断进步，更使他们在面对挑战时具备坚定的信念与毅力。在这种精神的指引下，习武者能够从中汲取力量，形成坚韧不拔的品质。

恒久意识在传统武术中同样占据重要地位。武术的修行并非一朝一夕之功，而是需要长久的坚持和积累。习武者在长时间的训练中，逐步体会到武术的深邃和博大，认识到每一个动作、每一种技巧都蕴含着深厚的文化底蕴和哲学思想。这种认识促使他们不断追求更高的武术境界，同时也传承和弘扬了中华民族的恒久精神。

在传统武术的修行过程中，务实精神和恒久意识相辅相成，共同塑造了习武者的品格和价值观。务实精神促使习武者脚踏实地，注重实际操作，追求实效；恒久意识则使他们坚持不懈，追求更高的目标，形成对武术终身追求的态度。这两种精神的结合，不仅推动了武术的发展和传承，也在更广泛的社会层面体现了中华文化的深厚内涵和独特魅力。

通过对务实精神和恒久意识的坚守，传统武术不仅成为一种强身健体的运动，更成为一种修身养性的生活方式。在习练武术的过程中，习武者通过身体的锻炼和精神的修行，逐渐形成对生活的积极态度和对自身价值的坚定信念。这种精神和意识，不仅提升了个人的修养和能力，也为社会的发展和进步注入了不竭的动力。传统武术的价值，正是在于其对务实精神和恒久意识的弘扬与传承，这也是中华文化得以延续和发展的重要因素。

（六）传统武术具有文化传承的功能

传统武术在中国传统文化和东方哲学思想的长期浸润下，形成了一个宏伟且科学的体系。其表现形式不仅在于拳理拳法和具体动作中所蕴含的浓厚文化气息，更在于其传承的多种传统文化内涵。通过习练传统武术，人们不仅掌握了一项技艺，更成为中华民族传统文化的继承者和弘扬者。

传统武术不仅仅是一种技艺，更是一种观念形态和精神载体，是观念、运动方式和精神的物化产品。它不仅展现了中国人独特的世界观、人生观和价值观，还反映了思维方式和行为特征。通过武术，人们能够物化和传达某种精神理念，并将其体现在武术技巧、器械、训练方法、规则、服饰、场地等多方面。通过这些方面，武术不仅成为一种运动方式，更成为展现社会价值观念、道德观念、心理特征和思维方式的重要载体。

传统武术文化并非一个凝固不变的概念，而是在历史传承中不断发展和演变。随着时间的推移，传统武术需要吸收新的内容和典范，同时也需要融合和借鉴异质文化。虽然传统武术文化与西方体育文化存在明显差异，但正是在这种差异中，传统武术得以保持其独特的民族风格和文化特点。

西方体育文化以古希腊文化为背景，经过文艺复兴和工业革命的发展，形成了以自由竞争、平等博爱为核心的文化特点。与之相对，传统武术文化则建立在自然经济之上，以家庭为背景，并以儒家思想为核心，强调仁爱忠恕、温文尔雅、和平忍让的文化特点，追求轻松惬意、悠然自得的田园生活，向往超然达观的处世态度。在技术层次上，东方文化重视抽象表达，以唯象为主，而西方文化则较为具体精微，重视理性分析和定量解决问题。了解东西方文化的差异，可以让传统武术文化在保持独立和民族特色的同时，借鉴和学习西方体育文化中的积极因素。

随着中国的改革开放逐步深化，中国与世界的文化交流日益频繁。在这种文化交流中，传统武术成为一个重要的载体。作为中华文化的典型代表，传统武术不仅是中华民族精神的继承者，更成为"中国人"这一身份的显著标志。继承和发展传统武术，不仅有助于提升中华民族的国际地位，还能在全球文化交流中发挥重要作用。

因此，传统武术的文化传承功能是多层次的，它不仅是技艺的传承，更是文化和精神的传递。在现代社会中，传统武术通过与异质文化的交流和融合，既保持了自身的独特性，又吸收了外来的积极因素，使其在全球化背景下继续发展壮大。

六、传统武术文化的传承

（一）完善中国武术传承模式

中国武术的传承历来依赖于师徒制、家族传承、武馆教学等多种模式。然而，这些传统模式在现代社会面临诸多挑战，如传承人老龄化、传承链条断裂、传承内容单一等。为了应对这些挑战，需要进一步完善中国武术的传承模式。

第一，师徒制与现代教育的结合。师徒制是中国武术传承的核心模式，它强调师徒间的口传心授、身教言传。然而，在现代社会，这种模式面临着传承效率低下、传承范围有限等问题。为了扩大武术传承的覆盖面，可以将师徒制与现代教育体系相结合。例如，在学校开设武术课程，通过系统的教育体系来传授武术技艺和文化；借助现代科技手段，如网络视频教学、虚拟现实技术等，打破地域限制，实现远程教学，提高传承效率。

第二，构建多元化的传承体系。除了师徒制外，还应积极构建多元化的武术传承体系。这包括武术俱乐部、武术协会、武术研究机构等。这些机构可以定期举办武术比赛、交流会、研讨会等活动，为武术爱好者提供展示、交流、学习的平台；承担武术文化的研究与传播任务，推动武术文化的深入挖掘与整理。这种多元化的传承体系有助于吸引更多人参与到武术传承中来，促进武术文化的广泛传播。

第三，强化武术传承人的培养。武术传承人是武术文化传承的关键。为了培养更多的传承人，需要加强对现有传承人的扶持和激励。例如，为他们提供必要的经济支持、生活保障和荣誉激励；为他们提供学习、交流、展示的机会，以及为他们搭建传承平台，鼓励他们收徒传艺。同时，还应注重对传承人的思想道德教育和文化传承意识的培养，确保他们能够真正担负起传承武术文化的重任。

第四，推动武术文化的国际化传播。在全球化背景下，推动武术文化的国际化传播是完善武术传承模式的重要一环。可以通过举办国际武术比赛、武术文化节等活动，展示中国武术的魅力，吸引更多的国际友人学习和了解中国武术。加强与国外武术组织的合作与交流，共同推动武术文化的国际化发展。这不仅有助于提升中国武术的国际影响力，还能为武术文化的传承与发展注入新的活力。

（二）珍视中国武术传承的物质化

第一，保护武术文物与遗址。武术文物与遗址是武术文化传承的重要物质载体。它们记录了武术的发展历程，蕴含着丰富的武术文化内涵。为了保护这些宝贵的文化遗产，需要加强对武术文物与遗址的保护与修复工作。例如，建立专门的武术博物馆或展览馆来收藏和展示武术文物；对武术遗址进行科学的保护和修复；加强对武术文物和遗址的宣传和教育，提高公众对武术文化的认识和尊重。

第二，挖掘与整理武术典籍。武术典籍是武术文化传承的重要文献资料。它们记录了武术的技艺、理论、历史等方面的信息，是武术文化传承的重要依据。为了挖掘和整理这些宝贵的文献资料，需要加强对武术典籍的研究和出版工作。例如，组织专家学者对武术典籍进行系统的整理和注释；出版武术典籍的校勘本和注释本；建立武术典籍的数据库和在线检索系统，方便人们查询和使用。

第三，传承与发扬武术器械文化。武术器械是武术文化传承的重要组成部分。它们不仅具有实战价值，还蕴含着深厚的文化内涵和审美价值。为了传承和发扬武术器械文化，需要加强对武术器械的制作、展示和教学工作。例如，制作精美的武术器械作为展示和教学的用品；举办武术器械展览和比赛活动；编写武术器械的教材和教程，供人们学习和参考。

第四，利用现代科技手段记录与传播武术文化。随着科技的发展，可以利用现代科技手段来记录与传播武术文化。例如，通过拍摄武术纪录片、制作武术教学视频、建立武术数据库等方式，将武术文化的各个方面以数字化的形式保存下来，并传播给更多的人。这不仅可以方便人们随时随地学习和了解武术文化，还可以为武术文化的传承与发展提供新的动力和机遇。

（三）保护中国武术传承的原生态

传统武术作为中国宝贵的非物质文化遗产，历经数千年的历史变革，蕴含着丰富的文化内涵，体现出深厚的传统文化底蕴。其博大精深的技艺和哲学思想构成了中华文化的重要部分，成为中华民族传统武术精神的根基。[1]在现代社会的冲击下，武术的原生态面临着被破坏和同质化的风险。为了保护中国武术传承的原生态，需要从以下方面入手。

第一，尊重武术文化的地域特色。不同地区的武术流派、技艺、风格等都有所不同。这些地域特色是武术文化传承与发展的重要基础。为了保持武术文化的多样性，需要尊重武术文化的地域特色，避免对它们进行盲目的改造和同化；加强对地域武术文化的挖掘与整理工作，让更

---

[1] 车勇. 传统武术文化在高校体育教学中的传承探究[J]. 科技资讯，2020，18（17）：248.

多的人了解和认识不同地区的武术文化。

第二，保持武术技艺的纯正性。武术技艺是武术文化传承的核心内容。为了保持武术技艺的纯正性，需要加强对武术技艺的传承与保护工作。这包括确保武术技艺按照传统的方式和要求进行传授和学习；避免对武术技艺进行过度的商业化和娱乐化改造；加强对武术技艺的创新和发展工作，让它们在保持传统特色的基础上不断适应现代社会的需求和变化。

第三，传承武术文化的精神内涵。武术文化不仅仅是一种技艺传承，更是一种精神传承。它蕴含着中华民族的传统美德、哲学思想和审美情趣。为了传承武术文化的精神内涵，需要注重培养武术爱好者的武德修养、道德品质和审美情趣。通过武术文化的传播与交流，推动中华优秀传统文化的传承与发展。这有助于提升人们对武术文化的认识和尊重，促进武术文化的广泛传播和深入发展。

第四，加强武术文化的保护与立法工作。这包括制定和完善相关法律法规，明确武术文化传承与保护的责任和义务；加强对武术文化传承人的保护和支持；建立武术文化传承与保护的监督机制，确保各项保护措施得到有效落实。通过这些措施的实施，可以为中国武术的传承与发展提供有力的法律保障和支持。

第二节　龙舟运动的传承与创新发展

龙舟运动深深植根于中华民族的文化土壤之中，不仅是民族传统体育的重要组成部分，亦是中华文化独特魅力的集中展现。从体育训练学的专业视角审视，龙舟运动融合了速度、耐力与力量三大要素，构成了一项综合性的水上竞技项目。此项目要求运动员在持续向前的运动过程中，不断重复执行周期性的划桨动作，这些动作不仅考验着运动员的体能素质，还体现了体能主导类运动项目的核心特征。

一、龙舟运动传承发展的基本原则

（一）原真性与创新性相结合

龙舟运动在其发展过程中，原真性与创新性的结合构成了龙舟运动不断演变和生机勃勃的动力源泉。原真性强调了龙舟在历史传承中形成的器物、制度和精神等核心要素，这些元素在其发展过程中不可动摇；创新性则体现了龙舟运动与时俱进的特征，反映出其在不同社会背景和价值追求下的变化。这种结合不仅揭示了龙舟运动发展的可塑性，也符合优秀文化自身的运行规律。

龙舟运动在其五千年的历史长河中，之所以能够不断焕发新的活力，正是由于其内在拥有重新建构的因子。这种重新建构在龙舟运动中主要体现在两个方面：一是形式，二是内涵。形式的转变主要表现为龙舟运动从最初的民俗活动转向竞技体育，竞技元素的引入使得龙舟运动不仅仅停留在传统文化的展现上，更上升为一种现代化的竞技赛事。而内涵的转变则体现在对传统精神的再诠释，如将屈原的爱国主义精神与现代竞技的"更快、更好、更强、更团结"等理念结合，使得龙舟运动不仅是一项体能的较量，更是一种精神的传承与升华。

每一个时代都有其独特的理论和文化产物，而中华优秀传统文化作为中华民族的"根"与"魂"，其创新的意义在于使这一"根"能够在新时代、新的历史背景下生根发芽，成长为参天大树。传承文化不仅仅是将旧文化传递下去，更是创造新文化的重要过程。若只传承而不创新，便可能导致一些无形的优秀文化失去载体，最终随着时间的推移逐渐消失于历史的长河之中。

因此，在龙舟运动的原真性与创新性结合过程中，其发展应不断推陈出新，而不应完全割裂与传统文化的联系。这要求我们在尊重传统文化发展方向的同时，积极探索全新的发展局面。具体而言，应以传统龙舟文化为根基，在此基础上进行创新，赋予龙舟新的表现形式和内涵，使之更加契合现代社会的需求和人们的生活习惯。通过这种方式，传统元素得以融入人们的日常生活，进一步增强了龙舟运动的文化认同感和参与感。

（二）人文性与科技性相结合

龙舟运动作为中华优秀传统文化的重要源头，历经千年历史的沉淀与发展，形成了独特而浓厚的人文性。这种人文性不仅体现在龙舟文化所倡导的"爱国、拼搏、团结、自强"等精神元素上，也与新时代文化建设的要求高度契合，为现代化文化的构建提供了坚实支撑。在新时代背景下，中华民族的目标已从物质的富裕转向文化的强大，这一转变意味着不仅要注重经济的发展，更需重视文化的传承与创新。

中国作为一个文化大国，拥有数千年的文化积淀，而这些文化资源在当今社会的有效利用，依赖于我们不断地挖掘与开发。因此，将传承中华优秀传统文化视为不可推卸的责任显得尤为重要。龙舟运动作为一种典型的传统文化形式，其所蕴含的文化遗产丰富多彩，亟须深入挖掘和加以传承，以适应新时代的文化需求。

在这个信息技术高速发展的时代，大数据、云计算、物联网和人工智能等高新技术的应用，已深刻影响了人们的生活方式和信息获取渠道。尽管人们能够通过高新技术轻松获取大量信息，然而不可否认的是，科技本身仅仅是满足人们需求的手段，而真正满足人们物质和精神需求的仍是那些经由历史洗礼、由人创造的文化产品。因此，中华优秀传统文化的传承亟须在充分结合人文性与科技性的基础上进行创新。

科技性作为当今时代的选择，在传承传统文化过程中起到了不可或缺的作用。龙舟运动的保护、传播与创新都应与时代的发展相适应，通过科技手段提升龙舟文化的生命力。例如，可以利用高新技术手段"活化"龙舟文化的保存。考虑到龙舟运动历史悠久，采用传统的信息保存方式已显得不够便利，建立数字化档案馆便成为一种有效的方法。数字化档案馆不仅可以为龙舟运动的历史资料提供一个系统化的存储与管理平台，也能够为未来的研究和教育提供丰富的资源。科技手段的运用也为龙舟文化的传播提供了新的途径。在当前，龙舟文化的传播主要依赖于主流媒体，而新兴的社交媒体平台如短视频、微博、微信、抖音和快手等则尚未得到充分利用。通过推动传统媒体与新兴媒体的结合，可以拓宽龙舟文化的传播渠道，提高其影响力与可达性，使更多的人能够了解和参与这一传统文化活动。

然而，科技的运用同时也为龙舟文化的传承带来了新的挑战。在市场经济追逐利益的背景下，一些媒体为了吸引眼球，可能会篡改历史人物与事件的真实情况，甚至影响到龙舟运动的起源等历史知识的传递。这种现象不仅会误导公众，导致错误的价值观，还可能对龙舟文化的真实传承造成负面影响。因此，在运用高新技术进行龙舟文化传承的过程中，必须注重人文性的体现，保持实事求是的态度，绝不夸大、不扭曲、更不贬低文化的本质。

（三）传承性与批判性相结合

面对新时代的要求和社会的发展，如何有效地传承与发展龙舟运动，成为了一个亟待解决的课题。在这一背景下，龙舟运动的传承性与批判性相结合的原则显得尤为重要。这一原则不仅强调了对龙舟运动的原真性和传统价值的保护，也要求在新时代背景下进行批判性的反思与创新。具体表现在以下方面。

对精华部分的继承与发扬。作为特定历史条件下的产物，龙舟运动凝聚了几千年来中华民族的智慧与精神。在传承过程中，必须对龙舟运动的文化内涵、竞技精神以及团队合作等方面进行深入挖掘与保持，确保其鲜活的生命力。然而，仅仅停留在对传统元素的单纯保留是远远不够的，时代的发展要求我们在传承中融入新的理念与实践。因此，批判性思维的引入，能够帮助我们去除传统中那些不适合现代社会价值观的部分，保持龙舟运动的与时俱进。

关注龙舟运动的价值转变过程。历史上存在的一些不合理现象，必须在批判中进行科学分析与调整。例如，女性参与龙舟运动的权利曾受到限制，通过批判这一陈旧观念，逐渐允许女子划龙舟，便实现了从不合理到合理的转变。女子龙舟的迅速发展，不仅丰富了龙舟运动的形式与内涵，更提升了其观赏性，形成了新的文化价值。这一过程体现了如何将传统运动与现代社会需求结合，实现文化传承的同时促进文化的创新与发展。

在此过程中，需警惕对龙舟运动的传承与批判存在的两种误区。一方面，一味地传承而不进行批判，可能导致对龙舟运动的商业化过度追求，以经济利益为主导，造成传统元素的夸大和历史的扭曲；另一方面，盲目的批判只关注其不足之处，完全否定其历史价值与文化意义，亦是不可取的。因此，在传承与批判结合的实践中，需形成一个相对平衡的态度，在批判中保留龙舟运动的精华，在传承中进行适当的创新，以防止传统文化的僵化与停滞。

龙舟文化应视为社会主义文化建设的重要组成部分。它不仅仅是一项体育运动，更是展示中华民族精神风貌的舞台。因此，在对待龙舟运动时，不能仅仅抱有批判态度，而应在批判中寻求创新的可能性，在传承中发现新的价值。这就要求文化工作者、传承者以及社会各界共同努力，探讨龙舟运动的未来发展方向。

结合传承性与批判性的发展原则，龙舟运动在新时代背景下应追求一个更加开放与包容的态度。在充分尊重和理解传统文化的基础上，结合现代社会的特点与需求，推动龙舟运动的创新与变革。通过积极的文化交融与互动，龙舟运动不仅能够克服消极因素，更能在历史进程中焕发出新的生机，成为弘扬中华文化的重要载体。

（四）民族性与世界性相结合

在全球化背景下，各民族在历史、文化和社会实践方面的差异逐渐显现，形成了独特的思想观念和行为方式。这种差异不仅使得每个民族的文化各具特色，还增强了文化的多样性和价值。在此背景下，龙舟运动作为中华民族智慧的体现，展现了鲜明的民族性，反映了中国传统文化的深厚底蕴。不同地区的龙舟形式及其内涵多样化，既有共同的精神特质，如爱国、拼搏，也因地方文化的独特性而表现出各自的特征。这一现象不仅是文化差异的体现，也是民族文化特殊性的重要保证。

龙舟运动的多样性与地域环境和历史文化的交融密切相关。在中国，不同的地理环境、社会风俗和历史传统，促成了各具特色的龙舟形式和赛事，如某些地区因水域条件而形成特定的划桨技艺和比赛方式。这样的文化差异与交流互联是文化发展的必然趋势。在当今时代，经济全球化与文化多元化愈发显著，各民族文化的碰撞与融合成为常态。尽管文化之间的冲突和排挤不可避免，但在此过程中，文化的相互交流与融合也是显而易见的。正如龙舟文化与奥林匹克文化的高度融合，推动了龙舟运动的国际化进程，强调了民族文化与世界文化的相互依赖与促进。

因此，龙舟运动传承与发展的民族性与世界性相统一的原则成为了其重要发展理念。这一原则不仅要求龙舟运动保持中华民族的文化特色，更强调吸收世界文化的优秀成分。坚持民族性与世界性的结合，首先需要吸收全球范围内的文化成果，积极与世界文化进行交流互鉴。这一过程不仅是创新性的必然前提，更是推动龙舟运动发展的基础。在与他国文化的接触中，应以理性的态度看待民族性与世界性的关系。每个国家和民族的文化都有其独特之处，在对待他国文化时，应遵循尊重与理解的原则，避免谄媚或贬低。强调求同存异的原则，促进相互之间的文化交流，使之与龙舟自身的文化特质相适应，同时也与时代和社会发展相契合。

在推动龙舟运动走向世界的过程中，进一步提升其在国际舞台上的影响力也至关重要。通过积极参与国际性赛事和文化交流活动，展示龙舟运动的魅力与价值，不断拓宽其受众基础，增强其全球影响力。因此，龙舟运动不仅能在国内保持其传统文化的活力，也能在国际社会中占据一席之地，形成具有国际视野的文化交流平台。通过这样的文化融合，龙舟运动不仅仅是一个民族的文化表现，更成为世界文化的一部分。这种全球化的视野与民族文化的根基并不矛盾，反而可以实现相辅相成。通过将龙舟运动融入世界，促进文化的多元互动，形成对龙舟文化更广泛的认同感，使其在全球文化中绽放出新的光彩。

二、龙舟运动传承发展的主要内容

（一）龙舟器物

龙舟器物是龙舟文化的重要组成部分，其具象化的存在不仅构成了龙舟运动的基础，也是龙舟文化得以传播与发展的有形载体。作为一种具有深厚历史文化底蕴的传统运动，龙舟器物承载着丰富的民俗文化、精神价值及社会功能。因此，深入探讨龙舟器物的传承与发展，对于促进传统文化的继承与创新具有重要意义。

1. 龙舟器物的构成

龙舟器物主要包括龙舟的各个组成部分，如龙头、龙尾、舵、桨以及相关的附属器材。这些器物的设计与制作不仅涉及功能性的考虑，还蕴含着丰富的文化象征与传统工艺。在材质上，龙舟器物主要可分为以下两类。

（1）木质龙舟。木质龙舟以传统工艺为基础，通常用于民间的传统文化活动，如特定节日的表演和竞渡。木材的选择在制作中尤为重要，不同部位使用的材质各有讲究。船体多用坤甸木，因其具有良好的浮力与耐久性；龙头与龙尾多采用樟木，以便于后期的上色与装饰；闸水板常用杉木，以增强防水性能；舟桡一般使用坚固的原木，以确保在激烈的竞渡中不易折断。

（2）复合材料龙舟。随着科技的发展，复合材料龙舟逐渐成为竞技中的主流选择。采用玻璃钢纤维或碳纤维等高性能材料，复合材料龙舟不仅在重量和强度上具有优势，同时也在环保性方面更具优势，适应了现代竞技运动对龙舟器材的公平性与标准化需求。

2. 龙舟器物的分类

龙舟器物可根据不同的标准进行分类，包括外形、参与人数及赛事形式等。

（1）外形分类。主要包括龙舟、凤舟和鸟舟。龙舟与凤舟在古代图腾文化中具有重要地位，分别象征男子的尊贵与女子的优雅。鸟舟的出现则反映了古代氏族对鸟类崇拜的文化现象。

（2）参与人数分类。根据参与者的数量，龙舟可以分为22人龙舟和12人龙舟。这种分类的形成与竞技运动的兴起密切相关，旨在提高比赛的观赏性与竞技性。

（3）赛事形式分类。龙舟可分为水上龙舟、陆地龙舟和冰上龙舟。不同形式的龙舟在器材设计上会有所差异，如冰上龙舟在水上龙舟的基础上，增加了冰刀、刹车和转向装置，以适应冰面环境。

3. 龙舟器物的传承与发展

龙舟器物的传承与发展面临诸多挑战，因此采取有效措施进行保护与创新显得尤为重要。

（1）保护与调查。应先开展全面的龙舟器材调查，准确把握器物的数量与质量。通过系统的调查与记录，可以为后续的保护和研究提供重要的数据支持。

（2）法律法规的完善。建立健全的法律法规体系，确保龙舟器物的保护措施能够落到实处。这包括对传统龙舟器物的版权保护以及对传统工艺的相关法律保障。

（3）文化遗产的申遗。积极申报龙舟文化的相关遗产，提高其知名度与影响力。在国际舞台上展示龙舟文化的独特魅力，促进其传承与发展。

（4）人才培养。目前，传统龙舟器材的制作工艺大多由老一辈工匠掌握，面临失传的风险。因此，加强对年轻一代的培训与教育，确保传统工艺得以继承与发展，是迫在眉睫的任务。

（5）研究与开发。在保护的基础上，进行龙舟器材的研究与开发，以适应现代社会的需求。这包括在材料、设计及功能上进行创新，使传统龙舟器材能够更好地融入现代竞技与文化活动中。

4. 科技与龙舟器物的结合

现代科技的迅猛发展为龙舟器物的创新提供了新的动力。在传统工艺与现代科技的结合中，可以实现器物性能的提升与文化内涵的丰富。

（1）材料的创新。随着科技的发展，传统木质材料逐渐被复合材料所替代，以提高龙舟的性能与使用寿命。这种转变不仅反映了科技进步的成果，也标志着龙舟运动的现代化。

（2）新形式的出现。随着社会环境的变化，陆地龙舟和冰上龙舟等新形式逐渐兴起，拓宽了龙舟运动的参与面与影响力。这些新型器物的设计与制作，需充分考虑到功能与文化的结合。

（3）数字化发展。数字化一体式龙舟的研制，为龙舟运动的参与和训练提供了新的手段。数字化技术的引入使得训练数据的记录与分析更加便捷，从而提升了龙舟运动的科学性与竞技性。

（二）龙舟制度

龙舟制度在龙舟运动发展中发挥着重要保障、规范与管理作用，反映了特定历史时期人们的观念和意识。因此，推动龙舟制度的创新性发展，需要在批判与借鉴中寻求平衡。从制度类型来看，龙舟制度主要可以分为人才选拔制度、组织训练制度和竞赛制度三种类型。

1. 人才选拔制度

在历史上，龙舟人才的选拔并未形成完善的制度，主要依赖于"老带新"或家族传承的方式进行。这种方式在一定程度上限制了龙舟人才的多样性与专业性。随着社会发展，现代龙舟俱乐部开始逐渐走向正规化与科学化的人才培养路径，尤其是在高校中，龙舟运动得到了更多关注与发展。

现代人才选拔制度应具备科学性与规范性，不仅要关注选手的身体素质，还需重视其心理素质和团队合作能力。在此基础上，可以建立健全的选拔机制，通过专业的培训与评估，挖掘更多具备潜力的龙舟运动员。借鉴其他运动项目中成功的人才选拔经验，将现代科学技术融入选拔流程，可以提高选拔的公正性与效率。龙舟运动的传承与发展离不开社群的支持与参与，因此在推动现代人才选拔制度改革的同时，亦应保留部分传统元素，以增强社区的凝聚力和参与感。

2. 组织训练制度

古代龙舟训练的组织机构主要由氏族或部落的首领主导，缺乏官方机构的参与，这种制度在一定程度上制约了训练的系统性和规范性。现代的龙舟业余队伍多由工作的成年人组成，队员们因兴趣而聚集，训练的管理相对松散，训练时间多集中在下班之后，且训练频率不固定。这种现状使得龙舟运动的整体水平受到影响。

为了提升龙舟运动的训练效果，建立更为系统的组织训练制度显得尤为重要。通过引入专业教练和管理团队来规范训练过程，制定明确的训练计划与目标，以提高队员的技术水平和整体战斗力。利用现代科技手段，如视频分析、数据统计等，来对训练效果进行评估，进而调整和优化训练方案。建立跨俱乐部的交流与合作机制，通过组织定期的联赛与交流活动，促进不同队伍之间的互动，形成良好的竞争氛围。

现代训练制度还需关注不同季节和环境对训练的影响。例如，在天气变化较大的情况下，训练地点的选择和训练方式的调整应具有灵活性，以确保训练的持续性与效果。总之，科学化、规范化的组织训练制度将为龙舟运动的发展奠定坚实基础。

3. 竞赛制度

古代龙舟竞赛通常与敬天礼神、祈福送灾等仪式相结合，赋予了龙舟运动神秘而神圣的色彩。竞赛规则往往由比赛双方自行约定或遵循祖训，这种传统的竞赛制度虽具历史文化价值，但在现代社会中显得相对松散。隋唐时期，龙舟竞渡的时间和规则开始逐步固定。明朝时期，竞赛规则更加完善。然而，随着龙舟运动的民间化发展，许多地方的龙舟组织在比赛规则和组织方面仍然存在较大差异，甚至存在诸多漏洞。

因此，对龙舟竞赛制度的改革与完善尤为重要，主要表现在：①建立统一的竞赛规则,确保各地比赛的公正性与规范性,以维护龙舟运动的整体形象。②针对传统竞赛中蕴含的仪式和文化价值,应加以挖掘与保留,增强比赛的文化内涵。在现代竞赛中,可以通过结合传统元素与现代观念,设计出既有竞技性又具文化传承意义的竞赛活动,从而吸引更多观众和参与者。

随着龙舟运动的国际化发展,跨国比赛与交流逐渐增多。因此,竞赛制度的国际化也是未来发展的重要方向。通过学习和借鉴国际龙舟赛事的成功经验,可以提升我国龙舟竞赛的水平与影响力。针对不同国家和地区的文化差异,制定灵活的竞赛规则,以适应不同的文化背景和比赛环境,从而推动龙舟运动在全球范围内的传播与发展。

(三)龙舟精神

龙舟精神作为龙舟文化的核心内涵,涵盖了价值观、思想意识和心理状态等多个层面,反映了在龙舟活动中人们所共同形成的精神集合体。龙舟精神不仅是龙舟运动的灵魂,也是中华民族文化传统的重要组成部分。在深刻理解龙舟精神的内涵时,可以从多个维度进行探讨,尤其是其核心内容、创新发展及其与现代社会的联系。

1. 龙舟精神的核心内容

(1)爱国主义精神。龙舟精神以爱国主义为核心,是中华民族五千年历史传承中不可或缺的重要因素。龙舟运动自古以来便以龙图腾为标志,龙在中国文化中象征着权威与尊贵,龙舟自诞生之日起便与国家和民族的命运紧密相连。特别是在与屈原精神的结合中,龙舟运动所体现的爱国主义精神更是得到了淋漓尽致的发扬。屈原作为古代文化的代表,其对国家的忠诚与对理想的追求,成为后世仁人志士所追求的精神标杆,激励着无数人投身于国家的建设与发展。

(2)自强不息的精神。自强不息是龙舟精神的另一重要组成部分,源于龙舟竞渡所体现出的顽强拼搏的文化内涵。与传统的龙舟仪式相比,竞渡强调的是个人与集体的共同奋斗,体现了人们勇于挑战自我的精神追求。这种自强不息的精神不仅代表着龙舟运动的竞技性,还融合了力与美的结合,成为几千年来龙舟运动的重要标志。无论在古代还是现代,龙舟的竞技活动都彰显着人们在面对困难与挑战时所展现出的拼搏精神。

(3)团结奋斗的精神。无论是古代的龙舟竞渡还是现代的竞技比赛,团结协作始终是取得成功的关键。在现代龙舟运动中,参与者各司其职,鼓手、划手和舵手虽有不同的角色和责任,但只有通过密切合作,才能实现共同的目标。任何一方的失误都会影响到整体的表现,这种团队协作的重要性在龙舟运动中显得尤为突出,反映了集体主义精神的深远影响。

2. 龙舟精神的创新性发展

龙舟精神的创新性发展应采用转变与升华相结合的方式进行探讨。一方面,应对龙舟精神的表现形式进行转变,以"旧瓶装新酒"的方式来重新解读和展现精神的内涵;另一方面,需对其核心价值进行引导升华,采取"新瓶装旧酒"的方式,使其在新的时代背景下焕发出新的活力。

(1)转变:旧瓶装新酒。在传统的文化框架下,龙舟运动中的爱国主义精神常常与维护封建王朝统治和忠君思想相结合。然而,新时代的爱国主义则体现了更为广泛的内涵,如坚持社会主义、以人民为中心以及支持中国共产党领导等。因此,在传承龙舟精神的同时,应当对其外在表现形式进行转变,使其更好地与现代社会的价值观相契合。这一转变并不意味着对传统文化的否定,而是对其进行更为合理的解读和再造,以适应新时代的发展需求。

(2)升华:新瓶装旧酒。龙舟精神中的团结合作、自强不息等核心价值观,具有明显的宗族和小团体性质。在现代社会的发展背景下,面对全球化及多元文化的交流,需要将这种精神进行引导与升华。随着"人类命运共同体"理念深入人心,龙舟精神应当体现出更为广泛的合作意识与奋斗精神。全民族、全社会甚至全世界的共同努力与合作,正是实现人类共同发展的必由之路。因此,龙舟精神的升华应关注全球视野下的共同奋斗,推动文化的交流与共享,使之在新时代背景下得到更为广泛的认可与践行。

3. 龙舟精神的当代意义

龙舟精神的内涵与表现形式的转变升华,既是对传统文化的延续,也是对现代社会需求的回应。它不仅反映了中华民族的文化自信,更为当代社会的精神文明建设提供了重要支撑。

(1)促进社会和谐。龙舟精神强调团结奋斗和集体协作,这一理念在当今社会具有重要的现实意义。无论是经济建设、社会发展,还是文化交流,都离不开各方的团结合作。通过弘扬龙舟精神,可以增强社会各界的凝聚力,促进和谐社会的构建。

(2)提升民族自信。爱国主义是龙舟精神的核心,具有激励民族团结和凝聚人心的重要作用。在全球化背景下,弘扬龙舟精神可以增强民族自豪感与认同感,提升中华民族在国际舞台上的自信心与竞争力,激发全民族为实现中华民族伟大复兴而不懈努力的热情。

(3)丰富文化内涵。龙舟精神的转变与升华不仅涉及体育运动,更关乎文化的传承与发展。通过对传统文化的创新,龙舟运动可以不断吸纳现代社会的元素,形成更加丰富多样的文化内涵,使之在新时代背景下继续焕发活力。

三、龙舟运动传承发展的出路

(一)申遗

申遗是对传统文化价值的全球认同与保护的重要过程,通过这一过程,各国能够在国际社会中展示其独特的文化资源,同时加强本土化保护,促进文化的持久传承。尤其是作为非物质文化遗产的申报项目,诸如龙舟运动等,不仅展现了特定民族、国家或区域的文化创造力,还能够增强民族文化认同,推动文化的国际交流与传播。作为中国非物质文化遗产的一部分,龙舟文化不仅是一项传统体育活动,更是一种凝聚了深厚历史背景和丰富精神内涵的文化表现形式。在现代社会中，如何通过申遗保护与创新发展龙舟文化，确保其在全球化背景下的传承与繁荣，是一个需要深度探讨的问题。

1. 文化认同是根基

文化认同是文化传承与保护的基础，特别是在申遗过程中，文化认同作为一种社会共识，能够增强一个国家或地区的文化自信。龙舟文化作为中国传统文化的重要组成部分，在国内外都享有广泛的认同与尊重。在中国，龙舟不仅是一项体育竞技项目，更是一种深入民心的民俗文化，其与端午节等传统节庆紧密相连，成为了人们生活中的一部分。从龙舟文化中衍生出的各种物质和非物质表现形式，如邮票、雕像、地方纪念活动等，不仅体现了龙舟文化的丰富性，还促使其进一步融入社会生活，成为地方文化的重要象征。

地方文化认同为龙舟文化的传承与发展提供了有力支持。例如，某些地区被授予了"龙舟运动之乡"的称号，这不仅是对当地文化传承努力的认可，也是对龙舟文化作为非物质文化遗产的重要性加以肯定。社会化的龙舟比赛通过政府的支持、企业的赞助和大众的广泛参与，进一步加深了人们对龙舟文化的认同，使其成为地方民俗与竞技文化的完美结合。通过这些活动，人们不仅能够感受到龙舟运动的竞技魅力，还能够在集体协作的过程中体验到传统文化的精神内涵。

2. 活态传承是方式

非物质文化遗产的保护与传承，核心在于保持其活态性。这不同于物质文化遗产的静态保护，非物质文化遗产更加强调文化的流动性与传承性。在这种背景下，龙舟文化的传承不仅仅体现在实物的保护与展示上，还包括文化技能、精神内涵以及价值观的代代相传。国家通过各种方式，如提供传承场所、资金支持、组织文化交流活动等，积极推动龙舟文化的传承工作。这种活态传承的方式，使得龙舟文化能够不断适应社会变迁，焕发出新的生命力。

在龙舟文化的具体活态传承过程中,不仅需要注重传统文化形式的保留,还需要通过创新推动其发展。例如,龙舟比赛中的体育技能、造船工艺、民俗传说等,都可以通过现代化的技术手段和传播媒介得到进一步发扬。近年来,随着数字化技术的进步,龙舟文化的传播已经跨越了地域限制,通过互联网和社交媒体平台,更多的人能够接触并了解这一古老的传统文化。在保持文化核心内涵的前提下,可以通过多种形式扩大传承的队伍,如将龙舟文化融入学校教育体系,培养青少年的兴趣和认同感,确保这一传统体育项目能够代代相传。

龙舟文化的活态传承还可以通过文化创新与多样化的活动形式来吸引更多的参与者。各地的创新龙舟活动如旱地龙舟、冰上龙舟等,既丰富了龙舟文化的表现形式,也为其注入了新的活力,吸引了更多年轻人参与其中。这种创新方式不仅有助于扩大龙舟文化的传承人口,还增强了其在现代社会中的适应性。

3."文化折扣"要规避

"文化折扣"是指在文化产品传播过程中,由于文化差异、接受程度等因素,导致其价值被削减的现象。对于龙舟文化而言,当其在国际市场上进行传播时,也可能面临类似的挑战。因此,在进行龙舟文化的全球推广时,需要充分考虑到各国文化差异,采取适当的宣传策略,以减少"文化折扣"现象的发生。

减少"文化折扣"的关键在于文化的本土化与国际化相结合。在文化推广过程中,应该选择文化差异较小的国家或地区进行传播,有效降低因文化差异带来的理解障碍;通过与当地文化元素的结合,增强文化的接受度和理解度。例如,可以在龙舟文化的传播中加入一些具有普遍意义的符号或图饰,使得文化表达更加通俗易懂;加强中国文化元素的展示也是重要的一环,这有助于增强文化的辨识度和影响力。

为了提升龙舟文化的国际形象,在国内也需要加强对龙舟文化的研究与保护工作。国家应该通过立法保护、制定管理机制、加强教育宣传等方式,提升龙舟文化的传播力和影响力;建立相关的文化数据库、认定杰出传承人、培养专业人才等，也有助于推动龙舟文化在国际市场上的传播。在国际推广过程中，应该加强对外宣传的专业性与系统性，确保文化信息的准确传达，避免因文化误解导致的负面影响。

（二）申奥

申奥，尤其是龙舟运动的申奥，具有丰富的文化内涵和全球传播潜力。传统体育竞技不仅是一种体育活动，更是一种活态文化遗产，承载着丰富的历史和社会意义。作为一项具有两千多年历史的传统体育项目，龙舟运动的申奥成功不仅代表这一项目的国际化发展，更体现了全球文化交流与融合的趋势。龙舟运动的申奥是推动中国传统体育文化走向世界的重要途径之一。在全球化背景下，传统体育竞技的文化价值越来越受到国际社会的认可。通过将龙舟运动纳入奥运会，不仅可以促进世界范围内的文化多样性，还能展示中国的文化软实力，提升国家形象。然而，申奥并非易事，龙舟运动的国际化推广面临着多重挑战。

1. 官方指示是导向

龙舟运动的历史渊源和文化内涵，使其成为中国传统体育文化的重要代表。在申奥的过程中，官方的引导起到了至关重要的作用。在政府的支持下，龙舟运动的推广和发展不仅不局限于国内，还得到了国际社会的广泛关注。通过官方的积极推动，龙舟运动的国际影响力得以不断提升，成为中国文化软实力的重要组成部分。官方的支持不仅体现在政策层面，还通过多项举措促进龙舟运动的普及。例如，龙舟比赛的规则和制度已经在国际上逐渐规范化，这为其申奥奠定了坚实的基础。龙舟运动的创新形式，如冰上龙舟等新兴项目，也为其在国际体育舞台上提供了更多展示机会。随着经济实力的增强，中国在推动本土项目进入奥运正式比赛方面展现了更多的自信和能力。

在技术层面上，龙舟运动已经形成了一套符合国际标准的规范。这不仅有助于提升龙舟运动的竞技水平，还为其全球化发展提供了保障。通过借鉴国外的科学训练方法，龙舟运动的竞技性和观赏性得到了大幅提升。连续举办多届世界龙舟锦标赛，充分展示了龙舟运动在国际体育舞台上的潜力和发展前景。

2. 国际规范是难点

尽管龙舟运动在中国乃至世界范围内有着广泛的群众基础和文化认同，但其申奥的过程仍面临诸多挑战。国际规范的适应和调整是龙舟运动申奥的一个重要难点。在现代奥林匹克运动中，西方体育项目占据了主导地位，传统体育项目的申奥往往需要进行规则上的适应和调整，以符合奥运会的标准和要求。龙舟运动作为一项传统体育项目，尽管其文化内涵丰富，但如何在国际体育舞台上获得更广泛的认可仍需进一步探索。

（1）龙舟运动的规则需要进一步规范化。虽然龙舟赛具有简单明了的赛制，但为了适应国际奥委会的要求，龙舟赛事的组织和管理需要更为专业化和规范化。通过不断完善规则，确保比赛的公平性和竞技性，龙舟运动在国际体育界的地位将得到进一步提升。

（2）龙舟运动的文化推广需要兼顾其传统性与现代性。在全球化背景下，文化的传播不仅要保持自身的特色，还需要与现代社会的价值观和审美取向相结合。龙舟运动作为中国文化的代表之一，在其国际化推广过程中，需要更加注重文化符号的普及和传播。通过将龙舟文化中的团结协作精神与奥林匹克精神相结合，龙舟运动有望在国际社会获得更多的认可和支持。

（3）国际合作是推动龙舟运动申奥的重要途径。尽管中国在国际龙舟竞赛的组织和管理中处于领先地位，但龙舟运动的全球化发展离不开与其他国家的交流与合作。通过与国际社会共享经验和技术，龙舟运动的规则和组织管理将得到进一步完善，为其在奥运会中的正式入选铺平道路。

3. 青少年龙舟是重点

龙舟运动要想在全球范围内获得更广泛的认可，必须从青少年群体入手，培养其对这一传统体育项目的兴趣和参与度。通过在学校和社区推广龙舟运动，培养出一批具有国际视野和竞争力的龙舟运动员，将为龙舟运动的未来发展奠定坚实的基础。在青少年中推广龙舟运动，不仅有助于提升其教育意义，还能扩大龙舟运动的市场潜力。龙舟运动不仅是一项体育竞技活动，更是一种文化传承的方式。通过让青少年了解和参与龙舟运动，可以增强他们对中国传统文化的认同感，培养他们的民族自豪感和文化自信。

为了进一步推动龙舟运动在青少年中的普及，龙舟赛事需要特别重视设置青少年组。这不仅可以为青少年提供展示自我的平台，还能激发他们对龙舟运动的热情和投入。龙舟赛事的观赏性和市场潜力也需要进一步提升。通过增设更多比赛项目和创新比赛形式，如将拔河等活动与龙舟运动结合，可以增加赛事的趣味性和吸引力，从而吸引更多观众的关注。

（三）组织和市场

协会作为一种社会组织形式，其发展不仅关系到社会的进步与稳定，也是衡量一个国家软实力的重要标志。在此基础上，行业协会，特别是以龙舟协会为代表的非政府组织，逐渐在经济和文化的双重层面发挥着积极作用。

1. 协会发展要全面

协会的发展是社会组织结构中的重要组成部分，尤其是非政府组织在公共事务中的作用越来越显著。行业协会作为非政府组织的一种表现形式，以其公共性、民主性和开放性特点，广泛地覆盖了多个社会领域。它不仅承担着维护会员利益的职责，还通过提高行业内部的规范性，推动了社会的进步。

在评估行业协会的发展时，可以从运行水平、支持与保障、社会影响这三个维度进行详细分析：①运行水平是行业协会发展的基础指标，包括组织的规模、结构、发展速度、性质以及从业人员的状况等方面。这些要素直接影响到协会的内部管理效率和发展能力。②支持与保障则包括体制建设、社会评估以及政府对社会组织的购买服务等方面。体制改革是增强协会活力的关键，同时，政府的支持也能为其提供稳定的资金来源和政策保障。③社会影响是衡量协会发展成熟度的最终指标，尤其是在经济效益和社会效益的双重考量下，协会如何为社会的文化、政治建设及国际影响作出贡献，成为评估其发展效果的重要依据。

在具体实践中，龙舟协会的发展表现出社会组织在推动文化传承和经济发展的双重作用。通过组织赛事活动、进行裁判员培训等措施，龙舟协会不仅扩大了龙舟运动的社会影响力，也为龙舟文化的传播与传承提供了有效途径。作为行业协会的一员，龙舟协会通过广泛的社会动员和媒体宣传，逐渐提升了龙舟运动的社会认知度和参与度，从而实现了经济与文化效益的双赢。

在国际影响力层面，非政府组织的国际化逐渐成为评价其发展的重要维度之一。随着全球化进程的加快，非政府组织不仅需要在国内事务上发挥作用，还应积极参与国际事务，以扩大其全球影响力。在此过程中，非政府组织的国际化模式通常分为两种：一是以本国为基础，逐渐向国际扩展；二是通过与国际组织的合作，推动自身的国际化发展。对于龙舟协会来说，它的发展更多依赖于与国际龙舟组织的合作，通过参与国际赛事、推广龙舟文化，逐步在全球范围内发挥其影响力。

龙舟协会的发展不仅在国内起到了促进龙舟运动普及的作用，也在国际舞台上成为中国文化输出的重要途径。通过参与国际龙舟赛事，协会在国际社会中树立了中国龙舟运动的形象，并为进一步推动龙舟文化的国际传播提供了平台。在未来的发展中，龙舟协会应更加注重国际化人才的培养，特别是具备双语能力和国际管理能力的人才，以进一步巩固中国在世界龙舟运动中的地位和话语权。

2. 产业开发增效益

除了协会本身的发展外，龙舟运动也逐渐从一项传统的体育活动转变为具有产业效益的文化象征。产业化的路径为龙舟运动的可持续发展提供了新的可能性——通过将龙舟赛事与商品开发、旅游、影视产业相结合，龙舟运动不仅带来了经济收益，也促进了文化传播与社会效益的提升。

产业开发的核心在于将传统文化元素与现代经济需求相结合。龙舟作为中国传统文化的一部分，具有深厚的历史积淀和广泛的群众基础。通过产业化的发展路径，龙舟运动逐渐形成了包括竞赛表演、服装用品、器材设备、旅游娱乐以及安全保险等在内的完整产业链条。这种多元化的产业开发模式，不仅为龙舟运动本身提供了经济支持，还为周边地区带来了旅游业和文化产业的繁荣。

在龙舟产业化的过程中，赛事活动无疑是推动其发展的主要力量。随着龙舟赛事在全国范围内的广泛开展，品牌职业龙舟赛逐渐成为龙舟运动产业链中的重要组成部分。通过与媒体、赞助商的合作，龙舟赛事不仅吸引了大量观众的关注，还为地方经济的发展提供了新的增长点。未来，龙舟赛事的发展应更加注重市场化运营和创新赛事形式，以吸引更多的观众和参与者，从而进一步扩大龙舟运动的市场份额。

在国家政策的支持下，龙舟产业化的发展逐渐形成了以龙舟小镇为代表的文化经济增长点。政府通过加强对传统体育项目的政策引导和扶持，推动了以龙舟运动为核心的文化旅游产业发展。在此基础上，龙舟小镇不仅成为了龙舟赛事的主要举办地，还逐渐发展出以龙舟文化为主题的餐饮、住宿、展览等配套产业。这种文化与经济的结合，为地方经济的繁荣提供了新的动力，也为龙舟运动的可持续发展提供了有效路径。

在推动龙舟产业化的过程中，科技创新是不可忽视的重要因素。通过科技手段的应用，龙舟制造逐渐摆脱了对传统物质的依赖，减少了对环境的影响，推动了龙舟产业的可持续发展。随着青少年龙舟锦标赛的开展，对龙舟培训服务的需求逐渐增加，这也为龙舟产业链的完善提供了新的契机。通过加强对青少年龙舟运动的培养，不仅可以为龙舟文化的传承提供保障，还能为龙舟运动的未来发展注入新的活力。

总体来看，龙舟运动从传统体育活动向现代化产业的转型，不仅促进了文化的传承与发展，还为地方经济的增长提供了新的动力。在未来发展中，龙舟协会与政府、企业之间应加强合作，共同推动龙舟运动的产业化和国际化进程，进一步提升其在全球范围内的影响力。通过龙舟协会的发展与龙舟产业化的双重推动，龙舟运动将不仅仅作为一项传统体育活动继续存在，还将在文化传承与经济增长的双重作用下，成为中国文化软实力的重要体现。这一发展模式的成功，也为其他传统文化项目的产业化提供了有益的借鉴。

四、龙舟运动的创新性发展路径

（一）培养人才，推动全民参与

1. 夯实传统民俗的群众基础

龙舟竞渡作为中华民族传统体育的重要组成部分，不仅体现了拼搏与团结的精神，更承载了深厚的文化内涵。其发展与传承在当今社会中面临新的机遇与挑战。推动龙舟运动的普及与振兴，需要在全民参与、青少年培养、赛事组织以及文化宣传等方面采取系统性策略，从而确保其文化价值和社会功能的双重实现。

随着乡村的城镇化进程加速，政府应充分利用社区和城镇这一平台，将龙舟运动由传统的村落形式向更广泛的社会范围延伸。这一转变不仅能够强化社区的凝聚力，也能通过扩大参与主体数量，构建更为稳固的传承基础。当龙舟运动形成了良好的群众基础后，其复兴与发展便会有顺理成章的结果。这一过程强调龙舟运动的全民参与性，使其从一项传统习俗转变为现代社会的公共文化活动。

建立一套完善的青少年龙舟传承体系显得尤为重要。这一体系应以学校教育为核心，社区活动为补充，家庭支持为基础，形成三位一体的培养机制。学校可以在假期期间，通过与村委会或居委会合作，组织青少年参与安全且趣味性的龙舟活动。这种机制不仅能够在青少年中推广龙舟运动，激发其兴趣，还能通过实际体验培养他们对龙舟文化的认同感和归属感，从而为龙舟运动注入可持续发展的新鲜血液。

政府及龙舟协会应主导组织民俗性与趣味性兼备的龙舟赛事，通过贴近群众生活的形式激发广泛的参与热情。赛事设计可以涵盖旱龙舟、龙舟拔河及家庭龙舟等多样化项目，并根据性别和年龄分组设立不同比赛组别，确保活动覆盖面广泛，吸引不同年龄段的群众参与。在赛事中设置奖励措施，如奖金或荣誉证书，不仅能够提升赛事的吸引力，还能激励更多人投入龙舟运动的传承中，为其发展奠定坚实的人力资源基础。

最后，宣传教育活动对于提升龙舟文化的认知度和社会影响力具有重要意义。社区和村委会可通过主题活动普及龙舟知识，例如组织有奖问答或知识竞赛等形式，使群众在参与中加深对龙舟运动的理解。通过系统化、常态化的宣传，能够增强群众对龙舟文化的认同感，同时营造全社会尊重与传承传统文化的良好氛围。这种宣传不仅有助于龙舟运动的推广，还能提升民族文化自信与自豪感，为其文化价值的延续提供精神动力。

2. 满足高校龙舟运动的培养需求

满足高校龙舟运动的培养需求，需要通过多种合作方式，形成多方合力，实现资源共享与协同发展，进而推动高校龙舟运动的可持续发展。仅依靠高校内部培养龙舟队伍已不能满足现代竞技龙舟运动发展的需求，必须拓展合作模式，寻求外部支持，以应对资金、技术、资源等多方面的挑战。

（1）校企合作。企业作为社会资源的一个重要组成部分，拥有资金、设备以及品牌支持等优势。通过企业的赞助，高校龙舟队伍可以获得足够的经费支持，保障日常训练和比赛的顺利进行。这不仅解决了高校在资金上的困境，还为龙舟队伍提供了更好的物质基础，提升了整体训练质量和参赛条件。企业的品牌效应和社会资源也能为高校龙舟运动带来更多关注度与支持，扩大其社会影响力。通过这样的合作，企业也可以提升自身的社会形象，践行社会责任，达到双赢的效果。因此，校企合作模式为高校龙舟运动提供了强有力的支持，成为推动高校龙舟队伍发展的关键因素。

（2）校俱合作。专业龙舟俱乐部拥有丰富的竞技经验和科学的训练方法，能够为高校提供技术支持与战术指导。通过与专业俱乐部的合作，高校龙舟队伍可以学习到更加系统化的训练方式，提升技战术水平，进而在赛事中取得更好的成绩。俱乐部与高校的合作不仅限于训练层面，还可以在赛事组织、人员培训等多个方面展开合作，全面提升高校龙舟队的综合实力。通过这种合作，高校可以有效弥补自身在专业训练经验和资源上的不足，推动龙舟运动向更高水平迈进。

（3）校地合作。中国龙舟运动的区域发展极不平衡，许多高校龙舟队伍承担了为地方政府组织比赛的任务。在这一合作模式下，地方政府为高校提供训练场地、设备等资源支持，高校则为地方政府的赛事提供队伍参与。这种合作不仅改善了高校的训练条件，还促进了龙舟运动在地方的繁荣发展。通过校地合作，高校龙舟队可以借助地方政府的资源，解决场地、设备等问题，提升训练水平，同时也有助于地方龙舟文化的传承与发展。

3. 顺应学生真实的运动意图

以人为本意味着对人性的尊重，尤其是对学生作为个体的需求和动机的尊重。人作为一种复杂的社会性存在，既具备生物性和社会性，还同时兼具政治、经济和文化等多重属性。在培养龙舟队员的过程中，必须充分考虑到人性的多维特征，特别是要关注如何通过运动培养和完善学生的人格。这不仅关乎学生个人的成长，也关系到社会主义现代化建设的整体进程，因为社会主义现代化的核心是人的现代化，中华优秀传统文化的复兴，最终也关乎人的复兴。

（1）对学生人格的培养。龙舟训练不仅是对体力的考验和锻炼，更应是人格建设的重要场域。通过龙舟训练，可以培养学生正义感、责任感以及规则意识等关键品质。这些品质的塑造是学生在团队合作、竞争和体育精神中获得的重要成长体验。人格的建设不仅仅关乎个体自身的道德修养，也关系到他们在社会中的责任感和贡献。在龙舟训练中，将人格建设纳入其中，不仅是为了学生个体的全面发展，也是为了推动整个社会的进步和文化的传承。

（2）有效解决学训矛盾的关键。每个人的行为背后都存在动机，而动机是所有行为的起点。通过了解学生的真正需求，可以更好地设计训练计划，使得学生在参与龙舟训练时不仅能获得身体上的锻炼，还能满足其内在的心理和情感需求。根据马斯洛需求层次理论，人的最终需求是自我实现。因此，教练员在设计和实施训练时，必须关注学生的个性化需求，尊重他们的运动意图，从而让学生在训练中实现自我发展。这不仅能提高学生的参与积极性，还能让他们在运动中感受到更深层次的满足感和成就感。

（3）竞技性与兴趣爱好的结合。以人为本的理念强调保障学生的权利，即人权的尊重和维护。人权是每个人与生俱来的基本权利，高校龙舟运动不仅要重视学生在训练中的身体健康，还要关心他们的生活质量。在训练过程中，教练员需要时刻关注学生的身体状况，及时调整训练强度，以防止过度训练对学生身体和心理造成负面影响。训练的过程中也要尊重学生的个人意愿，鼓励他们表达自己的需求和想法，从而真正实现以学生为主体的教学模式。

（4）涉及到自然环境的保护。水域环境作为龙舟运动的重要场地，其保护与管理是不可忽视的。在龙舟训练和比赛中，必须时刻关注水域的生态平衡和环境保护，避免水污染问题的发生。以人为本的理念不仅关乎对学生的关怀和培养，也体现在对自然环境的尊重和保护上。通过培养学生的环保意识，可以进一步推动人与自然和谐共处的理念，使龙舟运动不仅成为体育文化的传承载体，还成为环境保护和可持续发展的实践平台。

4. 打造多元复合的教练团队

单一教练员难以满足龙舟运动多样化的训练需求，尤其是体能、技战术和水上训练的复杂性，决定了需要建立一个由不同领域专家组成的教练团队，才能实现系统化、科学化的训练。这种多元复合的教练团队模式不仅能够提高训练效果，还能促进龙舟运动的全面发展。

（1）高校具备建立复合型教练团队的条件。高校体育教师在运动学科领域有深厚的专业理论基础，能够结合运动训练学、运动生理学以及解剖学等知识，设计出符合龙舟运动特点的训练方案。这种方案能够帮助学生从理论上理解训练的科学性，从而更有效地进行体能和技战术提升。体育教师的丰富教学经验使他们能够将理论与实践相结合，通过循序渐进的训练方法帮助学生掌握必要的龙舟技能。这种理论与实践的结合，不仅有助于提高队员的竞技水平，还能帮助他们更好地应对比赛中的复杂局面。

（2）高校体育教师具备较强的科研能力，能够在训练和比赛的过程中发现问题、解决问题，并不断优化训练方法。他们能够从实践中获取新的数据和信息，进行科研探索，进而为训练提供理论支持。教师们也能够将龙舟运动所蕴含的文化内涵融入教学中，培养学生的团队合作精神、爱国主义情怀和拼搏精神。通过这样的教育，龙舟不仅成为一种竞技运动，还成为高校思想政治教育的载体，促进学生全面发展。

尽管高校体育教师具备较高的专业素质和科研能力，单靠高校内部的力量仍不足以全面提升龙舟运动的水平。因此，社会上的龙舟俱乐部和业余队伍可以作为重要的外部力量，参与到高校龙舟教练团队的建设中。通过聘请这些优秀的社会教练员作为兼职教练，高校可以进一步提升龙舟队伍的技战术水平。这些教练员来自专业龙舟队或有丰富的龙舟比赛经验，能够为高校提供最新的训练理念和实战经验，使高校龙舟队伍在更高层次上实现进步。

通过这种校内外合作模式，形成高校、俱乐部、业余队伍与专业队伍四位一体的培养格局。高校在理论和基础训练上占据优势，社会俱乐部和专业队伍则能够为实际操作和比赛提供支持，两者优势互补，共同推动高校龙舟运动的长远发展。这样的合作不仅提高了龙舟运动的整体水平，还为高校龙舟队伍的成长开辟了新的路径，促进了龙舟运动在高校中的推广和普及。

（二）与时俱进，推进文化融合

1. 融合商业契机

在当今商业化日益深入的社会背景下，如何通过商业手段推动龙舟文化的传承与发展，成为一个需要深入探讨的问题。

（1）必须认识到纯商业化现象对龙舟文化传承的负面影响。虽然商业化可以为文化提供经济支持，但纯商业化的运营模式并不适合龙舟文化的长远发展。过度商业化可能导致龙舟文化的核心价值被扭曲，甚至使文化逐渐丧失其本质内涵。因此，龙舟文化的传承者和支持者应有改变的决心和勇气，在现有基础上进行调整，避免让纯商业化成为文化发展的阻碍。

（2）龙舟文化需要找到合适的商业模式。商业的主要作用应当是为文化传承提供支持，而非单纯追求利润。龙舟文化的核心目标是传播和弘扬传统文化，而非仅仅通过商业活动获得经济收益。因此，必须在商业与文化传承之间找到平衡点，将文化的传播置于首位，商业化只是文化传播的辅助手段。通过适当的商业模式，可以使龙舟文化在经济支持的基础上得到更广泛的传播，从而实现更好的文化传承。

在当今商业气息浓厚的时代，龙舟文化要完全摒弃商业元素是不可行的。若完全脱离商业化，龙舟文化可能会逐渐被时代所淘汰。然而，龙舟文化的商业化并非意味着对传统的背离，而是要在保持文化本质的前提下进行创新。通过商业与文化的有机结合，龙舟文化不仅可以适应现代社会的发展，还能在新的时代背景下焕发新的活力。因此，适度吸收商业元素是龙舟文化传承的重要策略之一。没有经济的支持，任何传统文化都难以持续发展。

旅游业是一个适合龙舟文化发展的重要领域。借助国家政策的支持，可以龙舟文化为核心，开发地方特色的旅游产业。例如，通过创建龙舟文化景区、龙舟主题公园等旅游项目，可以吸引更多的游客参与和体验龙舟文化，提升文化影响力。借助现代科技手段，结合旅游产业中的服务需求，如龙舟技能培训、水上用品制造、龙舟主题餐饮等，可以推动龙舟文化与现代产业的深度融合。这不仅能够满足人们对传统文化的多样化需求，还可以为文化传承提供持续的经济支持，促进龙舟文化的可持续发展。文创产品也是龙舟文化与商业结合的有效途径。通过龙舟竞渡和屈原精神等传统文化元素的深度挖掘，龙舟文化可以在文创领域开拓出新的发展空间。独具特色的龙舟文创产品不仅可以为文化传播提供新的载体，还能够为人们带来与众不同的文化体验。龙舟文化的精神内涵可以通过多样化的文创产品形式得以体现，进一步推动文化的国际传播。

因此，在当前政策和形势的有利背景下，开发龙舟文化的商业价值是必要的，也是可行的。通过与商业的融合，龙舟文化不仅能够获得更多的传播渠道，还可以为其传承提供强有力的经济支持。这种文化与商业的双向互动，不仅有助于龙舟文化在国内的传承，还能够为其在全球范围内的推广提供契机。借助商业力量，龙舟文化有望在未来的发展中不断焕发新的生机与活力。

2. 突破界域束缚

龙舟竞渡自古以来因地域性而在特定区域内盛行，承载了地方独特的历史文化。然而，龙舟文化的传承与发展需要突破这种局限，走向更广阔的空间。当前我国许多地区的龙舟竞渡活动仍然保持着较小的规模，往往以地方自发组织为主，竞渡的地点也较为随意，只要满足竞渡需求即可。这种局限性的活动形式虽然延续了传统，但也限制了龙舟文化更大范围的传播与推广。

要突破这种界域束缚，必须顺应时代的变化，推动龙舟竞渡朝着多元化的方向发展。随着社会的变迁，龙舟竞渡的规模和影响力逐渐扩大，传统的地域性活动已经无法满足新时代文化传播的需求。打破龙舟竞渡的界域限制，有助于更好地促进龙舟文化的传播，使其能够在更广阔的文化背景中获得传承和发扬。

文化的融合与创新是突破地域束缚的重要途径。在这一过程中，传统文化如诗词、绘画、灯会、旅游等文化形式的融合，为龙舟文化的传承提供了新思路。这些文化形式之所以能与龙舟文化相互融合,是因为它们共同承载着中华民族深厚的精神内涵,具有强大的生命力。通过追寻这些传统文化的发展轨迹,打破文化的传统壁垒,能够为龙舟文化带来新的活力。文化反哺是推动龙舟文化传承的重要动力。传统文化的不断传承与发展,离不开外部文化的影响与补充。通过与其他文化形式的交流与融合,龙舟文化不仅能够保持自身的独特性,还能从其他文化中汲取新的元素与灵感,推动其在新时代的创新与发展。唯有不断突破界域限制,才能使龙舟文化在全球化背景下继续焕发新的生命力。

3. 融入新兴媒体

在信息技术迅速发展的今天,新兴媒体的多样化传播形式为龙舟文化的传承提供了新的机遇。要进一步加大龙舟文化的宣传力度,必须顺应时代潮流,积极利用各种新媒体渠道,如电视、新闻、微博、微信等,通过多种形式展现龙舟文化的丰富内涵。

龙舟文化作为中华优秀传统文化的代表,青少年是其传承与发扬的关键主体。因此,龙舟文化的传播应当考虑到青少年的思维方式和审美需求,利用他们感兴趣的融媒体形式来传递龙舟文化。例如,通过动漫、游戏、电影、电视、漫画等形式,将龙舟文化的精髓与现代文化相结合,创作出既具有时代精神又富含中华优秀传统文化内涵的融媒体产品。这些产品不仅能够吸引青少年群体的关注,还能够提高他们对龙舟文化的认知与兴趣,从而推动龙舟文化的广泛传播。

在传播内容的选择上,媒体不仅要宣传与龙舟运动有关的知识,还应当传播龙舟文化背后的深层次内涵。龙舟竞渡所承载的龙文化、舟文化以及屈原所代表的爱国精神等,都是龙舟文化的重要组成部分。通过多角度、多层次的传播,能够让更多人了解到龙舟文化的丰富内涵,进而增强其文化认同感。

当前,媒体传播文化内容时存在碎片化现象,即传播的内容往往不成体系,信息零散,缺乏整体性。这种现象在龙舟文化的传播过程中也不例外。因此,要通过整合零散的信息,使传播内容更加系统化、具体化。将龙舟文化的不同方面进行有机整合，使观众能够全面了解这一文化的历史渊源、精神内涵和现代意义，进而增强其对龙舟文化的理解与认同。此外，龙舟文化的传播不仅要面向国内受众，还应当积极进行国际传播。龙舟文化作为中华优秀传统文化的代表，在全球化背景下具有广泛的传播潜力。通过加强对外宣传，能够提升龙舟文化的国际影响力，让更多国际观众了解和喜爱这一具有中国特色的传统体育项目。

名人效应作为一种重要的传播手段，能够有效提升龙舟文化的关注度和影响力。在现代社会中，名人效应已经成为一种文化传播的重要方式。通过邀请具有影响力的公众人物参与龙舟文化推广，能够迅速提升龙舟文化的社会关注度，进而推动其在更广范围内的传播。这种方式不仅能够增强龙舟文化的知名度，还能够促进龙舟文化在全球范围内的传播与发展。

（三）科学研究，走规范化道路

在现代竞技体育中，各个项目之间存在着复杂的相互关系，这种关系既包括竞争，也包含合作。龙舟运动要想在奥运会这样的大型赛事中占据一席之地，首先必须认清自身与其他水上项目（如皮划艇、赛艇等）之间的关系。这些项目在技术与规则上存在相似性，龙舟运动在奥运赛场上的生存空间受到压缩。因此，制定与优化龙舟运动的规则，使其具有独特性与不可替代性，显得尤为重要。

1. 器材规则的完善

规则的优化应考虑到各类水上运动之间的竞争态势，强调龙舟运动的独特性。例如，龙舟的划行技术、器材设计等方面都需进行细致的调整，以确保龙舟的竞技性与观赏性。在器材方面，必须对龙舟的材质、结构以及装备进行科学的设计与评估，以满足高强度的竞技需求，并确保运动员的安全与表现。同时，针对器材的使用，建立一套科学合理的评估体系，有助于在赛事中保障公平竞争。

2. 优化训练内容

随着高校龙舟运动的发展，相关科研基地的建立对龙舟运动的科学化发展提供了支持。在训练过程中，通过对龙舟运动员的生理、心理、技能等多方面进行系统的研究，可以帮助教练员更好地理解运动员的需求，从而制定出更为合理的训练计划。科学研究应涵盖对运动员生物学特征的分析，这包括对其代谢功能、肌肉用力特征等的深入研究，能够有效提升运动员的身体素质。

3. 动力学特征分析

动力学方面的研究有助于运动员在实际训练与比赛中掌握划桨的正确动作及其要领，从而提高技术动作的准确性与效率。通过对运动员身体素质的全面评估，能够清楚地了解他们在力量、速度与耐力等方面的训练需求，并据此制定出针对性的训练策略。尤其是在技战术层面，龙舟队伍应积极探索符合自身特色的战术体系，以应对不同的比赛情况，增强团队的整体实力。

4. 龙舟运动技术的分析与优化

针对鼓手、舵手及划手的技术要求进行细致研究，能够发现并纠正技术训练过程中的常见错误，进而提高运动员的整体技术水平。制定一系列科学、严谨的技术训练方案，可以为运动员提供更为全面的训练指导，帮助其在实际比赛中更好地发挥自身的技能。

（四）抓住机遇，赓续文化基因

1. 追根溯源，弘扬传统文化

中华传统龙舟文化的传承与发展，首先源于其与中国人民生活和历史文化的密切联系。龙舟不仅仅是一项传统体育活动，更是与端午节、屈原等诸多传统文化元素密切相连的重要文化符号。通过对这些传统元素的深入了解，民众不仅能够增强对龙舟文化的认同感，还能树立文化自信。因此，弘扬传统文化的过程，实际上是对中华民族文化根基的认知与继承。

当前,全球一体化的进程为龙舟文化的传承提供了新机遇。经济全球化为传统文化的传播提供了资金与技术支持,多媒体技术的发展更使中华优秀传统文化的传播变得更加广泛和深入。通过互联网、社交媒体等平台,龙舟文化得以跨越地域和国界,向更广泛的受众传递其独特的文化价值和内涵。中华民族的文化自信是传统文化传承的另一重要基石。这种文化自信不仅源于几千年的文化积淀,更是体现在现代社会中华民族蓬勃发展的生机与活力之中。全世界华人力量的汇聚,形成了推动传统文化持续传承的强大动力。文化自信的建立,不仅是对历史的敬畏与珍视,更是对未来的信心与希望的体现。正是在这种文化自信的驱动下,龙舟文化才能在现代社会中继续焕发光彩。

2. 立足当下,融入高校建设

高校作为人才培养和文化传承的重要阵地,其校园文化在学生的成长与发展中发挥着不可或缺的作用。校园文化不仅是高校发展的精神动力,也是其灵魂和根基所在。通过校园文化的建设,可以陶冶师生的情操,增强学生的使命感和凝聚力,形成积极向上的文化氛围。

根据文化三层次论,校园文化可分为器物、制度和精神三个层面。器物文化作为文化的物质表现,能够对学生产生示范和导向作用;制度文化通过规则和规范约束学生的行为;精神文化在潜移默化中熏陶和凝聚学生的价值观与认同感。虽然这三层文化在表现形式上存在差异,但它们共同构成了校园文化的核心,成为实现文化传承的关键环节。

龙舟运动作为一种具有独特民族特色的传统体育活动,其地域性与多样性使得每一个地方的龙舟文化都展现出独特的魅力。这种独特性不仅丰富了校园文化的内涵,也成为高校文化建设的重要品牌。通过在高校开设龙舟展览会,展示龙舟器材、奖杯和奖牌等文化载体,能够有效增强学生对龙舟文化的认知与热爱。在展览过程中,学校应着重挖掘龙舟运动所蕴含的深厚精神内涵,使其不仅仅停留在表面,而是深入到学生的心灵深处。

龙舟运动所体现的爱国主义、团结拼搏、自强不息精神，正是中华民族传统美德的重要体现。这种精神不仅为中华民族的生存与发展提供了精神动力，也在现代社会中具有重要的现实意义。在高校的文化建设过程中，应通过各种形式不断挖掘和传承这种精神，使其成为学生成长和发展的重要精神支柱。

通过追根溯源与立足当下的双重努力，中华传统龙舟文化能够在全球化浪潮中焕发新的生机。在此过程中，不仅要依靠政策的支持与社会的关注，更要依靠全体人民对传统文化的认同与自豪感。只有在这样的基础上，中华龙舟文化才能不断延续、发扬光大，并在世界文化舞台上占有一席之地。

3. 展望未来，推动精神相融

奥运会作为全球最具影响力的体育盛事之一，自其创立以来，始终是竞技运动员追求卓越的舞台，其核心理念"更快、更高、更强——更团结"不仅体现了竞技精神，也蕴含了深厚的人文内涵。龙舟运动作为中华民族传统文化的重要象征，蕴藏着丰富的精神内涵，与奥林匹克精神有着天然的契合点。

龙舟所承载的爱国主义精神与奥林匹克的爱国情怀形成了有力的呼应。龙舟文化与屈原的故事密切相关，屈原以爱国情怀为动力投江自尽，其形象在历史中不断被铭记与传承。龙舟竞渡不仅是对屈原精神的纪念，更是一种国家意志与民族团结的象征。在此背景下，龙舟运动通过弘扬爱国主义精神，积极促进了民族凝聚力的形成，充分展现了中华民族的精神风貌。奥林匹克精神强调竞技者为国家争光，体现了国家与民族的共同利益。因此，二者之间的相通之处，不仅为龙舟运动的传播提供了情感基础，也为其在国际舞台上争取认可奠定了坚实理论支撑。

团结精神的本质在于集体合作与协同努力。在传统的龙舟竞渡中，团队成员的共同协作是成功的关键，划手的每一次划桨都需要与鼓手的节奏相结合，舵手的每一次操控都必须依赖于划手的力量与配合。这种紧密的团结合作精神，使得龙舟运动在团队项目中显得尤为突出。正如奥林匹克精神强调的团队协作与团结一致，龙舟运动展现了团队合作的重要性。通过对这种团结精神的弘扬，可以有效提升团队的凝聚力，激励每一位参与者为共同目标而努力。

在古代儒家文化的影响下，龙舟运动所表现出的拼搏精神，为人们注入了向上向善的力量。无论是参与者还是观众，均能在龙舟竞渡的过程中感受到那种不断追求进步的激情与活力。这种精神不仅体现了个人的努力，更反映出整个团队的奋斗目标。与之相对应，奥林匹克精神中的拼搏与奋斗理念也得到所有运动员的思想共鸣。在这种意义上，龙舟运动与奥林匹克运动在拼搏精神的内涵上达成了共识，彼此之间形成了深厚的情感纽带。

第三节　舞龙舞狮运动及其文化传承发展

龙狮文化是指舞龙文化和舞狮文化，这两种文化在漫长的发展过程中持续演进持续发展，至今已经拥有广泛的影响力。以下在分析舞龙文化和舞狮文化基础理论的基础上，对其传承与发展的对策进行阐述。

一、舞龙运动及其文化传承发展

（一）舞龙运动的发展

舞龙作为中华民族传统体育娱乐活动的重要组成部分，不仅承载了丰富的文化内涵，也体现了深厚的民族精神。[①] 舞龙运动通过人们的身体动作和姿势变化，结合龙珠的引导，展现出龙的游动、腾跃和翻滚等多种动态，充分展示了龙所象征的中华民族坚韧不拔的精神品质。正因

---

① 马庆，段全伟. 舞龙运动文化符号学剖析研究［J］. 北京体育大学学报，2016，39（3）：42-46.

如此，舞龙在每逢节庆、盛会之际，成为人们欢庆气氛的重要元素，深受大众喜爱。

舞龙文化的根基深植于中华文化的土壤之中，其背后蕴含着丰富的历史渊源。在古代，龙被视为象征水的神灵，因水的蜿蜒曲折而赋予龙以灵动的特征。古人认为龙不仅能带来丰沛的雨水，更是阴阳的代表，其与云气的结合，更加深化了龙的神圣地位。因此，求雨祭祀活动中，舞龙自然而然地成为一项重要的仪式。早在殷商时期，甲骨文中便有关于向龙卜雨的记录，舞龙祭祀的形式也开始在民间流行。这一传统不仅是人们对自然现象的敬畏与崇拜，也是对生存环境的渴望与追求。

随着时间的推移，舞龙活动经历了显著的发展。在汉代，舞龙运动进入了一个全盛时期，其规模、种类及制作工艺达到了新的高度。此时，土龙的使用逐渐演变为扎制龙具进行舞龙表演，舞龙的形式也开始脱离单一的祭祀功能，逐渐融入了人们的日常生活。在此基础上，舞龙在夜间表演时逐渐引入了龙灯，灯火的照明使得舞龙活动更为生动。舞龙的本质也因此从求雨的祭祀转变为消灾祈福、求得吉祥平安的娱乐活动，逐渐增强了其娱乐和观赏价值。

到了唐代，舞龙活动达到了鼎盛时期，已基本摆脱了原始祭祀活动的束缚，成为民众节庆文化的重要组成部分。舞龙活动在春节、元宵节等节庆中被广泛参与，成为人们欢庆节日的一项传统习俗。随着社会的不断演变，舞龙的文化内涵也在不断丰富和发展，体现了中华民族团结向上的精神。

在现代社会背景下，舞龙活动经过了国家体育总局的系统整理与挖掘，已经从传统的民间活动演变为一种集舞龙技巧与艺术于一体的群众体育活动。舞龙不仅是身体锻炼的方式，更是一种文化传承与弘扬的载体，成为增强人民身体素质和心理健康的重要方式。这种形式的演变，不仅反映了人们对健康生活的追求，也显示了传统文化在现代社会中的新生命力。

（二）舞龙运动的特征

舞龙运动具有丰富的历史、传统、民族和群众性特征，同时展现出高度的观赏性和适应性。其发展历程与社会文化的演变息息相关，充分体现了中华文化的深厚底蕴与独特魅力。

第一，历史性。舞龙运动源远流长，古人以丰富的想象力描绘龙，赋予其多重象征意义。龙不仅被视为吉祥物，还是古代人们对美好生活的向往与期待的象征。在古代文化中，龙被称为"四灵之首"，被认为是一种能在水中游、在陆地上走、腾空而飞的三栖生物，主宰着风雨与福祸。因此，舞龙祭祀活动的开展，反映了广大人民对风调雨顺、安居乐业的迫切期望。在历史上，舞龙不仅是祭祀活动的核心内容，更是人们心灵寄托的重要形式。

第二，传统性。随着时间的推移，龙逐渐成为了人们美好愿望的象征，特别是在神话传说中，龙与民族起源紧密相连。龙被视为中华民族的象征，承载着华夏儿女的文化认同与精神归属，形成了独特的龙文化。在这一文化背景下，舞龙运动以其旺盛的生命力不断延续和发展，成为展示民族精神与文化的重要载体。

第三，民族性。舞龙者在表演过程中需要具备充足的体能与出色的技巧，同时实现精、气、神的统一。这种内外合一的整体运动观，正是中华传统体育项目的一大特色。舞龙作为中华民族传统文化的重要组成部分，融合了民俗、健身、娱乐等多种元素，展现出鲜明的民族特点，反映了民族凝聚力与文化认同感。

第四，群众性。随着时代的发展，舞龙运动逐渐拓展至全球各个地区，其受地域特色的限制愈加减小，发展成为广泛受众的娱乐与健身活动。舞龙文化的群众性特点主要体现在：①舞龙运动不受场地、性别、人数的限制，任何人都可以参与其中；②舞龙活动不受时间和季节的限制，能够适应不同的环境；③舞龙运动的地域限制也日益减小，使得更多的人能够接触并参与这一传统活动。

第五，观赏性。舞龙作为一项集竞争性、技巧表演性和游戏娱乐性于一体的综合运动，其形式丰富多样，旨在通过强身健体与表演娱乐的结合，达到很强的视觉效果与观赏价值。舞龙的表演不仅吸引了众多观众的目光，也成为各类节庆活动中不可或缺的元素，增强了文化交流与互动。

第六，适应性。在参与舞龙运动的过程中，舞龙者可以根据场地的大小灵活调整练习内容与形式，既可以使用器械进行练习，也可以进行徒手锻炼。这种高度的适应性，使得舞龙文化不仅能够满足不同人群的需求，也能适应不同的社会背景与文化环境，进一步推动其发展与传播。

（三）舞龙运动的价值

舞龙运动作为一种富有民族特色的传统体育项目，承载着丰富的文化内涵与社会价值。其在促进民族团结与弘扬民族文化、推动舞龙产业的可持续发展等方面，均展现出重要意义。

1. 促进民族团结，弘扬民族文化

舞龙运动不仅为不同民族之间搭建了沟通与交流的桥梁，还凝聚了各族人民之间的友谊，强化了民族凝聚力。在舞龙活动中，不同民族的参与者共同演绎着龙的舞姿，通过共同的努力与配合，展现出团结一致的精神面貌。这种互动与合作，不仅增强了民族之间的相互理解与尊重，也为构建和谐社会奠定了基础。

舞龙运动同时也是对外弘扬"龙文化"的重要方式。作为中国传统文化的重要组成部分，龙象征着力量与尊贵，具有深厚的历史文化底蕴。通过舞龙活动的普及与传播，外国人对中国文化的认知与理解不断加深，从而促进了文化的交流与融合。伴随着现代社会人们生活水平的提高，围绕弘扬龙文化而举办的民俗节、艺术节及文化节等活动，遍布全国各地，为舞龙运动的可持续发展奠定了深厚的群众基础。这些活动不仅吸引了大量的参与者与观众，还激发了民众对传统文化的热爱与认同，形成了良好的社会氛围，有助于进一步提升民族文化的影响力。

2. 推动舞龙产业可持续发展进程

随着现代社会经济的不断发展，舞龙运动逐渐演变为一种产业，并迈向产业化发展的道路。舞龙产业的形成与发展，始终与市场经济密切相关。一方面，舞龙产业的繁荣能够有效促进市场经济的增长。通过舞龙表演、赛事及相关产品的开发，吸引了大量的投资与消费，推动了地方经济的发展与繁荣。舞龙产业的兴旺也为地方政府和企业提供了更多经济利益与就业机会，促进了社会的整体发展。另一方面，市场经济的繁荣又反过来推动舞龙产业的发展。在经济快速发展的背景下，人们对文化娱乐活动的需求日益增加，舞龙运动作为一种具有观赏性与参与性的传统体育项目，自然受到越来越多人的青睐。丰富的市场需求激励了相关产业链的形成，包括舞龙道具的制作、专业舞龙队的培养、舞龙活动的组织等，形成了较为完整的产业生态系统。这种产业化的发展不仅提升了舞龙运动的专业水平与竞技性，也为其文化内涵的传承与创新提供了更为广阔的空间。

（四）舞龙运动的文化传承

舞龙运动作为中华民族的传统文化，承载着丰富的历史与文化内涵。在现代社会背景下，舞龙文化的传承与发展面临新的机遇与挑战。为确保舞龙文化在新时代得以有效传承与发展，必须从多个层面进行深入探讨与实践。

1. 挖掘与整理民间舞龙文化

在现代社会发展背景下，我们应不断挖掘与整理民间舞龙运动，这一过程不仅仅是对传统文化的复兴，更是对文化认同与社会价值的重塑。通过定期组织传统舞龙比赛，促进舞龙文化与现代社会的有效交融，不仅能够吸引更多人参与其中，还能激发社会各界对舞龙文化的关注与热爱。这类比赛的意义不仅在于争夺名次，更在于促进文化的交融，增强民族凝聚力，从而更好地弘扬与发展舞龙文化。在社会主义市场经济背景下，舞龙文化的传承与发展也需与市场经济相结合，寻找经济发展与文化传承之间的平衡点。通过高质量的民间舞龙文化挖掘与整理工作，可以推动舞龙文化的多元发展。这要求在舞龙套路编排上进行创新，探索不同表现形式，使其更符合现代社会的需求与审美，从而提高舞龙文化的社会认知度与参与度。

2. 探索舞龙文化丰富的内涵

在舞龙文化的传承与发展过程中，舞龙运动技术动作的演变与创新发展是关键内容之一。舞龙不仅仅是一项体育活动，更是一种文化象征与精神体现。通过深入挖掘舞龙文化的丰富内涵，能够帮助人们更好地理解和认同这一传统文化。在进行舞龙技术动作的创新时，必须考虑到舞龙作为中华优秀传统文化的特殊性，强调其文化特色与精神内核。

与西方竞技体育的差异，使得舞龙文化在发展中不能盲目追求竞技化。舞龙文化应根据自身特色进行调整与改变，确保其文化本质不被遗失。这意味着在推动技术创新的同时，需深入探讨舞龙文化的历史渊源、文化意义与社会价值，确保在现代化发展的进程中，舞龙文化依然能够体现出中华民族的文化自信与自我认同。

3. 推动舞龙文化国际化发展

在全球化背景下，舞龙文化的国际化发展显得尤为重要。为确保舞龙文化在新时代能够持续发展，加强国际推广与文化交流是必不可少的。这一过程不仅需要借鉴跆拳道、空手道等国际成功推广的经验，还应构建一套完整的舞龙文化传播与商业运作体系，以增强其国际影响力。

在国际化推广的过程中，政府的支持与保护至关重要。舞龙文化的研究者与从业者需顺应社会主义现代化发展的节奏，提升现代商业意识，以适应国际化发展的需要。这包括培养对外交流的能力与技巧，积极参与国际文化活动，以扩大舞龙文化在全球范围内的知名度与接受度。

4.增强对舞龙文化创新力度

舞龙作为一种历史悠久的传统文化,其现代化发展需扎根于传统文化之上。然而,现代社会的快速变化也要求舞龙文化不断进行创新与发展。创新是舞龙现代化发展的重要基础和保障,必须在保持与挖掘传统文化特色的前提下,促进其与现代社会的协调发展。在这一过程中,舞龙文化应积极融入现代科技与新媒体元素,探索新形式与新内容,以适应现代社会的需求。例如,通过数字化手段记录和传播舞龙文化,利用社交媒体平台进行宣传和交流,能够吸引更多年轻人参与舞龙活动,增强其在新时代的生命力与影响力。

二、舞狮运动及其文化传承发展

(一)舞狮运动的表演风格

舞狮运动作为中国传统文化的重要组成部分,承载着深厚的历史与文化内涵。它不仅是一项富有民族特色的民间艺术,也是一项独具魅力的传统体育项目。其发展历史悠久,随着社会的发展与文化的演变,舞狮运动的知名度不断提高,尤其在春节和元宵节等重要节日中,许多华人纷纷参与舞狮活动,以此表达对美好生活的祝福和对传统文化的传承。

在舞狮运动的发展过程中,逐渐形成了南北两种显著的表演风格。这两种风格的差异不仅反映了地域文化的多样性,也体现了舞狮表演艺术的丰富性与复杂性。北派舞狮以表演"武狮"为主,强调力量与技巧,展现出一种刚劲有力的舞姿。这一风格源于魏武帝时期的"瑞狮",其表演形式通常是由两人合力完成:小狮由一人舞动,大狮则由两人协作。一人负责站立舞狮头,另一人则弯腰舞狮身和狮尾。舞狮者身披狮被,穿着与狮身颜色相同的狮裤和金爪靴,观众无法辨认舞狮者的形体,形成一种"狮子"的幻影,增强了表演的视觉冲击力。

在北派表演中,引狮人通常身着古代武士的服装,手握旋转的绣球,以鼓锣声伴奏,吸引瑞狮的注意。狮子在引狮人的引导下,展现出腾翻扑跌、跳跃、登高朝拜等多种技巧,配合走梅花桩、窜桌子、踩滚球等高难度动作,体现了北派舞狮强烈的竞技性与观赏性。这种风格以其刚烈的气势与丰富的技巧,赢得了观众的热烈追捧。相对而言,南派舞狮则以表演"文狮"为主,注重表情与动作的细腻表达。南派舞狮讲究舞者的情感投入和肢体语言,表演时常有搔痒、抖毛、舔毛等拟人化的动作,生动形象,惹人喜爱。此种风格不仅表现出舞狮的趣味性,还涵盖了高难度的技巧,如吐球等,体现了舞者的灵活性与协调性。南派舞狮强调与观众的互动,注重营造欢乐的氛围,传递出吉祥如意的美好祝愿。

(二)舞狮运动的主要特点

舞狮运动作为中华民族独特的传统体育活动,承载着丰富的文化内涵和历史背景。其主要特点不仅在于运动形式的多样性,更在于其深厚的文化根基和社会功能。具体如下。

第一,积极的团队协作。舞狮运动强调参与者之间的协作与配合,练习者在表演过程中需要紧密合作,以完成复杂的动作与表演。在舞狮的实践中,鼓乐伴奏成为不可或缺的元素,为整个表演增添了活力与节奏感。这种互动性与协同性不仅展现了团队的凝聚力,也使得舞狮文化充满了生动的特色。通过音乐的节奏与舞狮者的动作协调,参与者在活动中共同创造出一种既有激情又富有感染力的艺术表现形式,进而推动了舞狮文化的独特魅力。

第二,悠久的历史文化积淀。舞狮文化的形成与发展与中国悠久的历史背景密切相关。随着社会的变迁和时代的发展,舞狮运动不断适应新的社会环境,经历了多次演变与创新。在这一过程中,舞狮不仅仅是一项体育活动,更是历史与文化的凝聚体,体现了中华民族对传统文化的重视与传承。舞狮所承载的历史文化烙印,使其在各个时代都保持相对稳定的形式与内涵,成为一种具有深厚文化底蕴的传统艺术。

第三,民族的共同表达。作为中华民族特有的体育运动,舞狮受到各族人民的热爱与欢迎。在其漫长的发展历程中,舞狮与人们的生活息息相关,成为劳动人民表达民族文化、民间信仰及风俗习惯的重要形式。各民族独特的文化传统为舞狮注入了丰富的生命力,使其在不断传承与发展中形成了多样化的表现形式。这种与生活紧密相连的特性,使得舞狮不仅仅是一项表演艺术,更是人们日常生活的一部分,反映了他们的情感与价值观。

第四,显著的传统性。舞狮文化具有鲜明的传统性特点,其传承过程与人们的文化思想和生活方式紧密相连。在日常生活中,舞狮不仅仅是一种表演活动,更是一种表达思想与愿望的方式。舞狮所蕴含的传统文化思想,通过参与者的表演得以传递与延续,形成了一种重要的民族文化特征。这种传统性使得舞狮文化在时代变迁中依然保持其核心价值,继续影响着一代又一代人。

(三)舞狮运动的文化传承

第一,发挥政府的主导作用,深入挖掘和整理舞狮文化。舞狮文化不仅是我国传统体育文化的核心内容,也是中华民族精神文化的瑰宝。因此,加强舞狮文化的传承和发展,对于弘扬我国传统文化具有不可忽视的重要性。在这一过程中,相关政府部门,尤其是体育局与文化局,应充分认识到舞狮文化的深厚底蕴,开展全面的挖掘与整理工作。政府应加大对舞狮发展的资金投入,并科学制定相关法律法规,以提供制度保障,确保舞狮文化的健康持续发展。

第二,将传统舞狮与高校舞狮结合起来共同发展,是传承舞狮文化的重要途径。高校作为传播传统体育文化的重要阵地,其在舞狮文化的传承与发展中扮演着不可或缺的角色。随着高校校园文化的日益丰富,充分利用这一文化载体的优势,促进舞狮文化的可持续发展显得尤为重要。当前,许多高校已经开设舞狮课程,具备较为完善的基础设施与丰富的人力资源。因此,应当充分利用这一优势,邀请民间舞狮艺人对学生进行授课,详细讲解舞狮的技术特点与套路特色。这不仅丰富了学生的文化视野，也使他们深刻认识到舞狮文化的内涵，既加强了民间传统文化教育，也推动了舞狮文化的发展，为舞狮文化的传承注入了新鲜活力。

第三，定期组织和开展舞狮赛事活动，将有助于进一步弘扬舞狮文化。舞狮文化在漫长的发展过程中，扎根于广大群众之中，深受各社会阶层的喜爱。随着人们生活水平的不断提升，越来越多的人在休闲时间内倾向于参与各类运动与健身活动，而舞狮运动恰恰具有明显的娱乐健身价值，这使其更易被广大人民群众接受。因此，在现代社会背景下，应定期或不定期地举办多种形式的舞狮大赛，以宣传舞狮运动，吸引更多人参与其中。赛事活动不仅能够拓宽各民间狮队的视野，为他们提供技艺交流的平台，还能够提高舞狮人员的技能水平。这对舞狮技能的传承尤为重要。

在全民健身的背景下，舞狮作为一种健康的休闲方式，不仅能够有效锻炼身体，舒缓身心压力，更能陶冶情操，丰富人民的精神文化生活。因此，积极组织和开展各类舞狮赛事，对舞狮文化的传承与发展具有深远意义。这些活动不仅为传统文化的延续提供了舞台，也为现代社会注入了传统文化的活力，使舞狮运动在新的历史背景下焕发新的生机与活力。通过以上措施，舞狮文化的传承将得到更为有效的保障与发展，进一步促进中华优秀传统文化的弘扬。

第四章 民族传统体育文化的保护与传承——以山西为例

山西省坐落于黄河中下游区域，以太行山脉为西界，自古以来即享有"中华文明的摇篮"之美誉，并被赞誉为"中华古代文化博物馆"。其外部被山地环绕，内部河流纵横的自然地理特征，赋予了该地"表里山河"的别称。历经数千年的历史积淀，山西的先民们孕育了众多绚烂多彩的民族传统体育项目。这些项目不仅深受当地独特地理环境的熏陶，更深深植根于丰富的文化底蕴之中，从而承载并展现了丰富的民族文化精神与内涵。本章以山西省为例，重点分析民族传统体育文化的保护、开发与传承工作。

第一节 山西民族传统体育文化资源及保护

民族传统体育文化资源是民族传统体育项目的物质层面、制度层面和精神层面的总称。物质层面包括民族传统体育项目的相关运动器械、服饰、出土文物等；制度层面包括民族传统体育项目的相关规则、比赛方式等；精神层面包括民族传统体育项目所承载的相关民俗文化、组织文化和反映的价值观念等方面内容。

一、山西民族传统体育项目的文化特点与价值

山西省是中华文明的起源地，在漫长的历史发展中创造了丰富的历史悠久的中华文明，其中体育文化更是包含了农耕文化、游牧文化等多种文化体系。山西省民族传统体育项目的文化特点包括以下方面。

（一）山西民族传统体育项目的文化特点

1. 以上肢力量为核心，器械与农事活动紧密相连

山西省坐落于黄河流域的怀抱之中，得益于黄河的长期冲刷与滋养，其土壤质地肥沃，灌溉条件得天独厚，极为适宜农耕作业。因此，自古以来，山西省便以农业生产为主导经济形态，这一特征即便在与北方游牧文化接壤的大同地区亦不例外，农耕文明深深植根于此。农业生产活动不仅是该地区居民生计的基础，更是孕育了丰富多彩的传统体育项目，这些项目作为农耕文化的一种生动展现，承载着深厚的历史与文化内涵。

在机械化尚未普及的过往时代，受限于相对较低的生产力和简陋的生产工具，手工劳动构成了劳作方式的核心，这对劳动者的上肢力量提出了较高要求。在这样的背景下，人们在农闲时期，为了调剂生活、增强体能，巧妙利用日常劳动中的器具及自然界中易得的石块、木棍等材料，创造了一系列既能锻炼身体、又能愉悦心情的活动，诸如"举石锁""掰手腕""爬杆""拔河"等，这些活动均侧重于上肢力量的比拼，且其使用的器械直接源自或灵感来源于农业生产中的劳动工具。

随着科学技术的不断进步，包括农耕在内的各类生产活动逐步迈入机械化时代，这一转变极大地提高了生产效率，同时也对传统的生活方式产生了深远影响。那些源自生产劳动的传统体育项目并未因此消逝，反而通过不断的形式创新与器械改良，得以在新的时代背景下继续传承与发展，展现了强大的生命力与适应性。这些体育项目不仅丰富了民众的文化生活，也成为连接过去与现在、传统与现代的重要桥梁，具有重要的文化价值与现实意义。

2. 借助"社火、庙会"等形式，民俗活动展现多彩风貌

山西省现今保留的庙会数量多达上百场，且主要分布在阴历上半年，即一月至六月间，这一时期正值农闲，民众在欢庆往昔丰收之余，亦祈求来年五谷丰登。在此背景下，农民群体或是在自发组织下，或是在地方政府部门的引领中，广泛开展了庆典活动。这些庙会活动中，由于地域性的风俗习惯、自然环境以及历史文化积淀的差异，孕育了丰富多彩的、具有地方特色的传统体育项目。

从地域性特征来看，一方面，庙会中的传统体育项目如秧歌、抬阁、花灯、秋千、拔河等，广泛流行于各地，反映了相似的地理环境和生产生活方式对体育活动形式的影响，显示出一定的共性。另一方面，各地的庙会活动充分展现了各自的独特风情。例如，某些地区如永济市和风陵渡镇特有的"背冰亮膘"活动，不仅彰显了当地居民不畏严寒、勇于挑战的精神风貌，也体现了临近黄河这一地理环境对活动形式的深刻影响。

即便是同一类型的体育项目，在不同地域亦展现出多样的表现形式。以高跷活动为例，各地在形式与内容上的差异颇为显著。有的地区，如稷山县南阳村和北阳村，其高跷以精细的工艺制作和气势恢宏的表演著称，特别是"走兽高跷"，利用多种材料制作成栩栩如生的野兽形象，伴以鼓乐，极具观赏性。而在新绛县北张镇北行庄，高跷活动则以"高跷剧"的形式呈现，融入了故事情节，如《八仙过海》等剧目，增添了文化内涵。夏县西夏晁村的高跷活动则注重技巧性，包含翻腾、跳跃等高难度动作，以及斜走、倒退、叠罗汉等独特形式，惊险刺激，深受观众喜爱。这些多样化的表现形式，不仅丰富了庙会活动的文化内涵，也彰显了不同地区在传统文化传承中的创新与活力。

3. 通过多样化智力活动，锻炼思维、增进交流

山西省自古以来便展现出对文化与知识学习的高度重视，深刻体现了该地区民众对于文化修养的内在追求。作为文化底蕴深厚的省份，山西孕育了诸如荀子这样的杰出教育家，其籍贯新绛便是明证；闻名遐迩

的"宰相村"——山西省闻喜县礼元镇裴柏村，亦进一步彰显了文化知识在山西社会结构中的尊崇地位。除了传承悠久的围棋与象棋之外，山西还独具特色地保留了叉方、裁丁、老虎棋、九连环、下方、大炮打小子、斜方棋等一系列丰富多彩的棋类活动。这些棋类活动并非仅仅局限于儿童娱乐的范畴，而是广泛吸引了众多成年人的积极参与。在乡村的农闲时节，或是城市的广场空地，随处可见人们沉浸在这些智力博弈中的场景。这些棋类活动不仅构成了锻炼个人逻辑思维与策略规划能力的有效平台，还极大地促进了社交互动，加深了人际的联系与理解。参与者在棋局的胜负之间，不仅能够体验到智力挑战的乐趣，更能从中获得成就感与自我价值的肯定，从而在精神层面实现了积极的提升与满足。

4. 戏曲化的表现形式和武舞相融的活动

变异性作为民族传统体育的一个显著标识，体现在其传承历程中不断吸纳多元文化要素，进而实现自我革新的过程。戏曲与武术虽在训练体系上展现出一定的共通性，如戏曲武生对手眼身法步的注重，但两者在核心追求上存在本质差异：戏曲侧重于观赏性和娱乐效果的呈现，而武术则以技击性为其根本特质。山西地区的先民巧妙地融合了戏曲的表演性与武术的技击性，创新出别具一格的表演艺术形式。诸如"二贵摔跤"这类表演，通过运动员身着戏服、运用武术摔跤技巧进行角色扮演，展现出滑稽幽默、动作逼真的效果，极大地丰富了观赏体验。划旱船的表演亦体现了这一融合思路，通过模拟水上航行的情景，结合戏剧装扮与武术动作，使得整个表演生动逼真，极具观赏性。

中国传统文化素有"技术艺术化"的倾向，山西地区将武术与舞蹈结合的健身活动历史悠久，部分项目源自武术技艺的舞蹈化演变。以鞭杆到花棍的转化为例，鞭杆作为武术棍术的一种，原本用于防身与赶马，后随晋商与镖局文化的兴衰而逐渐失去实用功能。然而，晋中地区的民众将其改造为花棍，通过在鞭杆上装饰彩带与铜铃，并融入推、挑、翻、转等动作，不仅保留了武术元素，还赋予了花棍新的时代特色，促进了其更好地传承与发展。

另一项将武术与舞蹈紧密结合的非物质文化遗产——"风火流星",则是基于武术流星锤技术的创新演绎。该项目通过在绳索两端系挂装有燃烧木炭的小铁笼,依据流星锤的舞动套路,在鼓乐伴奏下进行表演,展现了武术技巧与艺术表现的完美融合。这些案例不仅彰显了民族传统体育在变异性中的创造力,也为传统文化艺术的传承与发展提供了积极参考与启示。

5. 以游戏为载体,达到教育目的

山西省民族传统体育项目中的儿童游戏类别蕴含着丰富的教育价值,其分类及功能分析如下。

第一类儿童游戏,注重身体素质的提升。此类游戏,诸如跳皮筋、顶拐、打碗儿(即摔泡泡游戏)、拍皮球、翻跟头、蹦蹦跳以及老鹰抓小鸡等,通过多样化的身体活动形式,有效锻炼了儿童的力量素质、耐力水平、灵敏反应及柔韧性等关键体能要素。这些活动不仅促进了儿童身体机能的全面发展,还为他们的生理成长奠定了坚实的基础。

第二类儿童游戏,侧重智力的启迪与开发。丢手绢、掏窑窑(又称"翻花游戏")、斗百草、跳房子等项目,通过规则设定、策略规划及空间认知等元素的融入,显著增强了儿童的思维能力与注意力集中度。此类游戏要求儿童在玩乐中思考,于无形中促进了其智力潜能的挖掘与智力结构的优化。

第三类儿童游戏,着重儿童生活技能的培育与实践。煮鳖、过家家等模拟生活场景的游戏,为儿童提供了一个安全且富有创意的学习环境,使他们在角色扮演中逐步掌握基本的生活技能和社会交往能力。儿童的模仿天性在此类游戏中得到充分释放,他们通过观察、模仿成人的行为模式,逐步内化并习得一系列生活技能与行为规范,这对于其社会适应能力的提升及未来学习生活的顺利过渡具有不可估量的价值。

6. 家族式的传承模式

中国传统文化深植于对血缘关系的重视之中,这一文化特质显著地塑造了国人的家庭观念。作为传统文化重要组成部分的山西省民族传统

体育，自然而然地受到了中国宗法观念中强调家庭与集体意识的深远影响，从而在活动组织形态与技艺传承模式上，呈现出鲜明的家族性特征。具体而言，诸如抬阁与划旱船等传统体育活动，往往由家庭内部成员担任核心角色，女性家庭成员如女主人通常居于表演的中心位置，而男性成员包括男主人及其子嗣负责抬阁或操控旱船，这种全家参与的形式不仅促进了活动执行的默契度，还生动展现了家庭成员间和谐共融的美好景象。

在技艺传承层面，众多山西省民族传统体育项目倾向于采用家族式传承模式，包括多数武术流派、"张公背张婆"等传统表演形式，以及特定项目所需道具的制作技艺等，这种传承方式虽然在一定程度上保证了技艺的纯正性与私密性，但同时也带来了潜在的传承危机，即部分杰出项目可能面临后继乏人的风险。当前山西省民族传统体育界正积极应对这一挑战，众多项目开始打破家族传承的传统界限，广泛吸纳外部学徒，以期实现文化资源的有效延续。例如，"风火流星"项目已率先垂范，摒弃了不传外姓的旧规，转而免费招募小学生，并指派专人指导练习，这一举措不仅拓宽了技艺传承的路径，也为传统文化的活态保护与创新发展提供了宝贵经验。此类积极变化，无疑为山西省乃至更广泛区域内的民族传统体育文化传承与发展注入了新的活力与希望。

（二）山西民族传统体育项目的文化价值

1. 展现先民生产与生活面貌的活化石

民族传统体育项目的起源多元且深远，生产生活实践构成了其重要的孕育土壤。众多民族传统体育项目均可追溯至先民们的生产生活方式，或是对其模拟与场景再现，深刻体现了人类文明的演进轨迹。山西省的民族传统体育项目作为这一文化现象的缩影，广泛涵盖了生产劳动、教育体系及休闲娱乐等多个维度，生动映照了不同历史时期山西地区民众的生活风貌与精神状态。

在生产劳动方面，这些体育项目往往直接取材于或灵感来源于古代民众的日常劳作。例如，一些力量型的体育活动，如举石锁、举石担等，不仅是对古代手工劳动时代人们上肢力量需求的直接反映，也体现了在机械化尚未普及前，人们在农闲期间利用既有劳动工具创造娱乐方式的智慧与创造力。这些项目不仅锻炼了人们的体能，还承载了对过往生产方式的记忆与传承。

在教育领域，民族传统体育项目的融入不仅丰富了教学内容，也传递了特定历史时期的文化价值观与社会规范。随着时代的发展，虽然具体的体育活动形式有所变迁，但它们始终作为连接过去与现在的桥梁，帮助年轻一代理解并尊重先辈的生活方式与奋斗精神。

至于休闲娱乐，民族传统体育项目的演变更是直接映射了社会经济与科技水平的进步。从传统的跳皮筋、打叠宝等儿童游戏，到现代电子玩具的普及，这一变化不仅体现了娱乐方式的现代化转型，也揭示了在不同经济与技术条件下，少年儿童娱乐需求的适应与创新。这些传统与现代体育项目的交替，不仅记录了不同年代的童年记忆，也彰显了人类在物质条件与精神追求上的不断进步与探索。

2. 提升民族凝聚力，充盈民众文化生活

体育活动作为一种通过肢体动作传达内心情感的文化表现形式，具备促进参与者间情感交流、深化相互理解的独特功能，进而有效培育民族认同与凝聚力。诸多民间及民族传统体育项目，如威风锣鼓、小车会、花戏、拔河、舞社火及挠羊赛等，均强调集体参与。在此过程中，个体不仅通过策略与技能的分享增进合作，共同追求竞技的胜利，还无形中强化了集体荣誉感与团队凝聚力。

在农业社会背景下，农民群体面临日常劳作的单调与精神生活的匮乏，亟须一种情感释放的出口。传统体育项目适时满足了这一需求，尤其在阴历正月至五月间的农闲时段，各地庙会与社火活动纷纷上演，成为民众精神生活的盛宴。男女老少皆盛装出席，热情洋溢，参与其中。体育活动作为庙会与社火的核心环节，吸引了广泛关注。表演者致力于展现高超、精妙、美观的技艺，以赢得观众的认可与赞赏；而观众则在

观赏中满足了审美需求，整个活动现场洋溢着欢乐与和谐的氛围。这一传统习俗不仅为民众提供了释放日常压抑情绪的途径，还极大丰富了其精神文化生活，展现了积极的社会价值与文化意义。

3. 中华民族传统文化的重要表现形式

民族传统体育作为中华民族独创并历代沿袭的文化瑰宝，综合展现了民族的伦理观念、国民特性及审美取向，构成了民族文化不可或缺的一环。在山西省，这一体育形态尤为显著地依托于庙会、社火等传统节日活动，进而映射出一种鲜活的民间民俗文化风貌。此类文化往往游离于官方记载之外，其在正史文献中的记录相对稀缺，民族传统体育在山西省的传承便更多地仰赖于民间叙事、俚俗语言、口头传说及歌谣等非物质媒介。这些传承途径主要经由家族内部的代际传递，如父子、兄弟间的直接教授，或是师徒、老少间的经验交流，借助口头传授与身体示范的方式实现技艺的延续。

民族传统体育的本质在于身体活动，其动作技巧往往缺乏详尽的书面记载，因此技能的习得主要依赖于个体的记忆能力与身体实践。模仿成为学习过程中的核心策略，这一特性降低了传授与接收双方的文化与教育背景要求，为民间广泛传播提供了极大的便利。体育活动中所使用的器械与服饰，不仅是运动功能的体现，更深层次地，它们蕴含并展示了丰富的民族文化元素。

总之，民族传统体育不仅是中国传统文化体系中一种独特的载体，更是民族文化精髓的生动展现与传播媒介。它通过一系列肢体语言、专用器材、特色服饰及伴随的文化表达，深刻诠释了中国传统文化的丰富内涵，有效促进了文化的传承与发展，具有不可估量的文化价值与现实意义。

4. 启迪民众智慧，展现并提升人们的智力层次

在手工劳动占据主导地位的历史时期，社会大众普遍投身于繁重的体力劳动之中，教育资源的稀缺使得除少数权贵阶层外，广大平民百姓

鲜有机会接受系统性教育，思维训练相对匮乏。在此背景下，人们在劳作间隙，通过观察自然界的周期性变化，并融合中国传统文化中阴阳五行、相生相克的哲学思想，巧妙地利用身边简易可得的材料，设计并创造了一系列棋类游戏，以此作为休闲娱乐的方式，同时也作为一种锻炼思维能力的有效手段。

这些智力活动在山西省的不同区域呈现出多样化特征。晋南地区流传着叉方、九连环、裁丁等益智游戏，尤其在稷山县、绛县、新绛县等地颇为盛行；晋中地区有四子棋、天下太平等棋类游戏深受欢迎；晋北地区以老虎棋、兽棋、大炮打小子等游戏为代表，展现了该地区独特的文化风貌。这些地方性智力游戏，不仅丰富了民众的精神生活，还体现了山西先民卓越的创新能力和智慧结晶。尤为重要的是，这些棋类游戏所需材料简便易得，易于推广普及，对于促进山西省普通民众智力水平的提升和思维能力的拓展，具有不可忽视的积极作用和深远的历史意义。

二、山西民族传统体育文化资源的分类

以山西省的民族传统体育项目为核心，结合项目的分类逻辑及地域特色，可将其划分为民俗节庆类、生产生活类、益智类及儿童游戏类四大类别，具体分析如下。

第一，民俗节庆类项目，主要涵盖了在民间流传下来的庙会与节日活动中所展现的传统体育项目。这些项目通常在特定的时间节点，如正月初三长治市南关庙会、正月十一新绛县光村庙会等期间举行，旨在通过体育活动达到娱乐民众、舒缓身心的作用，成为节日庆典中不可或缺的一部分。

第二，生产生活类项目，则源自农事劳作与日常生活实践，它们往往以庆祝丰收、祈福或增强体质为初衷。诸如河东快乐秧歌操、秋千、拔河、举石锁及多种武术形式，均体现了人们在劳作之余对身心健康的追求与对美好生活的向往。

第三，益智类项目，主要聚焦传统棋艺活动，这些棋类游戏在人们

的闲暇时光中扮演着开发智力的角色。诸如叉方、九连环、大炮吃小子等，不仅丰富了人们的文化生活，还促进了思维能力的提升与智力的锻炼。

第四，儿童游戏类项目，则聚焦在儿童群体中广泛流传的传统体育项目。跳皮筋、打碗儿、煮鳖等游戏，不仅为儿童提供了欢乐与成长的平台，还传承了地域文化的精髓，成为连接过去与未来的桥梁。

三、山西民族传统体育文化资源形成的影响因素

（一）自然地理环境的影响

山西境内多山地、丘陵、盆地、平原、沟壑等地形，这些地貌共同构成了山西省自然地理特征。山西处于游牧民族和农耕民族的过渡地带，同时拥有干旱、半干旱和半湿润等气候特征。这些自然地理因素使得山西省不同地区的民族传统体育风格特点差异较大。

1. 晋北地区自然地理环境的影响

从地理区位上审视，晋北地区地处北方要冲，北部毗邻内蒙古自治区，南部则以黄河为界与中原地区遥相呼应，西部被太行山脉所阻隔，形成了独特的地理屏障。在历史上，无论是唐朝定都西安，还是明清时期迁都北京，晋北地区始终扮演着拱卫国都的重要角色，自然而然地成为军事争夺的焦点。这一战略地位促使该地区频繁卷入战争，进而为武术的繁荣提供了肥沃的土壤。加之长期面临匈奴等民族的侵扰，晋北民众逐渐形成了崇尚武力的风尚与坚韧不拔的性格特质。大量居民被征召入伍，接受正规军事训练，退役后又将所学武艺带回民间，有效促进了军事技艺与民间武术的深度融合与相互借鉴。

从经济生产模式分析，晋北地区作为北方游牧文化与中原农耕文化的交汇地带，其独特性不言而喻。这一地理位置使得草原文化与中原文化在此相互渗透，共同塑造着当地居民的生活习俗与性格特征。在历史上，众多北方民族迁移至此，与汉族形成杂居格局，这无疑对汉族的

传统生产生活方式产生了显著影响，进而也体现在民族传统体育的风格上。由此诞生的民族传统体育项目，既蕴含了草原游牧文化的自由奔放，又不失中原农耕文化的含蓄内敛。例如，山西省忻州市的挠羊赛作为一项汉族传统体育活动，其以活羊为奖品的形式，深刻反映了游牧文化对当地生产生活方式的深刻烙印。挠羊赛中的摔跤活动，不仅体现了人们自卫与抵御外侵的能力，也是民族融合的象征。诸如走羊窝、扳羊头、人熊舞、蛤蚌舞、跑羊羔等传统体育项目，均在不同程度上展现了游牧民族的文化特色，彰显了晋北地区多元文化的交融与共生。

2. 晋中地区自然地理环境的影响

晋中地区的地形特征显著，主要表现为广泛的盆地地貌，其间河流纵横交错，地势变化明显，以太行山和吕梁山为主要山区，而省会城市太原恰好坐落于这两大山脉之间，形成了独特的地理格局。这一地理位置赋予了晋中地区作为山西省政治与经济核心的历史地位，同时也促进了晋商文化的繁荣发展，使得晋中地区成为晋商的主要集聚地。

晋中地区复杂的地形条件，特别是其多河流与山地的特点，导致相对潮湿的气候环境。为了应对这种气候条件，当地居民开展了一系列身体活动，旨在驱寒祛湿，保持身体健康。晋中地区拥有丰富的民歌民谣资源，这为当地传统体育项目的形成与发展提供了肥沃的文化土壤。其中，秧歌作为晋中地区极具代表性的传统体育项目，深受民众喜爱，包括祁太秧歌、太原秧歌、沁源秧歌、临县秧歌等多个流派。这些秧歌在表演风格上兼具晋南地区秧歌的细腻与内敛，以及晋北地区秧歌的热情与奔放，动作幅度适中，既体现了地域文化的交融，又展示了晋中地区独特的艺术魅力。

受晋商文化的深远影响，武术在晋中地区也呈现出高度集中的态势，成为该地区传统文化的重要组成部分，进一步彰显了晋中地区在山西省乃至全国范围内的文化多样性与体育传承价值。

3. 晋南地区自然地理环境的影响

晋南地区坐落于黄河中下游的枢纽地带，涵盖晋东南与晋西南的广阔区域，其自然地理特征显著，以中条山、太岳山等崇山峻岭以及汾河、黄河等蜿蜒水系为主，构成了中华文明的重要发源地之一，历史上亦被誉为"河东地区"。该区域与河南省、陕西省接壤，地理位置上的邻近性使得晋南成为山西省与中原文化直接交汇的前沿地带，相较于晋北和晋中，晋南在文化的吸收与传播上展现出更高的开放性和包容性。

在文化底蕴的积淀中，晋南地区深受中原文化的深远影响，其文化特质鲜明地归属于农耕文明的体系之中。这一文化背景对晋南地区民族传统体育的构成与内涵产生了深刻而持久的影响，促使这些体育活动多围绕农业生产与日常生活的场景而再现，同时巧妙地融合了多样化的文化元素。在晋南，与农业生产和民众生活息息相关的各种因素，诸如祈求自然和谐、风调雨顺以及缅怀历史英雄等，均成为当地民众文化表达的重要内容，并通过一系列独特的体育活动形式，如背冰亮膘、独辕四景车赛会等，得到了生动的展现。诸如山西吉县的竹马表演等传统体育项目，不仅展示了高超的表演技艺，还深藏着丰富的历史文化意蕴，旨在颂扬如宋朝名将杨继业等历史人物的卓越贡献。通过竹篾纸马的精巧制作与戏曲服饰的华丽装扮，结合激昂的战鼓节奏与精心设计的障碍跨越动作，这些活动生动再现了英雄人物的辉煌历史，既弘扬了传统文化，又增强了社区凝聚力，具有极高的文化价值和社会意义。

晋南地区民族传统体育项目与河南、河北等中原地区的体育形态存在着显著文化共性，如高抬、竹马、花鼓、舞狮、龙灯、高跷、锣鼓等，这些项目的广泛存在，既是晋南地区农耕生产方式与文化传统的直接反映，也是区域间文化交流与融合的重要成果。这一现象不仅彰显了晋南文化的多元性与活力，也为研究中华文明多元一体格局的形成与发展提供了宝贵的实证材料。

(二)晋商的影响

晋商被称为"中国五大商帮之一",其历史可以追溯至唐朝时期,在明清时期达到鼎盛,其中晋中地区的晋商最为有名。随着晋商影响范围的不断扩大,山西省民族传统体育活动也借助晋商的平台得到了长足发展和广泛传播,其中影响最为重要的体现在武术方面。

1. 以商养武模式对山西传统武术发展的促进作用

山西商业的蓬勃兴起极大地推动了当地商人对安全保护需求的增长,他们迫切寻求具备高强武艺的人才以保障财产安全与商业运营的平稳。在此背景下,形意拳与心意拳这两种在山西已颇具影响力的武术流派,成为了众多商家的首选。形意拳的发展轨迹与晋商的繁荣之间存在着显著关联性,这一观点在学术界已获得广泛认可。特别是太谷地区商家票号林立,这一庞大的商业群体不仅为习武之人提供了广阔的施展空间,激发了当地民众习武的热情,而且通过雇佣武艺高强的武士,商家们获得了可靠的安全保障,进而能够更加自信地拓展其商业网络。习武者在日常负责商家的安全守护,而在业余时间则致力于武术修炼与技艺交流,这一模式极大地促进了山西武术的快速发展。因此,可以说晋商的崛起与山西传统武术的兴盛之间存在着一种相辅相成、互相促进的关系。以形意拳为例,尽管其历史仅有约一百五十余年,但通过"以商养武"的模式,形意拳的学习者数量迅速膨胀,技艺水平也持续提升,最终使形意拳成为中华武术宝库中一颗璀璨的明珠,展现了其独特的价值与魅力。

2. 镖局对山西传统武术传播和传承的促进作用

在清朝时期,晋商的商业活动范围极为广泛,至清中期,晋商已真正实现了"遍布天下"的壮举,并进一步将商业触角延伸至国外市场。为确保商队在长途跋涉中的货物安全,晋商普遍选择雇佣镖师随行护卫,这一需求极大地推动了镖局行业在山西地区的快速发展。镖局不仅为习武之人提供了稳定的职业出路,实现了其社会价值,而且通过商家竞相聘请拳师担任看家、护院、保镖等职责，既增加了社会整体的稳定性，又加速了山西武术的广泛传播与深入传承。

镖局走镖活动不仅是习武之人精进武艺的重要驱动力，也是山西传统武术与其他地域武术交流互鉴、共同发展的主要渠道。这一渠道涵盖横向传播与纵向传承两个维度。横向传播体现在镖局执行保镖任务时，每到一地均会积极寻求武术交流，通过拜师访友、以武会友、技艺切磋等形式，以及在应对突发危机时的自卫实践，为山西传统武术的广泛传播与技艺丰富奠定了坚实基础。纵向传承则侧重于镖局内部，镖师之间往往存在着紧密的血缘或亲情联系，如父子、兄弟或师叔侄等，这种类似于家族关系的纽带，使得武术传授得以通过口耳相传的方式深入进行，确保了武术精髓的精准传递。

四、山西民族传统体育文化资源的保护

（一）山西民族传统体育文化资源的保护原则

1. 原真性保护原则

自20世纪60年代以来，原真性已成为界定、评估及监管文化遗产不可或缺的核心要素，它强调在文化遗产保护过程中，必须尊重历史、尊重文化、尊重艺术，尽可能地保持其原有的形态和内涵。对于山西省民族传统体育而言，原真性保护原则意味着在保护过程中不应单纯基于经济效益、流行程度或特定群体的利益诉求而盲目进行改造或所谓的创新。

山西省民族传统体育作为非物质文化遗产的重要组成部分，承载着丰富的历史文化信息和地域特色。这些传统体育项目往往与当地的自然环境、社会习俗和历史文化紧密相连，具有独特的文化价值和历史意义。因此，在保护过程中，必须确保这些项目的原真性，即保持其原有的地域特色、文化内涵和历史传承，避免对其进行过度商业化或现代化改造，以免破坏其原有的文化价值和历史意义。原真性保护原则要求在

对山西省民族传统体育项目进行整理、记录、展示和传承时，应注重保持其原有的形态、材料、工艺和风格等特点，避免对其进行随意改动或创新。在推广和传播这些传统体育项目时，也应注重宣传其历史背景、文化内涵和地域特色，增强公众对其原真性的认识和尊重。

2. 整体性保护原则

整体性保护原则强调保护工作不仅要聚焦体育项目外在的技艺展现，更要深入挖掘并妥善保存其内在的文化价值与精神实质。每个民族传统体育项目均承载着深厚的历史文化，反映古代社会的习俗、信仰及民族特性，对于维系文化血脉、增强民族凝聚力具有不可替代的作用。

鉴于山西省民族传统体育与庙会、社火等民俗活动间的紧密关联，它们共同构成了当地文化生态的有机整体。庙会不仅是体育项目的展示窗口，更是其存续发展的重要土壤。将民族传统体育置于文化链的宏观视角审视，不难发现其与庙会、社火等环节的相互依存与促进。因此，保护山西民族传统体育项目，必须采取整体性策略，确保文化生态、体育活动与民俗活动的和谐共生，从而有效促进山西民族传统体育文化的活态传承与发展。

3. 差异性保护原则

一方面，针对发展层次各异、传承模式多元及群众基础不均的民族传统体育项目，应采取差异化的保护措施。对于那些发展态势良好且拥有广泛群众基础的项目，应当予以合理引导，确保其沿着正确的轨迹持续发展。相反，对于面临消亡威胁、缺乏群众支撑的项目，则需给予优先级的保护与紧急救援。例如，某些已跻身国家级非物质文化遗产名录的体育项目，若已具备成熟的发展平台与体系，如规则明确、服饰统一、技战术特征鲜明且参与者众多，则主要通过政策引导与资金支持来巩固其保护成效。对于那些因现代健康观念转变及人口流动而面临传承危机的项目，则需遵循"抢救为先，保护至上"的原则，力求为后世留下更多文化活态与研究素材。

另一方面，地域间自然环境、生产生活方式的差异，铸就了传统体育项目的多样性与地域独特性，即便是同一项目，在不同地域的展现形式亦各具特色。因此，在保护工作中应避免采取单一标准化的策略，而应实施差异化保护，以维护其地方文化精髓。以山西地区的秧歌为例，该艺术形式在晋南、晋中、晋北等地均有广泛分布，且因地域文化差异而衍生出伞头秧歌、平凤秧歌、踢鼓秧歌等多种类型，技术风格亦从南向北呈现出由细腻向粗放、由含蓄向直率、热情递增的变化趋势。若以统一标准加以规制，不仅会削弱山西秧歌的独特魅力与多样性，还可能割裂地域民族传统体育的文化连续性，进而影响整个文化生态的平衡与发展。

4. 活态性保护原则

在探讨文化遗产保护策略时，需明确物质文化遗产与非物质文化遗产在保护侧重点上的差异。物质文化遗产作为实体存在，其保护方式通常侧重于固态保护，具体手段包括建立博物馆进行展览与储存、划定物质文化遗产保护区，以及通过收藏家的私人收藏等途径。这些方法旨在确保物质文化遗产的物理完整性与历史价值的延续。

相对而言，非物质文化遗产则聚焦人类社会实践、表演、表现形式等动态领域，其核心在于技艺、精神与经验的传承，具有显著的流变性特征。因此，非物质文化遗产的保护需采取活态保护策略，这涉及维护其存续的生态环境、支持传承人的活动平台，以及促进社区参与等，以确保其生命力与文化内涵得以延续。

以山西省民族传统体育为例，其传承方式依赖于口耳相传与言传身教，要求体育项目以鲜活的形态存续于民间，这凸显了活态保护的重要性。然而，仅凭活态保护不足以全面涵盖所有保护需求，因为体育项目中涉及的器材、道具以及历史记载等物质文化资源，同样需要得到妥善保存。这些物质元素是理解体育项目文化内涵与历史脉络的关键，因此，固态保护方法在此类资源的保护中，仍扮演辅助但不可或缺的角色。

针对山西省民族传统体育文化资源的保护，应采取以活态保护为主导，辅以固态保护的综合策略。这种保护模式旨在平衡非物质文化遗产的动态传承与物质文化资源的静态保存，从而确保山西省民族传统体育文化资源的完整性，为其持续发展与有效传承奠定坚实基础。

（二）山西民族传统体育文化资源的保护方法

1. 将民族传统体育项目引入校园

在学校教育体系中引入民族传统体育，不仅能够有效促进学生体质的全面提升，进一步丰富其课余生活的文化内涵，还扮演着深化学生对中国传统文化认知与理解的重要角色。鉴于青少年群体作为未来社会发展的核心力量，且学校具备人口密集与活动时间集中的特点，这一举措尤为关键。通过在学校中推广民族传统体育，能够有力促进文化认同感的形成，显著增强民族自信心与自豪感，进而加固民族凝聚力，为民族传统体育的活态保护与传承提供一个生动且高效的平台。踢毽、抖空竹、拔河、花鼓、威风锣鼓等传统体育活动逐步融入学校课程或体育活动中。诸如叉方、裁丁等益智类游戏，以及跳皮筋、顶拐等儿童游戏项目，在学校中拥有稳固的群众基础，持续焕发着活力。随着民族传统体育日益受到重视，将其纳入学校教育体系已成为推动其传承与创新发展的一个行之有效且不可或缺的路径。

2. 对民族传统体育项目进行现代化改良

对我国民族传统体育现代化的探索，旨在为其开辟一条契合现代社会进步的发展路径，促使中国传统体育文化与现代体育文化和谐共生，进而更有效地保护与传承中国传统体育文化精髓。具体而言，山西省在推进民族传统体育现代化方面，可以采取以下两大策略。

（1）聚焦民族传统体育器材的现代化革新。鉴于许多民族传统体育器材源自生产劳动工具，其原始形态在表演中往往伴随着一定的安全风险，这在一定程度上阻碍了项目的传承及其健身、观赏价值的充分展现。例如，通过技术改良，风火流星表演中的传统木炭被闪光球所替代，不仅显著提升了表演的安全性与持续性，还极大地增强了观赏效果，为这一传统体育项目在新时代的传播与传承奠定了坚实基础。将现代科技元素融入传统器材，如在抬阁项目中增设霓虹灯与彩灯，使得表演更加绚烂多彩，进一步提升了观赏体验。这一系列器材现代化举措，不仅丰富了传统项目的观赏性，还成功融入了现代文化元素，促进了民族传统体育与现代社会的适应性，有利于其更好地传承与发展。

（2）民族传统体育活动方式的现代化转型。通过融合现代审美观念与引入现代化规则，可以有效满足当代人的审美需求，赋予传统体育项目新的活力。例如，将现代交通工具与尉村跑鼓车等传统活动相结合，创新性地打造出大型彩车表演形式，车上进行的鼓乐等表演极大地提升了活动的观赏性和吸引力，为传统体育项目注入了新鲜血液。在此过程中，现代化改良应谨慎处理，确保不改变其传统文化的本质特征，维护其原真性，这是保持民族传统体育独特魅力与文化价值的关键所在。

3. 依靠传统节日，传承民族传统体育项目

山西省的众多民族传统体育活动与当地的庙会节日之间存在着紧密依附关系，这一联结点为保护与传承民族传统体育提供了有效的路径。2009年5月，山西省正式公布了包括洪洞羊獬"三月三"走亲、广胜寺"三月十八"庙会及乡宁中和节等在内的15个民族传统节日作为保护示范地，此举对于维系民族传统体育活动的生命力具有重要意义。

为进一步促进这些节日及其承载的体育活动，政府部门需采取积极主动的策略，不仅要在节日期间组织相关活动，还应加强宣传攻势，提供必要的财政扶持，并鼓励民众广泛参与，以此发挥政府的引领与催化作用。这些各具地域特色的传统节日，各自蕴含着深厚的文化内涵，诸如清明节缅怀先人的情感寄托、端午节纪念英烈与驱邪避灾的传统观念，以及中秋节家人团聚的美好愿景。通过将这些传统文化元素融入民族传统体育项目中，不仅能够极大地丰富节日氛围，还有助于维护和保

存民族传统体育的完整性与原真性，为传统文化的现代传承提供积极且富有成效的实践范例。

4. 民族传统体育文化资源的数字化保护

构建山西省民族传统体育文化资源数字博物馆是一项旨在有效保护与传承该省丰富民族传统体育文化遗产的重要举措。此过程涉及对山西省内广泛分布的民族传统体育文化资源进行系统性搜集与整理，进而运用先进的数字化手段，如录像、录音、摄影等技术，对这些资源进行全面记录，并辅以详尽的文字描述，以确保信息的完整性和准确性。这一步骤不仅有助于资源的永久保存，还促进了文化资源的活化利用。随后，需将搜集整理后的民族传统体育项目，依据科学合理的分类体系进行编排，纳入山西省民族传统体育文化资源数据库中。这一分类与编码过程极大提升了资源的可检索性与利用效率，便于研究者、爱好者及广大公众便捷地查阅与学习，有效达成保护民族传统体育文化资源的目标。

在以上基础上，构建一个由官方或权威机构支持的在线平台，作为资源分享的核心载体，显得尤为关键。通过此平台，不仅能够实现民族传统体育文化资源的高效共享，拓宽传播渠道，还能充分利用互联网的广泛影响力，吸引更多公众关注山西省独特的民族传统体育，激发民众参与热情，进一步夯实其社会基础。互联网作为当代信息传播的主阵地，其在促进文化认知、增强文化认同、扩大文化影响方面的作用不容忽视，对于推动山西省民族传统体育文化的传承与发展具有重要意义。

第二节 山西民族传统体育文化旅游资源的开发

随着当代经济快速发展，旅游已不再是只依靠景区门票收入的观光型旅游，而是逐渐转向体验型旅游。人们逐渐认识到民族传统体育文化旅游可以为传统旅游业注入新的活力，进而进行民族传统体育文化旅游的开发。[①]

山西作为华夏文明的重要发源地之一，享有"五千年文化看山西"的崇高声誉。在其深厚的历史积淀中，孕育了独具魅力的三晋文化，民族传统体育文化则是这一文化宝库中的璀璨明珠。随着全球经济一体化的加速推进、文化多样性的日益彰显以及网络信息技术的广泛渗透，当前时代背景下，国家与政府层面对于民族文化遗产的保护工作给予了前所未有的重视。在此背景下，山西省的民族传统体育文化迎来了前所未有的发展机遇，焕发出新的生机与活力。

以山西省晋中市为具体研究对象，可以深入剖析其民族传统体育文化与旅游产业融合发展的现状。晋中市凭借其丰富的民族传统体育资源，积极探索与旅游产业相结合的路径，旨在通过两者的深度融合，打造一系列具有鲜明民族特色的经典体育旅游线路。这种发展模式不仅有助于挖掘和传承当地的民族传统体育文化，还能以点带面，推动整个山西省文化旅游品牌的塑造与提升。通过这一举措，不仅能够有效弘扬民族传统体育文化，增强文化自信心与民族自豪感，还能为山西经济的转型升级注入新的动力，促进地方经济的持续健康发展。

一、晋中市民族传统体育文化与旅游产业的发展现状

（一）晋中市民族传统体育文化的发展现状

晋中市作为三晋文化的重要发源地，其深厚的历史底蕴孕育了北方农耕文明的诸多经典传统，进而催生出丰富多彩的民俗体育项目。诸如高跷、滚铁环、旱船、祁太秧歌及多种节庆活动，不仅丰富了民众的精神生活，也成为地域文化的重要组成部分。伴随晋商的崛起，镖局文化

---

① 赵建强，权黎明，张晶杰. 文化旅游路径下民族传统体育文化资源开发研究[J]. 武术研究，2020，5（2）：104.

应运而生,进一步促进了民族传统武术的繁荣,如太谷形意拳、榆社霸王鞭等武术流派在此地生根发芽,展现出独特的武术风貌。尤为值得一提的是,太极柔力球作为对太极拳的创新发展,不仅继承了传统文化的精髓,还成为新时代民族传统体育的一大亮点。然而,当前晋中市的民族传统体育文化面临着严峻挑战,除太极柔力球外,众多传统体育项目因城市化进程的加速而逐渐边缘化,其保护与传承工作亟待加强。

(二)晋中市旅游产业的发展现状

晋中市地处山西省中部,下辖太谷、介休、祁县等多个历史文化区域,拥有得天独厚的旅游资源。从人文景观视角审视,晋中市历史积淀深厚,文化遗迹遍布,不可移动文物数量庞大,其中平遥古城作为世界文化遗产,以其完整的古城风貌和丰富的历史遗存,成为山西晋商文化的标志性景观。乔家大院、渠家大院、王家大院等民居建筑,不仅展示了晋商文化的独特魅力,也反映了当地民俗风情。自然风光方面,晋中市同样拥有不凡的景致,构成了一幅幅动人的山水画卷。然而,尽管晋中市旅游资源丰富,但其旅游吸引力与西安、丽江等热门旅游城市相比仍显不足。面对当前旅游市场多元化、个性化的需求,晋中市旅游业需积极探索转型升级之路,以满足游客对于休闲、娱乐、健身及精神文化需求的综合体验,从而在激烈的市场竞争中脱颖而出。

二、民族传统体育文化产业与旅游产业的互动关系

(一)旅游业促进民族传统体育文化的传承

民族传统体育文化植根于华夏先民的渔猎生活之中,它不仅是生活习俗与休闲方式的映射,也是中华传统文化宝库中不可或缺的组成部分。然而,随着工业化与信息化的浪潮席卷全球,以及外来文化的渗透,众多优秀传统文化面临前所未有的挑战,部分甚至濒临失传。加之传统上中国社会的内敛特质,对于民族传统文化的保护工作曾显得力不

从心。近年来，国家层面的重视显著提升，强调深入挖掘并创新传承中华优秀传统文化的重要性，这为传统文化的现代传承指明了方向。在此背景下，民族传统体育文化凭借其观赏、休闲、健身及娱乐的多元价值，与旅游业的发展目标不谋而合。作为第三产业的领军行业，旅游业不仅吸引了国内外广泛游客的关注，而且通过其平台效应，为民族传统体育文化的展示与传播提供了广阔的舞台，对于推动该文化的传承与发展具有不可估量的价值。

（二）民族传统体育文化推动健康旅游的发展

健康旅游的概念自 20 世纪 80 年代初在国外兴起，旨在通过旅游活动改善亚健康状态，提升身心健康水平，这一理念契合了人民日益增长的美好生活需要。展望未来，随着健康意识的普遍提升，健康相关产品与服务必将迎来更为广阔的市场空间，健康产业也将步入快速发展的黄金时期。在此背景下，旅游景区的转型升级显得尤为重要，而体育旅游作为一种融合了旅游与健身的新兴模式，通过让游客在享受休闲娱乐的同时，观赏民族传统体育表演、深入了解民族文化、亲身参与特色体育活动，不仅能够有效促进身体健康，还能极大丰富游客的精神世界，满足其对于健康与文化的双重需求。因此，民族传统体育文化在健康旅游领域的运用，不仅是对传统旅游模式的一种创新，更是推动健康旅游产业高质量发展的有力引擎，预示着更加广阔的发展前景。

（三）两者融合能够提升山西美誉度和知名度

迄今为止，山西省给外界最为显著的认知标签仍然是其历史上享誉全国的"煤炭产业"。但鲜为人知的是，山西还是全国范围内保存数量最多、品质最优的古建筑群所在地，其中宋代以前的古建筑竟有七成以上留存于此。回溯至明清时期，山西曾是中国经济最为发达的省份之一，晋商群体所累积的财富之巨，足可媲美皇室。这片肥沃的土地还孕育了众多杰出人物，包括战国时期的思想巨擘荀子、汉朝时期的杰出将领卫青、东汉末年被誉为"武圣"的关羽、中国历史上唯一的女皇帝武则天，以及狄仁杰、白居易、王勃、司马光、柳宗元等文化名人与文学大家。这些宝贵的文化资源，共同彰显了山西的物华天宝与人杰地灵，遗憾的是，它们并未得到应有的广泛认知与传播。

鉴于此，探索并推广以民族传统体育文化旅游为核心的新型旅游模式，成为一个值得尝试的路径。该模式旨在通过吸引外省游客亲临山西，将民族传统体育的观赏性、参与性、文化传承价值及休闲娱乐功能融入旅游体验之中。游客不仅能够深入了解山西丰富的文化底蕴，还能通过亲身参与体育活动，切实感受山西民俗风情的健康活力与多姿多彩。这种深度互动的方式，有助于打破外界对山西的固有印象，进而提升其整体的知名度与美誉度，让更多人认识到山西作为文化大省的独特魅力与深厚底蕴。

三、晋中市民族传统体育文化旅游资源的开发思路

（一）利用柔力球助力平遥古城文化推广

柔力球是一种源自中国晋中的体育创新项目，自2012年起，由国家体育总局每两年举办一次的国内最高规格、最大规模的国际性柔力球赛事，吸引了来自十多个国家的近百支队伍积极参与，彰显了其广泛的国际影响力与吸引力。对于柔力球这一蕴含丰富民族特色的本土体育项目，应持更加开放与自信的态度，积极借鉴其他成功案例，如西安大唐不夜城通过"把手给我""石头人""仙女飞天"等特色街头表演，有效提升城市文化影响力的做法。具体而言，可通过组织专业运动员身着具有地方特色的民族服饰，在平遥古城内配合展现当地民俗风情的音乐，进行柔力球的街头套路表演及隔网竞技展示，并将此类表演设定为常态化的固定时间活动，使之成为古城内一道独特的风景线。此举不仅能够打破"国内古城同质化，依赖纪念品销售"的传统模式，还能以富有民族特色的古城观光体验，吸引游客在享受休闲娱乐的同时，亲身参与并感受柔力球的独特魅力，进而加深对平遥古城民族传统文化的理解与认同，为柔力球文化的传承与发展注入新的活力。

（二）以形意拳擂台表演凸显镖局文化

形意拳这一源自山西省晋中市太谷区的武术流派，被誉为"我国四大拳种之一"，并在2018年荣获国家级非物质文化遗产的殊荣。然而，在其发源地太谷，形意拳的传承与发展却面临严峻挑战。

在历史上，形意拳的繁荣与明清时期晋商的崛起紧密相连。太谷作为晋商群体中资产雄厚、产业多元的代表，随着商业贸易的蓬勃发展，跨地域交易的需求激增，进而催生了镖局文化。镖局作为独立运营的企业实体，承担着繁重的镖务，业务范围广泛，包括走镖、护院、坐店、巡更、银两运送及随从保镖等。这些多样化的任务对镖师提出了极高要求，而形意拳师傅凭借其精湛的武艺与高尚的武德，成为商贾们竞相聘请的首选对象，特别是在各大院落中担任护院职责的，多为形意拳高手。昔日著名的三多堂曹家大院，其护院家丁数量之众，便可见一斑。

时至今日，随着社会的文明进步与快递行业的蓬勃发展，镖局文化已逐渐淡出历史舞台，形意拳也因此失去了其原有的文化载体与发展土壤，发展势头受挫。面对这一现状，亟须为形意拳的全国性推广寻找一个更为契合的平台，而旅游业无疑是一个理想的选择。晋中市因其丰富的历史文化资源而备受游客青睐，在大院景区内设立形意拳表演擂台，不仅能够重现昔日镖局文化的辉煌景象，还能让游客在游览历史遗迹的同时，亲身参与形意拳的练习，深切感受其"六合"技击的独特魅力。此举对于弘扬民族传统体育文化，推动形意拳的传承与发展，无疑具有积极而深远的意义。

（三）以"重寻万里茶道"带动晋商文化繁荣

万里茶道可追溯至17世纪至20世纪初，由晋商群体开创并主导，沿线众多商民共同参与维护，形成了一条自福建武夷山延伸至俄罗斯恰克图的商贸与文化交流大道，横跨亚欧大陆，展现了非凡的商贸智慧与坚韧不拔的开拓精神。作为茶道网络的关键节点，祁县扮演了晋商"万里茶道"的中枢角色，其境内茶路绵延逾百公里，保存着丰富的历史遗迹，诸如23处古茶庄旧址，以及遍布全境的茶商票号、货运驿站等，这些遗迹不仅见证了昔日的商贸繁盛，也成为研究晋商文化不可或缺的宝贵资源。当前，通过"重寻万里茶道"这一宣传口号，该地区积极吸引游客以徒步体验的方式，深入探索乔家大院、渠家大院等历史建筑群的兴衰历程，进而深刻体会古茶道上晋商的辉煌成就与商贸文化的独特魅力，此举对于传承与弘扬中华优秀传统文化、促进国际文化交流与合作具有不可忽视的积极作用。

第三节　山西运城关公体育文化的传承路径

山西运城作为中华文明的发源地之一，拥有丰富的历史文化遗产。在这片古老而充满活力的土地上，关公体育文化以其独特的魅力和深厚的底蕴，成为传承和弘扬中华传统文化的重要载体。关公，即三国时期的名将关羽，以其忠义仁勇的精神形象，成为中国传统文化中备受推崇的英雄人物。关公体育文化是武圣关公的体育表达，也是关公文化的体育精神诠释。关公体育文化是以三国武将关羽为历史原型，以忠义仁勇等伦理道德为行为实践标准，以民俗体育、非遗体育、体育竞赛、体育精神、体育制度等为表现形式的传统体育文化体系。[①] 运城作为关公的故里，更是将关公文化与体育文化深度融合，形成了独具特色的关公体育文化。

通过深入挖掘和分析关公体育文化的历史渊源、发展脉络和传承方式，揭示其在新时代背景下的传承价值和发展潜力。从体育赛事的举办到学校教育的传承，从武术赛事的推广到跤王争霸赛的连续举办，运城关公体育文化以其多样的形式和丰富的内涵，为地方经济发展、全民健身和文化传承注入了新的活力。

---

① 王冬慧，暴丽霞，林辰宣. 关公体育文化的概念、结构与功能阐释［J］. 体育研究与教育，2020，35（4）：80.

一、增进政策法规体系与支持效能

伴随社会的进步与时代的变迁,体育旅游与文化发展已成为不可逆转的时代潮流。在此背景下,国家层面亟须出台一系列具体而详尽的政策措施,旨在强有力地推动我国优秀传统文化的蓬勃发展。山西省作为具有深厚文化底蕴的省份,应当紧跟国家战略步伐,精心策划并推出富有地域特色的文化发展主题,借此提升本省文化的全国乃至国际知名度。具体到地方文化符号如武圣关公,应主动探索并实践具有自身特色的主题项目,大力创新体育主题活动,以弘扬关公所蕴含的体育精神。政府层面则需进一步强化对体育与旅游融合发展的支持力度,为各地文化产业提供明确且实惠的政策福利,并依据各地独特的文化资源,制定针对性的扶持政策,特别是要加大对传统文化资源的宣传与推广力度。

二、深化教育制度改革与优化

针对当前教育体育制度的现状,国家应着手进行系统性改革,旨在完善体育人才培养体系,实现人才输出的高质量化,为包括武圣关公文化在内的体育事业输送兼具体育专业技能、管理才能及经济头脑的复合型人才。教育体制的建设性人才培养不应再局限于传统框架内,而应广泛吸纳来自不同领域的优秀人才,以促进关公文化产业的多元化发展。在高等教育体系中,尤其是全日制本科阶段,增设关公文化相关课程,使高层次人才能够深入了解并传承关公文化。面向全国范围定期举办关公文化爱好者培训班,邀请熟知关公文化的专家进行授课,以增进社会各界对关公文化的认知与认同。

三、构建"武圣关公"体育赛事交流机制

为了有效打造关公文化品牌活动,加强其文化产权保护与品牌宣传力度,需策划并实施如"关公面前耍大刀""武圣杯跤王争霸赛"等一系列具有影响力的活动。在此基础上,依托"体育比赛""关公竞技

场""关公格斗大赛"等品牌活动,成立关公体育文化发展有限公司,进一步拓展"国际关公武术文化节""关公武术文化论坛"等研究新领域,为关公武术文化的挖掘与传播提供新的视角。对市场运营、竞赛组织、健身活动及民间娱乐性活动进行规范化管理,以确保关公体育赛事交流平台的健康有序发展。

四、革新关公文化体育旅游文化产品

国际关公文化旅游节作为弘扬关公文化的重要平台,其核心聚焦关公形象,辅以经济发展与旅游文化的双重驱动,构成了一种独特的民间表演艺术形态,有效促进了关公文化与城市经济及关联产业的深度融合与协同发展。关公故里深厚的文化底蕴与丰富的自然资源,为旅游业的繁荣提供了坚实的基础,进一步丰富了物质文化资源。在公共文化产业范畴内,关公文化占据了引领地位,有力推动了公共体育、民间体育及非物质文化遗产体育的深度融合与市场导向型发展。作为中国文化的重要符号,关公文化的核心价值观具备极高的学习与借鉴价值。因此,创新关公旅游体育文化产品,不仅能够深化关公文化与城市经济及体育文化的融合,还能够通过构建关公体育赛事交流平台,开辟新视角,以实现市场、竞赛、健身及娱乐性民间活动的规范化管理,从而激发新的活力。

五、构建生活化的武圣关公体育生活方式

体育运动作为人类日常生活的重要组成部分,不仅是文明进步的体现,也是促进个体身心健康、丰富休闲生活的有效途径。通过组织系列民俗文化活动,能够促使传统文化与体育文化的深度融合,为传统文化的传承与发展注入新的活力,同时拉动地方经济与旅游业的增长。武圣关公运动以其鲜明的地域特色、竞争性与趣味性,丰富了民族传统文化的多样性,使民间体育活动更加贴近民众生活,提升了民众参与热情,进一步扩大了武圣关公文化旅游及体育文化的影响力与知名度。将武圣

关公体育赛事纳入非物质文化遗产名录，不仅彰显了国家对民族传统文化与体育文化的重视，也体现了武圣关公体育精神的深远影响。为了将这一精神更好地传承给下一代，应从青少年教育入手，将武圣关公的体育精神融入校园，为传统文化的持续传承与发展奠定坚实基础。

六、推进非物质文化遗产申报与保护工作

山西省的"武圣关公"体育比赛已被正式列为非物质文化遗产，此赛事深刻展现了关公文化信仰群体特有的生活方式与个性特征。作为以口头传授及师徒制为主要传承方式的民间生活文化遗产，"武圣关公"蕴含着丰富的民间知识、文化精髓与技能技艺。针对此类具有深厚历史底蕴的民间文化，亟须加速推进非物质文化遗产项目的申报进程，旨在实现对民间体育活动的公共保护，并为它们的传承与发展构建政府层面的保障机制与财政支持体系，从而确保其生命力得以延续。

七、建立关公体育文化校园传承体系

青少年群体承载着国家的未来与希望，在推动中国梦的实现、传承与弘扬关公文化及体育精神方面扮演着至关重要的角色。将"武圣关公"精神融入校园体育活动之中，通过开展多样化的民间体育活动，不仅能够激发学生的参与热情，更是推动民间体育发展的强大驱动力。为此，学校应积极探索并实践聘请非物质文化遗产传承人在校内执教的模式，为"武圣关公"体育活动的校园传承奠定坚实基础；加快体育示范园区及示范基地的建设步伐，如将关公文化元素融入校园建设，积极申请将特色项目纳入非物质文化遗产名录。通过此类举措，进一步促进关公体育文化的校园传承与发扬。

第五章 民族传统体育文化的现代传承机制

民族传统体育文化是中华民族精神文明的重要组成部分，其传承与发展不仅关乎文化的延续，更涉及国家的文化自信和社会的和谐发展。本章将详细探讨民族传统体育文化的现代传承机制，主要从政府提供政策支持措施、教育体系中的传承发展以及社会组织与民间传承活动三个方面进行分析。

第一节 政府提供政策支持措施

政府在民族传统体育文化的传承与发展中扮演着至关重要的角色。政策支持措施的制定与实施，为传统体育文化的保护、传承与创新提供了强有力的保障。

一、制定专项政策

国家与地方政府应当针对民族传统体育项目，制定具体的专项政策。这些政策应涵盖多个方面，包括对民族传统体育项目的正式认定、支持资金的合理拨付及相应场馆建设的系统规划等。

第一，政策的制定应确保对民族传统体育项目的认定具备科学性与权威性，以明确传统体育文化的范畴和特征。通过这种认定，政府能够为各类民族传统体育活动的推广提供基础依据。

第二，政府应设立专项资金，以鼓励个人和团体积极参与传统体育文化的保护与传承。资金的合理拨付可以为各级组织提供必要的经济支持，助力项目的可持续发展。

第三，政府应当依据地域特色与实际需求，合理布局传统体育场馆，以促进民众参与传统体育活动的便利性和积极性。通过系统的政策措施，政府能够为民族传统体育文化的传承与发展提供法律保障和经济支持，从而激励更多个人和团体的参与，形成全社会共同保护与传承民族传统体育文化的良好氛围。

二、建立文化传承机构

政府应设立相应机构，可能包括文化局、体育局等政府部门下属单位，专责于民族传统体育文化的调研、保护与宣传工作。这样的机构不仅能够系统化地开展传统体育文化的相关活动，还能确保在政策执行与项目实施中具有较强的协调性和有效性。这些传承机构应加强与高校、研究机构及民间组织的合作，形成多元化的协作网络，以促进民族传统体育文化的研究与传播。通过与学术界的合作，可以深入挖掘和整理传统体育文化的历史背景、技艺特点和文化内涵，为其发展提供理论支持。与民间组织的联动则能够扩大参与面，增强社会各界对民族传统体育文化的关注与支持。

三、提供经费支持

为有效推动民族传统体育文化的发展，政府应在财政投入上加大力度，以确保各项相关项目的顺利实施与持续发展。具体而言，资金的合理运用将对民族传统体育项目的培训、活动组织、设施建设和研究推广等多个领域产生积极影响。

第一，资金的投入将为民族传统体育项目的培训提供必要的资源支持。这不仅有助于培养专业的教练和传承人,还能增强参与者的技能水平,从而提高整体活动的质量和参与度。

第二,资金的支持将促进各类活动的组织,包括传统体育比赛、文化展示和社区活动等。这类活动不仅丰富了公众的文化生活,也为民族传统体育文化的传承创造了良好的环境和氛围。

第三,政府应当确保运动场地、训练设施等的建设与维护,为参与者提供良好的运动环境,进而吸引更多的人加入民族传统体育的行列中来。通过对研究推广的资助,政府能够鼓励学术界对民族传统体育文化进行深入的研究,促进传统文化的创新与发展,确保其在现代社会中的适应性与活力。

四、开展文化交流活动

政府应积极组织各类文化交流活动,以促进不同地区和民族之间的传统体育文化互动。这些活动不仅提供了一个展示各民族传统体育项目的平台,还能够增强不同文化之间的相互理解与融合。

通过文化交流活动,各民族的传统体育文化得以相互借鉴与学习,形成更为丰富多元的文化生态。这类活动能够提高公众对民族传统体育文化的认知度与参与度,激发更广泛的社会关注与支持。在这样的背景下,民族传统体育文化的传承与发展将迎来新的机遇。文化交流活动的开展有助于增强民族自豪感和凝聚力,使参与者在共同文化体验中建立更为紧密的联系。这不仅是对传统体育文化的弘扬,也是在全球化背景下强化民族文化自信的重要举措。因此,政府应通过有效的政策与组织,推动各类文化交流活动的实施,为民族传统体育文化的持续传承创造良好的环境和条件。

五、加强宣传与推广

现代传播手段的多样性为文化的传播提供了新的机遇,包括电视、广播和互联网等平台,均可成为民族传统体育文化知识和内涵普及的重要渠道。通过这些媒介，公众能够更全面地了解民族传统体育文化的丰富内涵和历史渊源，进而提升对该文化的认同感和参与意愿。利用社会名人和媒体资源进行推广，也将显著提高民族传统体育文化的知名度。这些名人通过自身的影响力，可以有效吸引更多关注，促进文化的传播与接受。媒体的广泛覆盖能力和即时性特征，使其能够快速传播民族传统体育文化的相关信息，营造浓厚的社会氛围，鼓励公众积极参与传统体育活动。

在推广过程中，应特别关注如何将民族传统体育文化与现代社会生活相结合，使其更具时代感和吸引力。通过组织主题活动、展览和比赛等形式，增加公众的参与度与体验感，不仅可以提升传统体育文化的社会价值，也能增强其在现代生活中的实际应用。

第二节　教育体系中的传承发展

教育是民族传统体育文化传承与发展的重要途径。通过在教育体系中融入民族传统体育文化，可以培养青少年对传统文化的认同感与自豪感。

一、将民族传统体育文化纳入课程体系

高校及中小学应当重视这一文化的教育价值，通过开设相关课程和活动，使学生能够深入了解民族传统体育文化的丰富内涵与独特价值。具体而言，课程内容应涵盖民族传统体育的历史背景、文化意义、技艺特点等多个方面，以便学生在理论学习中全面了解这一文化形态。

第一，民族传统体育文化的课程设置不仅要注重知识的传授，更要强调对学生审美与实践能力的培养。通过多样化的教学形式，如理论讲授、实践训练、文化探讨等，激发学生对民族传统体育文化的兴趣，提

升其参与度。特别是实践活动，如传统体育项目的参与和展示，可以让学生在体验中感受到这一文化的魅力，增强其对民族文化的认同感和归属感。

第二，教育者应当设计符合学生年龄特点和认知水平的课程内容，以确保课程的有效性和吸引力。在课程中融入互动性与趣味性元素，有助于提高学生的学习积极性，使其在愉悦的氛围中理解和掌握民族传统体育文化的相关知识。借助现代科技手段，如多媒体教学、网络课程等，可以丰富课程的表现形式，使民族传统体育文化的教学更加生动和形象。

第三，学校应当将民族传统体育文化纳入课程体系，也应注重与其他学科的融合。通过跨学科的学习，学生能够在更广泛的文化语境中理解民族传统体育文化的意义。例如，结合历史学、艺术学、社会学等领域的知识，让学生从多个维度审视民族传统体育文化，增强其综合素养与批判性思维能力。

第四，学校应当积极开展民族传统体育文化的推广与传播活动，如文化节、展览、比赛等，以丰富校园文化生活。在这些活动中，学生不仅能够参与传统体育项目的实践，还可以通过组织、策划和参与活动，培养其团队合作意识和组织能力。这些经历将为学生的个人成长提供重要支持，同时也为民族传统体育文化的传承与发展奠定坚实的基础。

二、开展课外活动与培训

学校可以组织如舞狮、舞龙、武术等具有代表性的传统体育项目，使学生在课外实践中接触并参与这些活动，逐步加深对民族文化的理解与认同。通过开展这些课外活动，学生不仅能锻炼身体素质，还能够在实际操作中体验和领悟传统体育的精神内涵。

学校应组织形式多样的培训班、夏令营等活动，为学生提供更系统化和持续化的学习途径。这些活动能够在较为集中的时间内，强化学生对民族传统体育项目的认知与掌握，增强其实践能力。在这些培训活动中，学生通过亲身参与，不仅能够提高技能水平，还能增强对民族体育文化的兴趣与热爱。这种教育方式将理论与实践相结合，有助于提升教学的效果，避免单一的课堂教学模式所带来的局限性。

为了进一步提升课外活动与培训的质量，学校还应积极引入专业人士和民间艺人参与到相关活动中。这些专家不仅具备丰富的实践经验，还能够传授更为细致的技艺和文化知识，为学生提供宝贵的学习资源。通过与专业人士的互动，学生可以更深入地了解民族传统体育的文化底蕴和发展历程，从而在参与中感受到文化的传承价值。民间艺人的加入有助于提升活动的趣味性和吸引力，激发学生的学习热情，并增强他们对民族传统体育文化的自豪感和认同感。

通过这些多样化的活动，学校能够营造浓厚的民族传统体育文化氛围，让学生在潜移默化中接受文化熏陶。开展课外活动和培训，不仅是对民族传统体育文化的传承，也是对学生综合素质的提升，助力他们在身体素质、文化修养、集体精神等方面得到全面发展。这一举措符合现代教育的理念与目标，为学生未来的成长与发展奠定坚实基础。

三、加强师资队伍建设

师资队伍不仅是文化传承的桥梁，更是推动民族传统体育文化融入现代教育体系的中坚力量。

第一，加强与地方文化机构和民间体育组织的合作，积极引进具有丰富实践经验的传统体育教练和民间艺人，将其作为专业教师和培训师融入教育队伍中。这些教练和艺人不仅具备高水平的技艺与实操经验，还对民族传统体育的历史渊源和文化内涵有着深刻的理解与领悟，能够有效引导学生掌握传统体育项目的技巧与精髓。

第二，为确保师资队伍的专业性与可持续发展，学校应定期组织教师参与相关的专业培训和教学交流。这不仅有助于教师拓宽知识视野，更新教学理念，还可以帮助其提升教学技能和科研能力，从而增强其教学质量与效果。通过这些培训，教师能够更深层次地理解民族传统体育的文化背景和发展脉络,将传统体育项目融入现代教育中,使其更具吸引力和时代性。

第三,教育部门和学校管理层应注重师资队伍的学术能力建设,鼓励教师参与民族传统体育文化的学术研究和实践创新。通过组织学术研讨会、教学观摩和课题研究等方式,提升教师在民族传统体育文化研究领域的学术水平,使其不仅能胜任教学任务,还能在学术领域推动相关研究的深入开展。学术研究的推进,不仅能够丰富教学内容,还能为民族传统体育文化的传承提供理论支持和实践指导,形成教学与研究相互促进的良性循环。

第四,师资队伍的建设应关注到个体教师的职业发展和心理需求。学校应当为教师提供良好的职业发展平台,建立科学合理的晋升机制,激发其工作热情与创新动力。通过良好的管理机制,教师不仅可以在教学中感受到成就感和价值感,还能够在职业发展中实现自我提升和突破,从而为民族传统体育文化的长期传承与发展奠定坚实基础。

四、促进家校合作

学校在推动民族传统体育文化传承的过程中,除了依托课堂教学和课外活动外,还应积极构建家校合作的机制,形成教育合力。通过加强与家长的沟通与协作,不仅可以增强家长对民族传统体育文化的认知,还能够为学生的文化学习与实践创造更丰富的家庭环境。

第一,学校应通过多种渠道与家长进行深入交流,使家长意识到民族传统体育文化传承的重要性。可以通过家长会、宣传手册、学校网站等方式,让家长了解民族传统体育文化所蕴含的历史、文化价值及其对学生身心发展的积极作用。学校可以在家长会上向家长们介绍具体的民族传统体育项目,阐述其教育意义,并鼓励家长支持孩子参与相关活动。家长的认知与认同是促进家校合作、传承民族文化的重要前提。

第二,学校可以通过家庭作业的形式,将民族传统体育文化融入学生的家庭生活中。例如,布置一些与民族传统体育相关的家庭作业,鼓励学生与家长共同参与。这不仅能够加深学生对民族传统体育文化的理解，还能够增进亲子关系，使文化的学习与传承更加生动、有趣。此外，这种形式还可以通过家长的参与，将民族传统体育文化从校园延伸至家庭，进一步扩大文化影响力，形成学校与家庭共同促进文化传承的良性互动。

第三，学校可以组织一些专门为家长设计的活动，如邀请家长参与的民族传统体育体验日，或安排家长与学生共同参与的文化夏令营等。通过这种形式的互动，家长可以亲身体验民族传统体育文化，并与孩子一同学习和实践。这不仅能激发家长的兴趣，还能够增强家长与学生之间的文化纽带，使家庭成为文化传承的重要阵地。

五、开展研究与探索

高校作为知识创新和文化传承的前沿阵地，具备开展系统性研究的资源与平台。因此，高校应积极设立专门的研究机构和学术团队，以深入探讨民族传统体育文化的历史沿革、现状分析以及未来发展趋势。这一研究不仅可以丰富民族传统体育文化的理论体系，还能为其未来的实践提供科学依据与理论支持。

第一，研究工作的开展应聚焦民族传统体育文化的多维度分析。通过跨学科的视角，研究人员可以对不同民族的传统体育项目进行全面梳理，从历史的脉络中挖掘其文化内涵与社会功能。了解民族传统体育项目的演变过程、区域差异以及与当地社会、经济、文化的关联性，有助于系统化、科学化地总结其发展的规律和特性，为后续的理论建构奠定坚实基础。研究工作还应注重民族传统体育项目在当代社会的现状，通过实地调查、数据分析等方式，了解其在不同社会群体中的接受度、发展瓶颈以及面临的挑战，以此为后续的发展策略提供精准的参考依据。

第二，高校的研究与探索不仅应停留在理论层面，还应注重研究成果的实际应用。通过学术研究积累的理论成果，能够为相关政策制定者和实践者提供科学的决策依据。例如，在民族传统体育课程设置、文化推广活动设计、相关体育项目的推广和普及等方面，学术研究所产生的理论成果可以发挥重要作用。高校应鼓励研究人员通过定期发表研究论文、编写教材和参与学术研讨会等方式，将研究成果推广至更广泛的学术界和社会实践领域。

第三，高校应当积极推动与政府、企业、社会组织等多方力量的合作，构建产学研相结合的研究与应用体系。这种跨界合作模式能够有效促进研究成果的转化与应用，使理论研究不再局限于学术圈，而是更好地服务于民族传统体育文化的实际传承与推广。例如，通过与政府部门的合作，高校可以为民族传统体育文化相关政策的制定提供科学支持；通过与企业合作，可以推动民族传统体育文化与现代商业模式的结合，开发具有民族特色的体育产品或活动，增强其市场吸引力；通过与社会组织合作，可以在更广泛的社会层面推广民族传统体育项目，让其深入基层、深入社区，促进其普及与发展。

第四，随着全球化进程的加快，民族传统体育文化的国际化研究也应得到重视。高校应积极参与国际学术交流，通过与国际体育研究机构和专家学者的合作，推动民族传统体育文化在全球范围内的传播与认可。这不仅能够提升民族传统体育文化的国际影响力，还能借鉴国际先进的研究方法和实践经验，进一步完善相关的研究体系。

第三节　社会组织与民间传承活动

社会组织和民间传承活动是民族传统体育文化传承的重要力量，二者在促进民族传统文化的传播和保护方面发挥着不可或缺的作用。通过社会组织的积极参与和民间传承活动的开展，可以有效推动民族传统体育文化的发展，形成更加广泛的社会参与基础，增强文化传承的可持续性。这不仅有助于保护传统文化的完整性，也有利于民族文化的现代化转型与创新发展。

一、发展社会组织

社会组织在民族传统体育文化传承中的地位逐渐凸显。国家和地方政府应充分认识到社会组织在推动文化传承中的潜力,通过多种措施鼓励和支持其发展。

第一,政府应出台相关政策,为社会组织参与民族传统体育文化的传承提供法律保障和政策支持。通过完善法律法规,明确社会组织在文化传承中的权利与义务,使其能够合法、规范地开展活动。

第二,政府可以通过资金扶持、税收减免等措施,帮助社会组织解决运营中的资金问题,激励更多的社会力量参与到民族传统体育文化的保护与传播中来。

第三,政府应鼓励非营利性组织、文化团体等加入民族传统体育文化的传承队伍中。这些组织通常具备较强的组织能力和资源整合能力,能够有效推动传统体育文化活动的开展。通过组织比赛、培训、讲座等形式多样的活动,社会组织可以扩大民族传统体育文化的影响范围,吸引更多的社会公众参与。这不仅有助于提升文化的社会认知度,还能增强公众对民族文化的认同感和自豪感。

二、开展社区活动

社区作为居民生活的重要场所,也是民族传统体育文化传承的关键阵地。社区活动的开展可以将民族传统体育文化带入日常生活,让更多的居民在参与中感受到文化的魅力。社区内的传统体育活动形式多样,既可以是竞技比赛、文化表演,也可以是技能培训和文化交流。通过这些活动,居民不仅可以提高对传统体育项目的认识,还能够增强自身的文化归属感。

社区活动的开展还可以为居民提供一个共同学习和互动的平台,增强他们的文化认同感。在社区内,居民之间的互动频繁,文化传播可以通过这些活动在社区中更为自然地进行。政府和社会组织可以共同设计一些既具有文化传承意义又富有娱乐性的活动,吸引更多的居民参与进来。例如，定期举办民族传统体育赛事，既能增进社区居民的身体健康，也能让他们在活动中亲身体验传统文化的深厚底蕴。通过提供场地、设备等支持，社区可以为居民自发组织的活动提供便利条件，增强他们的参与积极性。社区活动的长期开展将有助于形成一种持久的文化氛围，使民族传统体育文化在社区内得到持续传播与弘扬。

三、鼓励民间艺人传承

民间艺人是民族传统体育文化的重要传承者，他们掌握着许多珍贵的传统技艺和文化知识。在传承民族传统体育文化的过程中，政府和社会应当加强对民间艺人的保护与支持，确保这些技艺能够代代相传。

第一，政府应制定相关政策，加大对民间艺人的扶持力度，尤其是对那些处于边缘状态的民间艺人群体。在政策上，政府可以通过为民间艺人提供专项补助、减少税收负担等措施，帮助他们更好地从事文化传承活动。

第二，政府和社会组织应通过举办民族艺术节、体育文化节等大型文化活动，为民间艺人提供展示技艺的平台。这些活动不仅可以吸引更多的人了解民族传统体育文化，还可以为民间艺人创造更多的交流与合作机会，提升其社会地位。民间艺人还可以通过这些活动，传授其技艺，培养出新一代的文化传承人，确保民族传统体育文化的薪火相传。

第三，民间艺人的传承活动应当得到全社会的关注和尊重。在当前的文化环境下，传统技艺的传承面临着来自现代化的冲击，许多年轻一代对传统技艺的兴趣逐渐减少。因此，加强对民间艺人的尊重和宣传，提高全社会对其技艺的认识与理解，是保证文化传承持续进行的关键措施。

四、加强与国际交流

通过加强与国际社会的互动，可以为民族传统体育文化的创新与发展提供新的契机。一方面，通过参加国际体育文化交流活动，可以展示民族传统体育的独特魅力，提高国际社会对中国文化的认识和认同。另一方面，国际交流为民族传统体育文化的现代化发展提供了借鉴和学习机会。通过学习其他国家和地区的优秀经验，民族传统体育文化可以在保持自身特色的同时，进行适当创新与改革，以适应现代社会的发展需求。

国际交流可以为民族传统体育文化提供更多的展示机会，帮助其在全球范围内获得更大的影响力。政府和相关组织应当积极推动民族传统体育文化走向世界，参与到国际性体育文化节、博览会等大型文化活动中。这不仅能够提升中国传统文化的国际声誉，还能够为民族传统体育文化的商业化与市场化发展提供更多的机会。借助国际交流的机会，民族传统体育文化还可以通过与其他文化的融合与碰撞，进行创新性的发展。在保持传统文化精髓的基础上，吸收其他文化的长处，将有助于提升民族传统体育文化的现代竞争力与活力，为其在全球化背景下的长远发展奠定基础。

五、利用现代科技手段

通过数字化保存和推广，传统体育文化不仅可以更好地保护，还能打破时间与空间的限制，让更多人有机会了解和学习。

第一，数字化手段的应用。通过录制传统体育表演、比赛等活动，可以对这些宝贵的文化资源进行保存和展示。制作在线课程，开发针对性强的文化应用程序，可以让更多的用户轻松获取学习资源，不受地域限制。这种形式能够有效地吸引年轻群体，激发他们对民族文化的兴趣与热情。

第二，互联网和社交媒体的广泛使用。社交媒体平台的即时性和传播广度，能够让传统体育文化更快地触及全球观众。通过制作短视频、直播活动等方式，不仅能够展示传统体育项目的魅力，还能与受众形成互动，提高参与感和认同感。

第六章　民族传统体育文化的传承与现代化发展

在全球化与信息化的浪潮中，民族传统体育文化的传承面临着挑战，同时也迎来了与现代化融合发展的新机遇。本章聚焦民族传统体育文化的传承与现代化发展，探讨"互联网+"、新媒体对新发展的影响，以及新发展理念如何引领民族传统体育走向现代化新道路，实现文化传承与创新。

第一节　"互联网+"背景下民族传统体育文化的发展

一、"互联网+民族传统体育"的内涵阐释

"互联网+民族传统体育"发展模式是一种基于信息通信技术和互联网平台的深度融合模式，旨在推动民族传统体育行业的创新与发展。它并非简单地将互联网与传统体育相加，而是通过互联网技术赋能，促使体育文化特征的相互作用，形成相对稳定的组合结构。这一模式不仅体现了体育的外显形态特征，还强调了体育的内隐结构形态。它包含对

互联网与民族传统体育结合的选择原则、内容构成、类型优劣分析、实施路径以及创新保障机制的系统化探讨。

二、"互联网 + 民族传统体育"发展的实施路径

（一）宣扬民族传统体育文化

要推动"互联网 + 民族传统体育"的融合，就需要全社会对民族传统体育文化给予高度关注。

第一，大力宣传和弘扬民族传统体育文化，使其能够被更多的社会群体所了解和认可。通过多渠道的宣传活动，不仅可以提升民族传统体育的社会知名度，还能促使更多的群体参与到其传承与发展中来。尤其是在互联网时代，借助新媒体平台和社交网络，民族传统体育文化的传播不再受限于地域和时间。通过线上平台展示传统体育项目，能够更好地吸引年轻一代的关注。

第二，推动政策支持和资源投入，成立专门的民族传统体育文化保护小组，专注于该领域的研究与政策制定。该小组不仅应负责文化的保护与传承，还应通过一定的资金扶持，为民族传统体育的发展提供物质与精神上的支持。专项资金的拨款可以帮助从事民族传统体育的相关从业者获得必要的物质保障，并为那些致力于传承民族传统体育技艺的后继人才提供激励机制。通过津贴的形式，可以缓解从业者在经济上的压力，使他们能够专注于技艺的提升与传承。

（二）民族传统体育大数据库建设

在"互联网 + 民族传统体育"的发展过程中，建设一个全面且高效的民族传统体育大数据库显得尤为重要。该数据库不仅是现代科技与民族传统体育文化交汇的产物，更是推动该领域可持续发展的基础设施之一。大数据理论作为"互联网 +"的核心理念，为民族传统体育的数字化转型提供了理论支撑和实践路径。

第六章　民族传统体育文化的传承与现代化发展◎

第一，民族传统体育大数据库的建立，有助于信息的集中存储与管理。随着民族传统体育的逐步发展，相关的信息、资料、技艺及文化内涵也在不断增加。一个专门的民族传统体育大数据库，能够有效整合分散于各地的资源和信息，使研究人员、爱好者和从业者能够更加便捷地获取所需的资料。这种集中化的信息管理方式，不仅提高了数据的使用效率，也促进了民族传统体育的学术研究和实践应用。通过数据库，用户可以轻松查阅历史资料、技艺传承、地方特色、赛事信息等，形成一个完整的信息生态。

第二，民族传统体育大数据库为研究人员提供了良好的研究平台。通过该平台，研究人员可以获得海量的数据资源，进行相关的统计分析和数据挖掘。这种数据驱动的研究方式，能够帮助学者更好地了解民族传统体育的现状、发展趋势以及影响因素。结合现代的数据分析技术，研究人员能够发现潜在的规律和趋势，为民族传统体育的政策制定与实践提供科学依据。

第三，民族传统体育大数据库还可以促进民族传统体育文化的传播与推广。通过在线平台的建立，用户可以分享自己的见解和经验，增加互动性和参与感。这不仅为传统体育的爱好者提供了一个交流的平台，也为普通公众了解民族传统体育文化提供了便利。通过数据库，用户能够参与到传统体育文化的讨论与推广中，提升其社会影响力，激发公众的文化认同感。

第四，为了确保民族传统体育大数据库的有效性与可持续性，国家体育总局应当在数据库建设中发挥关键作用：①政府应对数据库建设提供政策支持和资金投入，以保证数据库的高效运行；②政府应组织专业团队，负责数据库的开发与维护，确保信息的准确性和及时更新；③考虑引入民间组织和社区参与，增强数据库的多元性和覆盖面，形成政府与社会共同参与的良性互动。

三、"互联网+民族传统体育"的未来发展

（一）可穿戴设备同"互联网+"体育软件融合引领体育科技

随着人们对体育产品消费需求的日益升级，可穿戴设备的功能将不断完善。过去，运动手环和心率表等运动装备的功能主要集中在基本的步数和心率记录，但随着科技的进步，这些设备将集成更为丰富的功能，以促进人们更加积极地参与体育活动。未来的可穿戴设备将不仅限于数据的简单采集，而是通过高端传感器和智能算法，提供实时的运动反馈、健康监测以及个性化的运动建议。然而，仅有先进的可穿戴设备并不足以满足用户需求，"互联网+"的信息接收与指令处理平台同样至关重要。这一平台能够接收来自外部穿戴设备的用户体育活动数据，并通过云计算技术进行处理，将结果实时传输到用户的智能手机或其他终端上，使用户能够便捷地获取和理解自身的运动信息。这种可穿戴装备与"互联网+"体育软件的互联互通特征，不仅提升了用户体验，还极大地丰富了体育数据的多样性和可用性。

未来，随着技术的进一步发展，可穿戴设备将与虚拟现实、增强现实等新兴技术相结合，提供更具沉浸感的运动体验。用户不仅可以在数字平台上查看个人运动表现，还能通过互动功能与朋友或家人进行实时比赛和协作，从而进一步激励用户参与到体育活动中。可穿戴设备和"互联网+"体育软件的深度融合，必将引领体育科技的新时代，创造更智能、更个性化的健身体验。

（二）大数据精准切入用户对体育需求的痛点

大数据是高速、多变的信息集合，它为体育行业提供了前所未有的洞察力和优化能力。在"互联网+"背景下，大数据为用户提供了更深入、全面的体育见解，使体育产品和服务的开发更具针对性。通过对目标用户的行为特征进行分析，企业能够精确识别用户的需求，从而提供

个性化的产品推荐和服务。大数据时代的精准营销不仅关注用户的行为偏好，还关注不同用户群体的独特需求，实现真正的个性化服务。

在大数据的支持下，体育行业的产品经理能够更好地理解用户的痛点需求，针对性地开发相应的产品和服务。大数据的应用，意味着产品开发不再是单向的推销，而是建立在用户反馈和行为数据基础上的双向互动。这一转变不仅提高了用户满意度，也使得企业能够在竞争中获得更大优势。大数据的应用可以为体育组织提供决策支持。通过分析用户数据，体育组织可以制定更为科学的市场策略，合理配置资源，提升服务质量。这种基于数据驱动的决策模式，将会极大地提高体育行业的整体运营效率和市场响应速度。未来，随着大数据技术的进一步发展，"互联网+"体育的应用将会变得更加广泛，成为推动体育行业转型的重要力量。

（三）体育人工智能促进人们参与体育活动

随着科技的进步，人工智能在体育领域的应用也逐渐显现出其独特的价值。人工智能技术的不断发展，正在推动体育活动向更高水平迈进，尤其是在提高参与度和运动效果方面。未来，随着全球老龄化人口的增加和青年劳动力的减少，人工智能将发挥更大的作用，以适应人们的体育需求。

人工智能通过模仿人类的思维和行为，为用户提供个性化的运动指导和建议。它不仅能够根据用户的身体状况和运动目标制定科学的训练计划，还可以实时监测用户的运动表现，提供针对性的调整建议。这种智能化的运动助手，使得每个人都能享受到量身定制的体育服务，从而更轻松地参与到运动中。人工智能在社交层面也促进了人们的体育参与。通过智能算法，用户可以在平台上找到志同道合的运动伙伴，共同参与各种体育活动。这种社交互动，不仅增强了用户的参与感，也提升了运动的乐趣。未来，人们可能会与智能机器人进行同台竞技，这种全新的互动模式将会为体育活动注入新的活力，使人们更愿意参与到体育锻炼中。

第二节　新媒体背景下的民族传统体育文化的传播

一、新媒体下民族传统体育文化的传播模式

（一）以政府为核心的传播模式

1. 传播特征

在信息传播过程中，政府部门同时扮演传播方与控制方的双重角色，这一特性赋予其在传播活动中的权威性和影响力。政府作为国家权力的代表，其组织意愿和工作重点体现了国家意志的集中表现。由于政府部门所处的特殊地位和能够调动的丰富资源，其在传播活动中常常成为主导者。政府能够通过立法手段对传播媒介和传播行为进行监督和管理，确保信息的准确传递和有效传播。政府还可以运用信息技术手段实现对传播过程的控制，以提升传播效率和效果。

政府的传播特征不仅体现在其权威性上，更在于其对社会舆论的引导能力。作为国家的代表，政府在传播过程中所传递的信息与国家主权和利益紧密相连，因此，其传播内容往往具有较强的政治色彩。这种政治色彩使得政府在进行民族传统体育文化传播时，能够有效整合社会各界的力量，形成合力，推动文化的传承与发展。

2. 传播影响力

政府部门在传播过程中具有显著的权威性，这种权威性使得政府所传播的信息能够在国家内部和区域内部形成一致性，从而增强信息的可信度和影响力。政府的传播行为往往能够对全球范围内的舆论导向产生

积极影响。通过规范和引导舆论方向，政府能够促进民族传统体育文化在国内外的传播与认可。政府的传播行为也具有明显的统一性。在政策引导下，各地方政府能够协调一致，推动相应的文化活动，形成对民族传统体育文化的强有力支持。这种支持不仅体现在政策层面，也包括财政、资源和人力等多方面的协同，构建起一个综合性的传播体系。因此，政府的传播影响力在于其能够通过多种渠道和方式，形成对民族传统体育文化传播的推动力。

3. 传播方式

在民族传统体育文化的传播过程中，以政府部门为主体的传播方式展现出显著优势，能够有效扩大传播规模，形成强大的部署能力，并协调多项资源。通过举办各类活动、组织访问演出、开办海外展览、设立文化论坛及建设海外中心等多种形式，政府在民族传统体育文化的传播中起到了不可或缺的作用。

（1）举办综合性活动。民族传统体育文化在传播过程中，可以在节假日、民族节气等特定时间段组织各类综合性活动，如地方性民族传统体育文化传播月、文化周和文化节等。在这一过程中，全国各地积极响应，通过举办文化月、文化周等活动，加深地方民族传统体育文化的传播，促进各地之间的合作与交流，拓宽地方性体育文化建设的渠道。

（2）组织访问演出。民族传统体育文化可以通过这种形式，民众能够更加直观和有效地了解民族传统体育文化的内涵和魅力，增强参与感。在参与演出活动的过程中，观众不仅能够欣赏到丰富多彩的民族传统体育表演，还能在实践中感受到其独特的文化价值。这种体验式的传播方式能够有效提升公众对民族传统体育文化的认同感和参与意愿，进而推动文化的广泛传播。

（3）开办海外展览。近年来，在我国政府的主导下，海外民族传统体育文化展览活动数量和规模均呈现出明显的增长趋势。通过在海外举办展览，政府能够展示民族传统体育文化的丰富内涵，展览的内容涵盖文化项目、艺术作品及书籍等。这类展览不仅能够提升外国民众对中国传统体育文化的认识和理解,也能够加强国际文化交流。通过展示和互动,促进不同文化之间的相互理解和认同,为民族传统体育文化的传播开辟新的渠道。

(4)设立文化论坛。文化论坛的设立为民族传统体育文化的传播提供了一个学术交流的平台。通过邀请学术界研究人员和高校教授,论坛可以围绕民族传统体育文化展开深入讨论,探索不同文化背景下民众对民族传统体育文化的理解差异。在论坛的建设过程中,政府可以逐步形成高效的传播策略,以实现文化传播的目标。这种学术性和专业性的交流,不仅能够提高民族传统体育文化的学术地位,也能为其在社会中的推广提供理论支持和实践指导。

(5)组建外贸基地。在民族传统体育文化的交流和传播过程中,组建外贸基地是实现其发展的创新之举。通过在上海、北京、广州等地设立外贸基地,政府能够推动文化产品和文化服务在全球范围内的流通。这一方式不仅为民族传统体育文化的传播提供了商业支持,也为文化的国际化发展创造了条件。外贸基地的建立有助于加强文化产品的贸易、人才的培训以及行业的展销,从而在商业交流中进一步普及民族传统体育文化。

(二)以企业为核心的传播模式

1. 传播特征

在现代经济体系中,企业作为追求经济利润最大化的社会性组织,承担着重要的传播角色。在利益驱动的背景下,企业在实现国内市场发展目标的基础上,逐渐将业务拓展至全球市场。这一过程不仅是企业自身发展的需要,也是企业对外传播的重要体现。企业作为传播主体,展现出显著商业特征,通过广告宣传等传播行为,提升品牌价值,促进产品销量的增长,最终实现经济利润的最大化。

企业的传播特征体现在多个方面:①企业的传播活动通常具有明确的商业目的,旨在通过有效的市场策略与品牌塑造,增加市场份额和客户群体。这种目标导向使得企业在传播过程中更加注重受众的需求与反馈,通过市场调研与数据分析来优化传播内容与方式,确保传播的针对性与有效性。②企业在传播过程中高度依赖于多种传播媒介,包括传统媒体与新兴数字媒体,以最大化覆盖目标受众。企业能够借助社交媒体、在线广告、网络直播等现代传播手段,快速触达广泛的受众群体,增强传播的时效性与互动性。

2. 传播影响力

作为传播主体,企业在经济效益方面的影响力不容忽视。这种影响力不仅体现在企业自身的盈利能力上,也通过其在市场上的表现,为地方经济发展提供积极支持。当企业在国内外市场竞争中成功时,带来的不仅是直接的经济利益,还有对地方产业链和就业市场的促进作用。尤其是在全球化日益加深的今天,外资企业在进入中国市场时,往往基于经济效益的考虑,选择与本地企业合作,从而推动民族传统体育文化的传播。这种合作不仅为企业带来了经济利益,也为地方文化的传播提供了更广阔的舞台。

企业的传播影响力还体现在文化认同的塑造上。通过民族传统体育文化的传播,企业能够帮助不同文化背景的受众理解和接受中国的传统文化,增强文化自信与认同感。在此过程中,企业不仅承担了商业利益的追求,更承担了文化传播的责任,从而在推动经济发展的同时,积极参与到文化的传播与交流中。这种影响力的扩展,使得民族传统体育文化不仅在国内获得关注,也在国际舞台上获得一席之地。

3. 传播方式

企业在开展民族传统体育文化传播时,所采用的方式多样且富有创造性。这些传播方式不仅拓宽了传播渠道,提高了传播质量,也为企业自身在竞争中带来了快速成长的机会。通过产品输出、服务提供与跨国投资等多种方式,企业有效地推动了民族传统体育文化的传播,增加了其在国内外的认知度和影响力。

（1）产品输出。企业通过产品输出的方式，将我国民族传统体育文化的相关产品推广至全球市场。这些产品涵盖书籍刊物、影像资料、艺术作品等，充分展现了民族传统体育文化的独特魅力。通过这种方式，被输出国的受众能够直接感受到民族传统体育文化的影响力，企业通过文化产品的输出，不仅实现了经济收益，还使民族传统体育文化的符号和象征得以在全球范围内传播，其蕴含的文化内涵得以更广泛地宣传。

（2）服务提供。除了产品输出外，企业还可以通过服务提供的方式来推广民族传统体育文化。这种方式包括艺术表演、作品展览、文化培训等活动。在商业交流中，企业通过组织文化活动，为受众提供体验和参与的机会，使其能够更深入地了解和感受民族传统体育文化。这种互动式的传播方式，不仅提高了受众的参与感，也增强了文化传播的效果。

（3）跨国投资。跨国投资是企业提升盈利能力和彰显国际竞争力的关键举措，同时也是民族传统体育文化传播的重要方式之一。通过跨国投资，企业能够成为民族传统体育文化的第三方中介单位，利用自身在行业领域的影响力，整合资源，构建民族传统体育文化的传播平台。在这一过程中，企业不仅能够推动文化产品的输出，还能够通过投资建立相关的文化交流中心或培训机构，进一步深化对民族传统体育文化的传播与推广。

（三）以社会组织为核心的传播模式

1. 传播特征

（1）多元性。由于社会组织的数量众多且组织形态多样，它们所涉及的领域广泛，这就使得其传播方式、传播渠道和传播领域呈现出多样化特征。相较于政府部门在传播过程中更倾向于传递政治信息，企业则主要关注商业利益，民族传统体育文化的专业机构强调权威性知识的传播，社会组织则能够在多层面、多行业中进行广泛宣传。具体而言，社会组织能够通过不同的专业领域、不同类型的活动，将民族传统体育文化以多样化的方式传播开来。这种多元化的传播不仅能够丰富传播内容，还能在形式上增加趣味性，提升受众的参与感和关注度，进而促进民族传统体育文化在更广泛范围内的传播与认同。

（2）多层次性。社会组织可以按照不同的层级进行分类，包括国际性组织、洲际性组织、跨国机构等，国家内部也存在各种不同层次的机构和团体。这种多层次性使得社会组织在传播民族传统体育文化时，能够覆盖更广泛的受众群体，满足不同层次受众的需求。在传播过程中，社会组织可以根据其层次和定位，制定相应的传播策略，从而有效地实现文化传播的目标。例如，国际性组织可能更关注全球视野下的文化交流，地方性组织则可能更加专注于本地文化的传承和推广。这种层次分明的传播结构，有助于确保民族传统体育文化在不同受众群体中产生切实影响。

2. 传播影响力

（1）具有国际性特征的社会团体通过其广泛的网络，能够有效地将民族传统体育文化传播至不同国家和地区。这些组织通常具备跨国界的运作能力，能够借助各国的文化交流活动，将民族传统体育文化的核心理念和具体实践进行传播。这种跨国文化传播的特点，使得民族传统体育文化不仅在本土得以发扬光大，同时也能够在国际社会获得认可和尊重。社会团体通过参与国际体育赛事、文化展览和交流活动，推动不同文化间的互动与碰撞，为民族传统体育文化的全球传播提供重要的舞台。

（2）社会组织在推动文化传播的过程中，能够发挥教育和引导的作用。通过开展各类文化活动和教育培训项目，社会组织可以增强公众对民族传统体育文化的理解和认同。这种传播不仅限于表面的文化展示，更在于通过深入的教育活动，使得受众能够对民族传统体育文化形成更深刻的认知。这一过程对于提升民族传统体育文化的社会影响力至关重要，能够使其在全球范围内形成持续的文化吸引力和影响力。

（3）社会组织的影响力体现在其促进社会参与和公众互动方面。与商业性传播主体相比，社会组织更注重公益性与互动性，能够有效调动公众的参与积极性。通过组织各类文化活动、赛事和工作坊，社会组织为大众提供了参与民族传统体育文化的机会。这种参与不仅增强了受众的文化体验感，还促进了文化的传承与传播。公众的参与能够产生更强的文化认同感和归属感，从而进一步增强民族传统体育文化在社会中的影响力。

（4）具有国际性特征的社会团体还能够在全球范围内形成文化传播的良性循环。通过与国际组织、国家政府、地方社区和其他社会团体的合作，这些社会组织能够形成广泛的文化传播网络。在这一网络中，信息的流通、经验的分享和资源的整合，使得民族传统体育文化得以在不同文化背景中生根发芽。社会组织通过合作和交流，不断增强文化传播的深度与广度，推动民族传统体育文化的创新与发展。

3. 传播方式

在全球化背景下，文化传播的方式呈现出多样化特点。政府部门作为文化传播的主体，发挥着不可替代的作用。然而，非政府、非盈利性质的社会组织在文化传播中同样扮演着重要角色。这些组织通常具有较好的群众基础、强大的资源调配能力和丰富的传播经验，能够通过多种方式拓宽文化传播的途径。

（1）海外展演。海外展演是传播民族传统体育文化的有效途径之一。然而，由于人力资源的限制和准备时间的紧迫，许多海外展演的效果并不理想。为了改善这一现状，可以采取线上线下相结合的方式，整合网络、电视等多种传播媒介，形成具有综合性和时代性的文化展现。具体内容包括民族传统体育文化电影、艺术作品、项目教学、身体锻炼方案提供、现场竞技、书籍发放等，以全面展现我国民族传统体育文化的魅力。

（2）社会组织。社会组织在海外创办协会也是传播民族传统体育文化的重要方式。与政府部门相比，社会组织的意识形态色彩较弱，受众群体的接受度较高。因此,在其他国家创办协会,如单项运动交流会、武馆、文化座谈协会等,有利于我国优秀民族传统体育文化的传播。

(3)教育培训。教育培训是提升社会组织传播责任感和促进当地教育事业发展的重要手段。教育培训的主要方式包括学校兴建、图书馆兴建、基金会成立、奖学金发放、书籍刊物赠送、知识影像播放等。这些方式不仅能够提高社会组织的传播责任感,还能够促进当地教育事业的发展,从而实现文化传播的长远目标。

(四)以个人为核心的传播模式

1. 传播特征

(1)交互性。传播者和受众之间的沟通是双向的,受众不再是被动接受信息的对象,而是可以主动选择传播的时间、空间和途径。这种交互性不仅提升了受众的关注度,而且通过紧密的交流形成了有效的信息传播和反馈机制。

(2)模糊性。与政府部门、企业和社会组织相比,个人在传播过程中的身份往往不明确,其传播途径也可能难以追踪。这种模糊性可能导致权力滥用和监管失控,从而使得负面信息和虚假信息得以传播。

(3)参与性。在网络平台上,人们不受年龄、教育背景、地理位置和社会地位的限制,可以自由地获取和传播信息,发表自己的观点和想法。

2. 传播影响力

在文化传播的生态系统中,个人的力量相较于政府部门、企业及社会组织显得相对渺小,所形成的传播深度与广度亦较为有限。然而,个人作为传播主体的方式,能够有效地补充其他三种传播模式,尤其是在这些主体的传播过程中出现偏差时,个人的作用愈发凸显。通过个人的努力与参与,可以形成聚少成多的传播效应,推动舆论的声势,从而引起其他传播主体的关注。个人在传播过程中的影响力主要体现在以下方面。

（1）独特的视角和体验。每一个个体都在其生活和经历中积累了独特的文化认知，这种认知能够通过个人的表达、分享和互动而传播。个人在社交媒体等平台上的发声，虽然起初看似微不足道，但却具有潜在的放大效应。当个人通过文字、图片、视频等多种形式传递关于民族传统体育文化的内容时，这些信息可以迅速扩散，吸引更多人的关注和参与。

（2）具有很强的真实性和亲和力。相比于政府部门和企业的官方宣传，个人的声音往往更具生活气息和情感共鸣。这种情感的真实传递，能够引发更广泛的共鸣，进而激发他人的兴趣和参与意愿。个人在传播中的真情实感，能够在无形中建立起受众与民族传统体育文化之间的情感连接，从而推动文化的深入传播。

（3）为其他传播主体提供重要的反馈与参考。在文化传播实践中，个人的声音能够汇聚成舆论的潮流，当这种潮流形成后，往往会引起政府部门、企业及社会组织的关注和反思，从而促使这些主体在传播策略上进行调整与优化。这种反馈机制不仅能够提升传播的有效性，也有助于形成更为健康和多元的文化传播生态。

3. 传播方式

目前以个人为传播主体的信息传播方式可以分为两大类群体，即具有扎实专业知识、丰富传播经验的民族传统体育文化界学者、专家、研究人员和权威人士以及普通民众。虽然个人传播的影响力较弱，但在传播过程中能够最大程度地保持信息准确性，如能够将民族传统体育文化的语言信号、肢体动作加以保存，相比书籍刊物、影像视频等更具有直观性。

（1）学者、专家、研究人员和权威人士能够通过撰写学术论文、出版专著、举办讲座及参与国际交流等方式，有效推动优秀民族传统体育文化向全球传播。在与其他国家的专家学者和行业领军者进行交流的过程中，这些学者和专家不仅能够推广本国文化，还能够通过对话与合作，实现创新与发展。政府部门在此过程中应当发挥主导作用，积极引导这些传播主体参与国际文化交流。通过组织高质量的文化活动和学术交流会，政府可以为民族传统体育文化提供更为广阔的传播平台，从而提升其在国际上的影响力，使更多地区和民众对我国民族传统体育文化产生认可与喜爱，这将切实推进传播效果的质量提升。

（2）普通民众通过海外留学、探亲访友、外出旅游及参加会议或竞赛等活动，将优秀的民族传统体育文化带到海外。普通民众在其社交圈中的信息发布行为，可以有效扩大民族传统体育文化的影响力，使得更多人了解这一文化的现状与发展。海外华人和华侨在文化传播中的作用不可小觑，他们通过自身的文化活动和交流，能够进一步推动优秀民族传统体育文化的全球传播。海外华人社群不仅是文化的传播者，还是文化的维护者和传播者，能够在异国他乡为民族传统体育文化的传承与推广提供支持。

二、新媒体下民族传统体育文化的数字化传播路径

（一）建立民族传统体育文化数字化资源库

5G 技术的引入标志着信息传播方式的根本变革，其相较于 4G 技术，在用户体验速率、峰值速率、连接数密度、流量密度及端到端时延等方面均表现出显著优势。5G 不仅是一种技术的演进，更是一场全面的革新，带来了全新的技术标准和应用框架。这种技术革新使得信息传播的网络结构、终端设备、信息组织形式和内容形态等各个方面均需适应新的技术标准。在此背景下，民族传统体育文化的传播亟须借助 5G 技术进行有效的数字化资源库建设，具体如下。

第一，通过应用计算机技术等先进科技手段，可以对现有的民族传统体育文化项目进行全面收集、汇总与保存。这一过程不仅需要对各地区、各民族的体育项目进行系统梳理，还需将服饰、动作、身姿等信息

以文字、图片、影像等多元化形式进行存储。最终，所构建的数字化资源库应具备综合性与全面性，既能够作为信息收集的基地，也方便受众随时查阅、学习和传播。

第二，在信息采集过程中，借助数字化技术对传播者的相貌、声音、动作进行采集，并将其转化为数字信息，形成照片、视频等多媒体资料，存入数字化资料库。这种资料库不仅便于查询和传播，还能够通过分类传播的方式，利用新媒体平台向大众展示民族传统体育文化。

（二）构建民族传统体育文化数字化博物馆

数字化博物馆借助新媒体技术为传统体育文化项目提供了一个全新的传播平台。在这一平台上，项目的具体信息及其传播者的个人资料可以得到系统性录入，从而使查询者能够更加清晰地了解项目的内容与内涵。数字化博物馆不仅涵盖项目信息，还应当包括该项目的发展历程、相关节日活动、历史背景、发展政策以及组织与协会的信息。这种以数字化资源库形式保存民族传统体育文化的方式，充分体现了新媒体技术的优势，亦是未来民族传统体育文化传播的重要趋势。

由于民族传统体育文化项目的多样性、内容的复杂性以及分布区域的广泛性，其传承面临较大困难。近年来，学术界有不少研究人员通过文字整理等方法对相关内容进行了汇总。如何有效建设数字化博物馆并确保其得到充分利用，则需要地方政府部门、体育文化机构以及传播者的共同努力。民族传统体育文化数字化博物馆的建设，首先离不开内容的丰富性。地方政府可以通过资源调配，创建官方网站平台，吸引广泛的传播者与受众参与其中。网站页面应设计得简洁明了，具备一定的民族体育特征，通过项目分类等方式，便于受众进行筛选与阅读。

在建立数字化博物馆时，需要特别关注当地民族传统体育文化所体现的地方性文化特征及其功能作用。例如，项目的休闲性与竞技性特征，可以吸引更多民众通过数字化博物馆了解民族传统体育文化。数字化博物馆应能够支持电脑端和手机端的访问，并建立具有官方性质的软件，以进一步推进文化传播的普及化。

在实际操作中，数字化博物馆的建设不仅需考虑信息的收集和整理，还需注重信息的传播和共享机制建立。这可以通过与高校、研究机构等合作，共同开展民族传统体育文化的研究与展示活动，提升数字化博物馆的学术性与权威性。鼓励公众参与、收集用户反馈也是提升数字化博物馆活力与吸引力的重要方式。

为确保民族传统体育文化数字化博物馆的可持续发展，还应探索多元化的运营模式，如开展在线展览、举办虚拟赛事、推出文化产品等，以增强用户的互动体验和参与感。这不仅能够扩大民族传统体育文化的影响力，也为文化的传承与创新提供新的视角。

三、新媒体下民族传统体育文化的社群平台传播路径

（一）大数据下民族传统体育文化社群个体的发掘整理

在新时代背景下，随着互联网的广泛普及，民众在各种在线平台上留下了大量信息。这些信息不仅反映了个体的兴趣和爱好，更成为大数据技术应用的重要基础。通过收集、整理和归档这些信息，能够有效提升其价值。在这一过程中，大数据技术发挥了不可或缺的作用。以网民的上网浏览行为为例，基于其过往的浏览历史，大数据分析能够对其兴趣偏好进行推测，进而为其提供个性化的购物、休闲、学习和社交建议。这种精准的信息推送不仅为个体提供了便利，也为信息传播和社会发展注入了新的动力。

民族传统体育文化在新媒体技术的背景下，亦需顺应时代潮流进行适应与变革。特别是在数字化资源库和博物馆的建设过程中，首先应当关注那些与民族传统体育文化产生共鸣的个体。大数据技术的应用能够为这一目标提供切实帮助。通过先进的科学技术手段，针对关注民族传统体育文化传播的民众进行信息推荐，能够激励那些对民族传统体育文化传播充满热情的网民积极参与到资源库和博物馆的建设中。针对不同项目类别的兴趣用户，通过"趣缘"进行联系，基于大数据技术的预测

功能，进一步挖掘对民族传统体育文化具有关注的个体。

在新媒体环境下，通过形成个性化的推荐机制，引导具有相同兴趣爱好的民众聚集在同一社群中，共同探讨和传播民族传统体育文化。这一过程不仅促进了文化的传承与发扬，还增强了社群内成员之间的互动和认同感。然而，这些社群的建设与发展离不开多方协作管理。在民族传统体育文化传播的过程中，需要多元的载体支持，尤其是面对民族传统体育文化的特殊性，现实生活中可能难以发现大量兴趣爱好者。然而，借助大数据技术，能够将分散于社会各界的个体聚拢起来，使他们形成有机的社群，从而更有效地传播民族传统体育文化。

（二）组建民族传统体育文化社群平台

在新媒体环境下，民族传统体育文化的传播需要借助先进的信息技术，特别是大数据技术，以精准地构建并维护民族传统体育文化社群平台。此类平台的搭建，旨在聚集对民族传统体育文化具有浓厚兴趣的民众，进而推动文化的传承与创新。

大数据技术作为信息时代的重要工具，通过分析和挖掘互联网用户的行为与偏好，能够有效识别出对民族传统体育文化感兴趣的个体。这些数据经过深度处理后，可用于创建目标明确的社群，为有着共同兴趣的群体提供一个相互学习、分享和讨论的平台。在当前社会中，虽然已有许多与民族传统体育文化相关的微信群、社交平台等出现，但这些群体的构成较为松散，传播效率也相对较低。因此，组建具有官方性质的民族传统体育文化社群平台显得尤为重要。

第一，地方政府或社会第三方组织承担起牵头角色，集合宣传机构、社会团体以及高校等多方力量，共同推进这一工作。利用大数据技术的精准分析功能，可实现对潜在社群成员的有效筛选和分类，使得群体内部的成员具备相似的兴趣和需求。在此过程中，还需要注意平衡各个群体的特点，以确保社群的多样性和包容性。为了扩大社群的影响力，可通过邀请制度，以新媒体为媒介，向更多人传递社群的存在与价值。同时，运用上门宣传、海报宣传、二维码宣传等多样化手段，增强民族传统体育文化在新媒体环境下的曝光度，从而吸引更多潜在用户的参与。

第二，在社群成员逐步增多后，应注重维持群内的交流与互动。良好的社群氛围对于吸引新成员、保留老成员具有至关重要的作用。为了促进信息的分享与文化共鸣，社群管理者可以鼓励成员发表自己对于民族传统体育文化的看法和体验，共同探讨文化背后所蕴含的魅力。在此基础上，形成积极的反馈机制，使成员们能够持续贡献新知识、新想法，从而为民族传统体育文化的传播增添活力。

第三，制定并实施合理的群规。官方性质的社群平台应以发布权威信息为主，同时定期发布与民族传统体育文化相关的活动、文章等，以提高社群成员的参与度和黏性。在提升社群活跃度方面，可通过举办各种形式的活动，如征文比赛、摄影比赛等，吸引成员的注意力，增强他们对民族传统体育文化的热爱与传承意识。邀请业内权威人士组织座谈会等活动，以深入探讨文化内涵、发展方向等议题，提高整个社群的学识水平和专业素养。

第四，线下的真实交流。线下的真实交流更能拉近成员之间的距离，使他们在共同参与文化活动中建立深厚的友谊与认同感。因此，社群管理者应充分发挥组织协调作用，适时组织大型文化活动，如体育比赛、文艺表演等，使民族传统体育文化能够在实践中得到更好的展示与传播。这类活动不仅能提升社群的凝聚力，还能进一步扩大文化的影响力，为更多的社会民众带来正能量激励。

四、新媒体下民族传统体育文化"互联网+"多元化传播路径

（一）搭建教育资源平台

"互联网+"技术的广泛普及，为改善传统教学环境提供了可能。搭建"互联网+民族传统体育文化"教育资源平台，能够优化资源配

置,从而切实提升民族传统体育文化的传播质量。在传统的体育教学模式中,教师通常在操场上进行动作讲解,灌输理论知识。然而,由于教学场所的限制及内容的单调性,青少年在学习过程中往往难以领会要领,也难以理解课程的深层内涵。这种教学模式不仅未能激发青少年的学习兴趣,还可能导致他们对民族传统体育文化的认知产生障碍。因此,民族传统体育文化的教学亟须与数字化资源库等先进载体相结合。

利用数字化资源库,教师可以将教学内容以多媒体形式呈现,使得青少年在主动参与学习的过程中,既能获取知识,也能够及时了解文化信息。相较于传统教学内容,青少年对多媒体教学更感兴趣,特别是对高质量的音像视频材料表现出更高的关注度。这种转变不仅可以丰富教学形式,提升学习效果,还能在很大程度上提高民族传统体育文化的传播效率。

当前,我国部分体育教师对民族传统体育文化的内涵缺乏深入理解,尤其是年轻教师对此关注较少,导致教学质量参差不齐。因此,引入多媒体教学方式,尤其是通过网络平台如"网易云课堂"等形式,可以增强师生之间的学习互动,促进对民族传统体育文化的共同探讨。在教学实践中,教师还可以利用虚拟现实技术构建沉浸式的虚拟环境,进一步提升青少年的学习体验,丰富教学内容。

近年来,越来越多的体育教师在教学中引入游戏教学法,以激发青少年对民族传统体育文化的兴趣。这一方法不仅有助于增强青少年的参与感,还有利于在轻松的氛围中进行文化知识、动作技巧及项目规范性的教育。通过游戏化的教学方式,教师能够有效提升课堂的互动性和趣味性,进而在提升教学质量的同时,培养青少年对民族传统体育文化的热爱与认同。

(二)建设产业文化品牌

在全球化与信息化的双重浪潮下,民族传统体育文化的传播与传承不再局限于传统的地域空间,而是借助"互联网+"的平台优势,逐步构建起富有生机与活力的产业文化品牌。这一过程不仅深化了民族传统体育文化的内涵，更拓宽了其外延，实现了从单一文化现象向多元化产业形态的转型。具体而言，民族传统体育文化产业的品牌建设需从多个维度入手。

第一，通过打造具有民族特色的竞技表演和项目比赛，能够直观地展示民族传统体育的魅力，吸引广泛的关注与参与。这些赛事活动不仅是对运动员技艺的考验，更是对民族传统体育文化精神内涵的弘扬。在"互联网+"的助力下，这些赛事可以通过线上直播、社交媒体分享等方式，跨越地域限制，触达全球观众，从而提升品牌知名度和影响力。

第二，结合现代社会的健康需求，民族传统体育文化在健身、休闲领域展现出巨大的市场潜力。通过开发具有民族特色的健身课程、休闲活动，以及相应的健身用品，不仅能够满足消费者对新鲜体验的追求，更能够引导他们深入了解并认同民族传统体育文化。在这个过程中，"互联网+"的便捷性与互动性起到了关键作用，它使得消费者能够随时随地获取相关信息，参与线上互动，进而转化为线下消费，形成完整的产业链闭环。

第三，民族传统体育文化产业还需要注重产品创新与服务升级。通过深入挖掘民族传统体育文化的独特元素，设计出具有差异化竞争力的产品，如民族服饰、传统工艺品等，不仅能够丰富市场供给，更能够提升产品的文化内涵与附加值。加强线上线下融合，提升服务质量，如开展线上教学、社群交流等，能够进一步拓展受众群体，增强用户黏性，为产业持续发展提供动力。

第三节　新发展理念引领的民族传统体育现代化新道路

中国式现代化不仅是实现中华民族伟大复兴的重要途径，也是为全球现代化进程提供新的理论框架和实践范式。在这一背景下，中国式体育现代化作为中国式现代化的重要组成部分，对于全面建设社会主义现代化国家、实现体育强国的目标具有显著的推动作用。民族传统体育现代化则是体育现代化进程中的一个关键环节，体现了体育领域现代化的多种特性，并反映了体育发展中的一般规律。

进入新的发展阶段，推进民族传统体育现代化建设需要进行深入探索和大胆创新。这一进程应以习近平同志为核心的党中央提出的新发展理念为指导，全面、准确、完整地贯彻落实这一理念。新的发展理念强调创新的首要动力、协调的内生特点、绿色的普遍形态、开放的必经之路以及共享的根本目的。在这一框架下，民族传统体育现代化应注重实现知行合一，推动创新、协调、绿色、开放、共享的发展，从而开辟出一条具有中国特色的民族传统体育现代化新道路。

一、"以人民为中心"的民族传统体育本质特征

中国式现代化是中国共产党领导的社会主义现代化，既有各国现代化的共同特征，更有基于自己国情的中国特色。中国式现代化是人口规模巨大的现代化，是全体人民共同富裕的现代化，是物质文明与精神文明相协调的现代化，是人与自然和谐共生的现代化，是走和平发展道路的现代化。在中国式现代化建设新征程中，党和国家始终围绕"人"来发展，自觉做到"人民至上"，一切为了人民。

在"以人民为中心"的发展观要求中，坚持和发展民族传统体育现代化，持续推动物质文明、政治文明、精神文明、生态文明、社会文明五个文明相协调，进而能够展现出"为人民服务""以人民为中心"为价值导向的本质特征。

（一）满足人民美好生活向往现代化

现代化的目标不仅是经济的增长，更是满足人民对美好生活的向往，这在民族传统体育的现代化进程中尤为显著。要实现这一目标，必

须重视对民族传统体育文化的重塑,确保其能够反映人民群众的需求与愿望。

第一,民族传统体育的现代化应当以提升人民的文化自信为核心,塑造出能够满足人民精神需求的文化产品,使人民在参与和欣赏传统体育活动中获得精神上的滋养和认同感。

第二,体育场地的建设是实现现代化的重要环节,通过提供更为丰富和便利的体育设施,能够确保每个人民群众都有参与传统体育的机会。这不仅仅是物理空间的提供,更是对健康生活方式的促进。人民在传统体育活动中得以锻炼身体,提升身心健康,从而实现"动有所地"的目标。

第三,民族传统体育的价值表达需要深入人心,通过教育和宣传,培养人民对传统体育的认知和热爱,使其在日常生活中得到广泛的认可和践行。这种教育不仅仅是知识的传授,更是对传统文化的情感认同,从而使学有所教的理念得以实现。

第四,民族传统体育的功能运用应当向更广泛的社会需求延展,通过产业化的发展,使其在满足人民物质需求的同时,也能提供更为丰富的文化体验。这一过程需要整合资源,发挥传统体育的多重功能,确保人民在物质和精神层面均能得到满足,从而实现"物有所用"的目标。

(二)推动人民共同富裕现代化

推动人民共同富裕现代化,少数民族传统体育作为推动这一目标的重要法宝,具有显著的现实意义。

第一,发展少数民族传统体育事业不仅能够为民族地区的乡村振兴战略提供支持,还有助于有效打赢脱贫攻坚战。通过丰富多样的传统体育活动,不仅可以提升当地居民的参与感和认同感,还能够促进相关产业的发展,从而为少数民族群众创造更多的经济机会,进而推动共同富裕的实现。

第二,建设公共民族传统体育服务体系是实现经济资源均衡投入的关键举措。这一体系的建立能够确保各地区在传统体育方面的资源得到合理分配，进而带动相关产业的协同发展。通过多层面的服务体系，可以促进地方经济的繁荣，增强各民族间的交流与合作，为共同富裕的目标提供坚实的基础。

第三，统筹东西南北协调发展的战略，对于挖掘地区特色民族传统体育具有重要的指导意义。在这一过程中，能够充分发挥各地区的独特文化资源，形成具有地方特色的传统体育品牌，提升民族传统体育的整体价值，进而为共同富裕注入新的活力。

第四，融合交流也是推动长江经济带、粤港澳大湾区、京津冀城市群等地区体育产业经济一体化发展的重要路径。通过不同地区之间的互动与合作，可以实现资源的高效配置和优势互补，从而为民族传统体育的现代化提供更为广阔的发展空间。

（三）促进人与自然和谐共生现代化

促进人与自然和谐共生的现代化进程中，民族传统体育凭借其根植于生活实践的独特性，展现出与自然环境的深刻联系。民族传统体育的运动形式在自然环境的影响下演化而成，体现了人类在自然制约下所进行的自我调整与适应。这种适应不仅是身体动作的变化，也是对自然环境的深刻理解与尊重。

参与民族传统体育活动的人民群众，能够在实践中感受到自然的浩瀚与体育的智慧。许多传统项目如太极拳、五禽戏和八段锦等，强调人与自然的和谐共生，体现出对自然法则的敬畏与遵循。龙舟、舞狮和赛马等活动则蕴含了对自然力量的崇拜，表达了人们对风调雨顺、顺天应时的期望。这些传统体育活动不仅传承了丰富的文化内涵，也促进了对自然的认知与尊重。

在乡村地区，充分利用自然环境和地区传统体育活动发展出的体育特色小镇，生动体现了"两山论"的理念。这些小镇将山、水、林、田等丰富的自然元素与健康的体育活动相结合，通过创新模式创造出优质的生态体育产品，旨在满足人民日益增长的休闲健身需求，同时也满足对优美生态环境的追求。这种结合不仅有助于提升生态环境的质量，还能够实现资源的代际公平,确保自然资源的可持续利用。①

(四)构建人类命运共同体现代化

推动构建人类命运共同体的现代化进程中,中华优秀传统文化所孕育的民族传统体育,承载着"和合"精神,体现了德行合一的价值追求。在全球化背景下,西方体育普遍强调"更快、更高、更强、更团结"的价值观,而民族传统体育则通过其独特的文化内涵更好地诠释了"更团结"的价值意义。这种价值观念的形成,蕴含着对社会公义精神的重视,有助于培养人民群众的规则意识,使其在参与体育活动中自觉遵循公平竞争的原则。

受墨家思想影响的"义利观"赋予人们对公平与公正的独特理解,强调在追求利益的同时,始终尊重规则和道义。这种思维模式不仅促使人们在日常生活中注重规则的遵循,更加深了对和谐发展理念的认同。民族传统体育的内涵与这一理念相契合,强调身心的共同发展,追求内外的和谐统一。

从微观层面来看,民族传统体育在实践中体现的身心共融与协调发展,正与人类命运共同体的精神相契合。通过参与这些传统体育活动,人民群众能够体会到集体合作的价值,促进彼此之间的理解与包容。随着体育活动的开展,增强了社会的凝聚力,推动了不同文化背景下人们的交流与互鉴,从而为构建人类命运共同体提供了重要的文化支撑。②

(五)实现全面发展现代化

实现全面发展的现代化不仅需要关注物质层面的满足,更需强调与人类现代化密切相关的教育、科技及人才培养等战略支撑。这一过程在民族传统体育的现代化进程中尤为重要。与资本主义工业革命背景下所

---

① 赵晚晴,赵铁龙,叶海波,等. 新时代体育融入生态文明建设的逻辑机理、原则导向与实践路径[J]. 成都体育学院学报,2023,49(2):45-51.

② 王旭,蔡艺. 中华民族传统体育推动构建人类命运共同体的机理与路径[J]. 体育文化导刊,2020,222(12):26-31.

产生的西方体育文化不同，中国的民族传统体育不仅能够满足竞技化的改造需求，更注重精神层面的补给，体现出深厚的文化底蕴与社会责任感。

民族传统体育的价值在于其通过独特的身体文化形式，表现出各民族的思想、意识和情感。这种文化形式通过特殊的肢体运动和灵活的竞技动作，不仅塑造了人类的身体形态，更在人格精神的培养与意志品质的锤炼方面发挥了西方体育所无法替代的作用。在面对时代挑战时，民族传统体育展现出了其独特的社会功能，古时以武救国，振奋人心，而今则以武抗疫，增强体质与信念，充分展示了其在应对社会变革和危机中的积极作用。

当前，民族传统体育进入校园的步伐不断加快，这不仅为学生提供了参与传统体育活动的机会，也为实现教育文化强国的目标奠定了基础。通过在教育体系中推广民族传统体育，能够帮助学生在身心健康、团队合作和文化认同等方面得到全面发展。这一过程不仅增强了学生的身体素质，更在潜移默化中培养了他们的道德观念与社会责任感，从而促进个人的全面发展与社会的和谐进步。

二、贯彻新发展理念的民族传统体育现代化道路发展

在新发展阶段，贯彻新发展理念的民族传统体育现代化，必须要实现由理念向实践的转换，由此形成的民族传统体育现代化新道路主要表现在以下方面。

（一）民族传统体育现代化的创新发展之路

从历史逻辑来看，新发展理念发端于中华传统文化，创新发展理念源于中华民族革故鼎新的传统。创新首先就是求变，求变方能推陈出新，破除事物发展的阻碍，使自身立于不败之地。

从现代化进程来看，我国在实现全面建成小康社会的同时也实现了创新型国家的建设。民族传统体育的发展是在国家经济实力雄厚发展的基础上不断深化与拓展，使传统体育与文化实现凝聚，从而准确把握人

与自然之间的思维模式与行为习惯,提升对待和谐生存、竞争发展、创新与传承的正确态度和把控能力。

1. 实现科技赋能

民族传统体育的现代化进程离不开科技创新的推动。在当今时代,科技的迅猛发展为各个领域的进步提供了新的机遇,民族传统体育也不例外。实现科技赋能,必须深入践行科技对民族传统体育创新发展的推动作用。

(1)民族传统体育的科技创新不应仅仅体现在借用其他产业开发的科技产品,而是要实现以其独特的功能价值、文化特点以及目标人群需求为基础的自主研发。这种自主科技产品的开发应强调民族传统体育的根本属性,旨在提升其核心竞争力与市场影响力。加强自主创新能力、培育自主品牌,不仅能够推动民族传统体育自身的发展,还能通过其独特的产品和品牌带动其他相关产业的效应链。因此,民族传统体育的科技创新不仅涉及从无到有的突破,也包括将已有成果转化为广泛应用的能力。在此过程中,必须充分挖掘民族传统体育所蕴含的理论功能和实际应用价值,进而将这些价值具体化、真实化,融入产业市场的运作之中。这要求各相关单位紧密对接创新链与产业链,加速科研成果的转化过程,将科技成果切实应用于民族传统体育的实际发展中。这种转化不仅能够提高民族传统体育的市场竞争力,还能促进其在更广泛领域的影响力与应用。

(2)随着"互联网+"理念的深入发展,各种现代信息技术如大数据、云计算和物联网等,已成为推动民族传统体育产业融合发展的新武器。这些技术的应用,使得民族传统体育能够更加精准地把握市场动态和消费者需求。通过对大数据的分析,可以更有效地识别客户的潜在需求,开发出与之相适应的产品,满足广大消费者对民族传统体育的多样化需求。[1]

---

[1] 闫慧,李爱菊. 新时代民族传统体育产业融合发展研究[J]. 体育文化导刊,2020(3):13-18.

"互联网+民族传统体育产业+相关产业"的跨行业融合模式，正是推动民族传统体育与其他产业协同发展的"急先锋"。这一模式不仅拓展了民族传统体育的市场空间，还为其创造了新的发展机遇。通过与其他产业的有效融合，民族传统体育能够更好地适应现代经济发展的趋势，实现资源的优化配置与协同增效。

2. 注重人才战略

创新驱动归根结底是人才驱动，要把人才作为支撑经济社会发展的第一资源，在创新实践中发现人才，在创新活动中培育人才、在创新事业中凝聚人才。

（1）坚持全方位培养人才。高校在民族传统体育学专业的人才培养中，需要打破计划经济时代形成的将武术与民族传统体育专业人才培养等同于竞技训练的思维定式。[①] 这种观念的转变能够帮助培养出一批具备创新精神、科学素养以及问题解决能力的复合型人才，适应新时代对人才的多样化需求。为了实现这一目标，高校应当走自主培养的人才之路，着重解决基础研究人才数量不足、质量不高等问题。通过建设一批基础学科培养基地，可以吸引最优秀的学生投身基础研究，同时加大重大原始创新人才的培养力度。此外，各地应积极组织民族传统体育现代化建设的学术交流活动，以科研引领实践，以学术加强考察，将民族传统体育的田野研究真正融入人才教育的过程中。这一过程要求教育机构清晰地了解社会动向和市场需求，将各类人才培养从书本走向实践，以社会经验补充理论知识的不足，最终通过市场化的产学研结合，培养出符合市场竞争需求的高层次人才。

（2）充分发挥民族传统体育科研带头人作用。支持与鼓励民族传统体育科研者以及科技工作者紧跟世界科技发展大势，将实现民族传统体育繁荣发展作为人生奋斗目标。把论文写在祖国大地上，把科技成果应用在实现民族传统体育现代化的伟大事业中。针对民族传统体育科学

---

① 刘文武，胡陆顺，朱娜娜. 武术与民族传统体育专业人才培养的困境与对策[J]. 体育学刊，2023，30（1）：124-129.

第六章 民族传统体育文化的传承与现代化发展

研究人才保障工作,破除人才培养、使用、评价、服务、支持、激励等方面的体制机制障碍,完善科研任务"揭榜挂帅""赛马"制度,实行目标导向的"军令状"制度,向用人主体授权,为人才松绑,优化人才表彰奖励机制,加快建设创新价值、能力、贡献为导向的人才评价机制,以民族传统体育基础研究为导向,以实际解决民族传统体育建设问题为根本,以加强转化民族传统体育科研技术成果造福社会为目标,构建充分体现知识、技术等创新要素价值的收益分配机制,形成并实施有利于科研工作者潜心工作和创新的环境。

3. 坚持文化创新

中华民族传统体育根植于民众的日常生活,反映并承载着民族的共同心理素质和族群特色,是一种重要的传统文化形态。各民族所蕴含的丰厚传统体育文化,为现代国家的构建提供了宝贵的文化资源。因此,在当今时代,坚持文化创新,巩固提升民族传统体育的文化自信显得尤为重要。

(1)拓宽发展视野,确立文化的大历史观。民族传统体育文化的辩论历程,从"国粹"体育到"土洋体育之争",再到中国革命历史的文化精神及其深厚的传统文化积淀,均蕴含着丰富的创新文化,体现了与时俱进的精神特质。确立文化的大历史观,意味着从历史的长河、时代的潮流和全球的变化中,深入分析民族传统体育的演变机理与历史规律,以把握其发展大势。中华民族体育所蕴含的价值理念,不仅赋予了马克思主义中国化以鲜活的生命力,也为民族传统体育的弘扬和发展提供了坚实的理论基础。在此过程中,必须坚持用马克思主义的基本原理来分析和把握历史的走势,抓住并利用历史机遇,增强民族传统体育事业的活力和影响力。

(2)拓宽创新发展的思路,保持对文化的理性反思。当今时代的条件与古代社会有本质上的不同,这一现实要求新的文化创造不能仅仅是对传统学术的简单回归。民族传统体育文化在价值、功能、理念等方面仍存在一些不足,因此发展民族传统体育不应固守陈规,而应通过创新来实现突破。在这个过程中,必须以自我批判的姿态,充分发展优秀的文化成果,保持开放的心态,融合"前者"与"他者"的先进成果。通过有效地运用"古今中外法",可以实现文化的融合与创新,为民族传统体育的可持续发展注入新的活力。

(3)拓宽创新发展的模式,树立国际视野。2020年,太极拳项目的申遗成功,为提升我国民族传统体育文化自信与自强提供了坚实基础。我国在保持高度文化自信的同时,应对西方体育现代文化及其先进思想采取包容态度。吸收融合先进的体育文化理念与发展方式,有助于促进外来体育文化的本土化,从而最大限度地扩大民族传统体育文化在西方体育文化中的影响力。在这个过程中,寻找价值认同的最大公约数尤为重要,这不仅能够促进中华民族传统特色文化的培育与创造,也为构建国际民族传统体育文化交流体系奠定了基础。

(二)民族传统体育现代化的协调发展之路

1. 构建以国内大循环为主体的双循环发展格局

民族传统体育产业的早期发展采取了"借鸡生蛋、借船出海"的策略,这种方式不仅抓住了全球要素的机遇,还通过借鉴其他产业的发展模式,引用相关技术、设备与中间品,有效地破除了生产端的障碍,推动民族传统体育制造业的长足发展。借助全球文化交互的趋势以及各国对民族市场的强烈需求,成功地打破了消费端的制约,实现了产品向商品的飞跃,从而在较短时间内完成了产业的转型升级。在当前的"大进大出、两头在外"的传统循环模式下,如何实现经济循环重心的转移,以达到民族传统体育产业现代化的发展目标,成为亟待解决的问题。

(1)以供给侧结构性改革为主线,着力提升供给质量。丰富民族传统体育产品项目不仅限于现有的民族传统体育项目,还应将其与新兴领域相结合,如登山运动、冰雪运动、水上竞技及马上竞技等,以激发民族传统体育的消费活力。利用数字技术与智能手段,将民族传统体育向高科技、高质量的器材和装备转型,提升产业竞争力。

（2）构建系统完备的内需体系，以激发内需的活力。作为一个统一的多民族国家，各民族之间的交往与交流是体育事业繁荣发展的基础。在弘扬中华民族共同体意识的背景下，各族人民对价值与文化的交互融合表现出强烈的渴望。中国作为拥有超过14亿多人口的大国，具备超大规模的内需潜力，这已成为经济韧性、回旋余地及比较优势的关键所在。应充分利用国内庞大的人口优势、民族传统体育的文化兼容性及国家文化价值的归并性，将民族传统体育的娱乐性、健身性、教育性等功能转化为产业制造与商业消费的切入点，进而扩大居民消费、提升消费层次，并营造良好的民族传统体育国内市场消费环境。

（3）推动更高水平的对外开放，以打造国际合作竞争的新优势。民族传统体育产业应继续坚持对外开放的政策，促进对外贸易的多样化，通过开放实现共赢，合作促发展。应构建以文化为中轴、以产品为扩展、以产业为支撑的对外开放新格局，举办民族传统体育博览会、广交会、消博会等，建立高标准的自由贸易区网络，从而形成国际竞争的新优势。

2. 激发民族传统体育的多重价值潜力

随着西方物质文明的快速发展，这种追求经济利益与竞技成功的文化导致了精神层面的缺失。然而，民族传统体育文化以其丰富多样的内涵，为国民精神世界提供了强劲的动力。在当今社会，人民日益增长的美好生活需要与不平衡不充分的发展之间的矛盾，要求在现代化进程中实现物质文明与精神文明的协调发展，这意味着人民不仅渴求更好的物质生活，也追求更高层次的精神生活。因此，应推动民族传统体育产业的高质量发展，各民族、各地区应根据实际情况，因地制宜地激活民族传统体育领域的内生活力，落实"依山用山、靠水取水"的绿色发展理念。政府应高度重视本土民族传统体育产业的后发优势，加快建设文化产业基地，推动文化向产品与商品的转化，为各地区人民的美好生活提供坚实的物质基础；不断挖掘与整理民族传统体育蕴含的精神内涵，通过鼓励公民参与民族传统体育锻炼的方式，结合教育引导、舆论宣传、文化熏陶和制度保障等手段，积极开展公民道德素养教育，不断提升人民的文明素养和社会文明程度。

（三）民族传统体育现代化的绿色发展之路

"人与自然和谐共生"的理念不仅根植于中国的历史文化背景，同时也是对现代西方体育文化追求极端竞争及经济增长中所忽视的生态平衡的深刻反思。民族传统体育作为一种独特文化现象，与中国哲学中"天人合一""道法自然""众生平等"的思想有着内在一致性。在民族传统体育的发展过程中，其绿色发展不仅体现了人与自然的和谐关系，也为现代化的可持续发展提供了成功经验。民族传统体育的绿色发展是一种综合性的、系统性的和谐发展模式，强调人与自然的相互依存关系，积极贯彻"两山论"的发展思想，以实现可持续发展的目标。在这一框架下，民族传统体育强调资源的节约利用和生态保护，通过产业结构的调整、污染治理以及生态保护等措施，实现民族传统体育产业的永续发展。

1. 加强民族传统体育文化生态保护

民族传统体育所倡导的人与自然和谐共生理念，旨在寻求一种既不征服自然也不完全依赖自然的中庸之道。这一理念强调尊重自然、顺应自然和保护自然，成为民族传统体育实现绿色现代化的内在要求。具体而言，民族传统体育文化是人类在特定自然环境中生存与发展的结果，体现了人、自然与社会和谐共存的智慧与价值。

民族传统体育文化的传承与保护需要关注其来源地域的人文情怀、地域特征及其文化价值。在保护与传承过程中，应重视原生态环境的整体保护，尽可能维持民族地区的地域风貌、精神信仰和文化理念。这要求对非物质文化遗产和民族传统体育项目进行全方位的保护，以确保文化生态系统的完整性。通过重视和保护这些项目的起源环境，民族传统体育文化可以在和谐的自然背景下获得进一步发展。

此外，应加强对自然资源的保护，特别是在文化传承区域内的植物和动物资源的维护。由于民族传统体育的某些项目依赖于特定的自然资源，过度的索取可能导致生态环境的破坏，进而威胁到这些项目的存续。因此，必须加强对文化传承区域的生态保护，确保传统体育文化能够在自然环境中持续生长。

2. 探索现代化转化路径模式

"绿水青山就是金山银山"的理念强调自然资源不仅仅是经济发展的工具，更是自身的财富。因此，保护和利用好自然资源是实现经济发展的关键。在这一背景下，民族传统体育的发展与自然环境息息相关，只有在尊重自然规律的基础上，才能实现其可持续发展。

（1）确立农民在"两山论"发展中的主体地位，重视民族传统体育传承人的重要性。通过组建民族传统体育保护队伍，既能够实现文化的传承，也能够保障自然资源的可持续利用。确保利益落实到个人，为"两山论"的转化提供稳固的群众基础。

（2）探索民族传统体育式"两山论"的转化路径。可以通过"生态+民族传统体育"的多业态融合，构建出符合当地实际的产业模式。例如，结合民族传统体育与生态旅游，建设体育旅游小镇，促进文化和经济的双重发展；利用民族传统体育的养生功能，建设康养基地，实现经济效益与生态效益的统一。

（3）践行绿色发展理念，构建现代民族传统体育生态产业体系。在当前全球竞争中，绿色经济的理念愈加受到重视。民族传统体育产业本质上具有绿色产业的特性，通过现代科技的引入，可以推动其生态化发展。一方面，民族传统体育产业需要依靠科技创新来构建绿色技术体系，通过技术进步解决发展过程中的生态问题。特别是在对旧产业进行改造时，应摒弃对自然资源的过度索取，采用智能技术与数字技术等，以减少对环境的影响。另一方面，生态产业化应遵循自然规律，在充分尊重当地生态环境的基础上，积极开发与民族传统体育相结合的产业模式。例如，通过举办民俗体育竞赛和地方文化活动，促进生态与经济的协同发展。

在构建现代民族传统体育生态产业体系的过程中,应将生态要素与经济发展相结合,充分发挥政府与市场的作用。通过协同作用,促进产业发展与生态保护的良性互动,达到经济与生态的双赢,确保民族传统体育在现代化进程中实现绿色可持续发展。通过这样的方式,不仅能够保护珍贵的生态环境,也能够为民族传统体育的传承与发展提供更加坚实的基础。

(四)民族传统体育现代化的共享发展之路

中华优秀传统文化中所蕴含的"兼相爱,交相利"和"不患寡而患不均"思想,深刻反映了共享的理念。马克思和恩格斯指出,所有人共同享受由大家创造的福利,这种思想与中华文化的核心价值观形成了有机结合。共享发展理念不仅是中华传统文化的延续,也是马克思主义思想发展的重要体现,构成了习近平新时代中国特色社会主义思想的核心内容,彰显了社会主义制度的优越性。在新发展理念中,"共享"被视为发展的出发点和落脚点,指明了民族传统体育事业在新时代的发展方向。坚持共享发展,意味着必须围绕人民展开,以人民为中心,使发展成果惠及每一个人。共享发展理念为民族传统体育现代化的建设提供了明确的目标和行动准则,构建民族传统体育现代化的共享发展之路需要重点关注以下方面。

1. 坚持和运用发展与安全的动态平衡理念

实现发展与安全的动态平衡,需要采用波浪前进和螺旋上升的方式,确保在不平衡中追求平衡。事物的发展往往是非线性的,发展过程中的不平衡反而成为实现平衡的内在动力。为此,在民族传统体育的传播与推广过程中,需协调教育、外交、财政和文化等各个领域的力量,以形成合力来有效应对挑战。

当今世界的安全内涵日益丰富,民族传统体育的发展必须坚持总体思维,构建大安全格局,妥善应对复杂的结构性风险。只有在发展中保持警觉,避免思想上的盲目崇拜和运动形态的过度西化,才能增强文化自信，保护民族传统体育的独特性。通过塑造外部安全环境，推动建设公正、合作的新型国际关系，才能更好地促进国际体育的交流与合作。

中国应利用民族体育交流的机遇，推动大国间的协调合作。在新时代背景下，与中俄之间的全面战略协作关系为民族传统体育的发展提供了新机遇。推动与其他国家的体育文化交流，增进相互理解和尊重，也是实现体育合作的重要途径。

2. 增加公共民族传统体育服务供给，创新服务提供方式

根据国家的体育发展规划，必须构建更高水平的公共健身服务体系，以使体育发展成果更加公平地惠及全体人民。作为一个多民族国家，各少数民族聚居区的公共体育服务体系建设不仅可以促进社会基层治理的完善，也是构建社会主义和谐社会的重要组成部分。

虽然近年来公共体育服务建设取得了一定成效，但在少数民族聚居区，公共体育服务设施的建设仍然缺乏对民族特点的尊重。这不仅限制了居民的体育活动参与度，也导致了民族传统体育文化的逐渐流失。因此，在公共体育服务的建设中，必须充分考虑各民族的风俗习惯和地域特色，依托地方的自然资源，合理配置体育设施，以提高公共体育服务的有效性。

在公共民族传统体育服务的创新方面，应当鼓励政府与社会资本的合作，充分发挥市场的作用。在社区层面，可以建立针对民族传统体育的服务组织，因地制宜地实现公共服务的个性化，以更好地满足居民的需求。

结束语

随着全球化的加速推进和信息技术的飞速发展，我国有更多渠道和平台去展示、传播宝贵的文化遗产，让世界更加了解并欣赏到中华民族传统体育的独特魅力。同时我们也应意识到，在传承的过程中，保持文化的原汁原味与适应现代社会的需求之间需要找到恰当的平衡点，既要守护传统，又要勇于创新，让民族传统体育在新时代焕发出新的生机与活力。因此，我们呼吁社会各界，包括政府、教育机构、文化组织、媒体以及每一位热爱民族传统体育的个人，共同努力，构建起一个全方位、多层次的传承体系。通过政策支持、教育普及、赛事举办、文化交流等多种方式，让民族传统体育成为连接人心、增强民族凝聚力的重要纽带，也为构建人类命运共同体贡献独特的文化力量。

总之，民族传统体育文化资源及其现代传承是一项长期而艰巨的任务，需要人们持之以恒、不懈努力，共同书写民族传统体育新篇章，让这份宝贵的文化遗产在新时代绽放更加绚丽的光彩。

参考文献

[1] 曾强.跨界思维背景下民族传统体育产业创新发展论述[J].文体用品与科技,2024(17):70-72.

[2] 曾帅,雷学会,龙行年.高质量发展背景下我国民族传统体育资源的产业化发展路径研究[J].成都体育学院学报:1-8.

[3] 车勇.传统武术文化在高校体育教学中的传承探究[J].科技资讯,2020,18(17):248.

[4] 陈秋丽.中华民族传统体育文化资源和产业发展研究[M].西安:陕西人民出版社,2019.

[5] 戴彬,钟婷婷,聂真新.困境与突破:民族传统体育冰雪项目入冬奥会的可行性探究[J].武术研究,2024,9(8):111-113.

[6] 杜鸿伟.山西省民族传统体育文化资源的整理与保护研究[D].沈阳:沈阳师范大学,2015:7,9,13-21,23-27.

[7] 葛冬梅.民族传统体育在体育教育中的应用[J].湖北开放职业学院学报,2024,37(12):185-187.

[8] 关博.民族传统体育的多元叙事与文化生产——基于互动仪式展演视角的分析[J].体育与科学,2024,45(4):76-83.

[9] 何娟,孙润娟.山西省民族传统体育文化旅游资源开发研究[J].武术研究,2020,5(10):108-110.

[10] 何涛.新时代民族传统体育文化的精神价值在学校教育中的融合研究[D].兰州:西北师范大学,2019:15-23.

[11] 李方.民族传统体育的文化内涵与价值[J].文体用品与科技，2024（16）：75.

[12] 李佳妍.民族传统体育在现代社会的传承路径研究[J].当代体育科技，2024，14（18）：113-115.

[13] 李建辉.民族传统体育在全民健身中的作用[J].齐齐哈尔师范高等专科学校学报，2015（6）：92.

[14] 李凯，李杨.民族传统体育文化铸牢中华民族共同体意识的价值意蕴、逻辑关联及实现路径[J].辽宁体育科技，2024，46（4）：117-122.

[15] 吝捷，王定宣.高校民族传统体育课程高质量发展路径研究[J].当代体育科技，2024，14（20）：54-57.

[16] 刘爱军.中华传统武术的法律保护机制研究[D].长沙：湖南师范大学，2011：32.

[17] 刘从梅.民俗体育与民俗体育文化[M].南昌：江西高校出版社，2019.

[18] 刘家韵.民族传统体育高质量发展助力体育强国建设的价值意蕴、现实困境和实现路径[J].南京体育学院学报，2024，23（7）：74-80.

[19] 刘文武，胡陆顺，朱娜娜.武术与民族传统体育专业人才培养的困境与对策[J].体育学刊，2023，30（1）：124-129.

[20] 罗超英.立德树人视域下民族传统体育与高职院校思政教育的结合[J].体育世界，2024（7）：22-24.

[21] 马庆，段全伟.舞龙运动文化符号学剖析研究[J].北京体育大学学报，2016，39（3）：42-46.

[22] 时殿辉，刘敏，时丹.民族传统体育竞技化起源与发展探析[J].体育科技，2011，32（3）：144.

[23] 苏航.民族传统体育文化传承创新研究[M].南昌：江西科学技术出版社，2017.

[24] 田祖国，郭世彬. 民族传统体育 [M]. 长沙：湖南大学出版社，2018.

[25] 王冬慧，暴丽霞，林辰宣. 关公体育文化的概念、结构与功能阐释 [J]. 体育研究与教育，2020，35（4）：80.

[26] 王冬慧，贺毅凡，杨晓宇. 运城市"武圣关公"体育文化产业实证研究 [J]. 运动精品，2022，41（4）：39-41，44.

[27] 王钧. 中华民族传统体育何以促进铸牢中华民族共同体意识 [J]. 青海社会科学，2024（3）：47-52.

[28] 王旭，蔡艺. 中华民族传统体育推动构建人类命运共同体的机理与路径 [J]. 体育文化导刊，2020，222（12）：26-31.

[29] 闫慧，李爱菊. 新时代民族传统体育产业融合发展研究 [J]. 体育文化导刊，2020（3）：13-18.

[30] 杨频. 大数据背景下民族传统体育文化遗产数字博物馆建设研究 [J]. 传播力研究，2020，4（20）：16-17.

[31] 张琪琳，洪浩. 数字时代民族传统体育文化创造性转化和创新性发展研究 [J]. 沈阳体育学院学报，2024，43（4）：131-137，144.

[32] 张茜. 文化自信视域下民族传统体育文化的传承与发展——以武术文化为例 [J]. 呼伦贝尔学院学报，2024，32（3）：86-90.

[33] 张星杰，樊晓燕. 认同与反思均衡：民族传统体育促进文化自信生成的理论逻辑 [J]. 上海体育大学学报，2024，48（9）：56-70.

[34] 张选惠，李传国，文善恬. 民族传统体育概论 [M]. 成都：电子科技大学出版社，2013.

[35] 赵广涛. 民族传统体育文化的价值与传承 [J]. 河南教育学院学报（哲学社会科学版），2019，38（2）：35.

[36] 赵建强，权黎明，张晶杰. 文化旅游路径下民族传统体育文化资源开发研究 [J]. 武术研究，2020，5（2）：104.

[37] 赵晚晴，赵轶龙，叶海波，等. 新时代体育融入生态文明建设的逻辑机理、原则导向与实践路径 [J]. 成都体育学院学报，2023，49（2）：45-51.

[38] 周胜胜，高升. 民族传统体育的社会发展逻辑、价值迁移与现代结合范式研究 [J]. 武术研究，2024，9（7）：119-123.

[39] 朱荣军. 民族传统体育发展与实践研究 [M]. 北京：北京工业大学出版社，2019.

[40] 朱艳. 民族传统体育助力中华文化传播研究 [J]. 当代体育科技，2024，14（21）：126-128.